WINTERGÄRTEN

Glasanbauten, Gewächshäuser,
Gartenzimmer

WINTERGÄRTEN

Glasanbauten, Gewächshäuser, Gartenzimmer

Von
Alexander Bartholomew
Jill Blake
Brent Elliott
Mike Lawrence
Katherine Panchyk
Denys de Saulles
Tom Wellsted

BECHTERMÜNZ

Aus dem Englischen übersetzt von Angelika Feilhauer
Redaktion: Ulla Dornberg
Korrekturen, Register: Irmgard Perkounigg
Herstellung: Dieter Lidl
Satz: Schwanke + Holzmann, München

Die englische Originalausgabe (CONSERVATORIES AND GARDEN ROOMS)
wurde 1985 erstmals veröffentlicht von
Macdonald & Co. (Publishers) Ltd.
Maxwell House
74 Worship Street
London EC2A 2EN

Idee und Realisation:
The Rainbird Publishing Group Ltd.
40 Park Street
London W1Y 4DE

© Copyright 1985 der Originalausgabe
by The Rainbird Publishing Group Ltd.
© Copyright 1986 der deutschsprachigen Ausgabe
by Christian Verlag, München
Lizenzausgabe für den Bechtermünz Verlag GmbH,
Eltville am Rhein, 1992

Druck und Bindung:
Mohndruck Graphische Betriebe GmbH, Gütersloh

Alle Rechte vorbehalten, auch die des teilweisen Nachdrucks,
des öffentlichen Vortrags und der Übertragung
in Rundfunk und Fernsehen

ISBN 3-86047-024-8

Inhalt

Einleitung
7

Auswahl und Standort
11

Geschichtlicher Rückblick
35

Der Wintergarten-Look
42

Bau, Wartung und Renovierung
54

Heizung, Lüftung und Beleuchtung
90

Die Inneneinrichtung
119

Pflanzen für den Wintergarten
145

Bildnachweis, Danksagung
186

Register
187

Nützliche Adressen
192

Einleitung

In den letzten Jahren haben die traditionellen und insbesondere während des 19. Jahrhunderts so beliebten Wintergärten und Gewächshäuser eine Renaissance erlebt, auch wenn der beschauliche Lebensstil, den man mit diesen Glasbauten assoziiert, in unserer Zeit keine Entsprechung hat. Mit den enormen Fortschritten in der Technologie und der Baustoffherstellung konnte mit verglasten Gartenräumen, Anlehngewächshäusern und anderen Glasbauten ein völlig neues Wohngefühl geschaffen werden, und ihre Nutzungsmöglichkeiten gehen weit über die des einstigen Wintergartens hinaus.

Auch der moderne und technisch ausgefeilte Glasanbau beruht auf der traditionellen Bauform des Wintergartens – also einem Bau mit einer schlanken Trägerkonstruktion und großen Glasflächen. Im Gegensatz zu zahlreichen anderen Anbauten kann man einen verglasten Anbau den unterschiedlichsten Haus- und Wohnungstypen anpassen. Diese Eigenschaft hat er – neben seiner Eignung für die Pflanzenkultur – allen anderen Anbauformen voraus. Da die Bedeutung der Begriffe ›Wintergarten‹ und ›Gewächshaus‹ meist nicht klar abzugrenzen ist, verwenden wir diese Bezeichnungen in diesem Buch austauschbar und meinen damit stets die heutige Form des Glasanbaus.

Früher konnten Glasanbauten sicher nur begrenzt genutzt werden, heute dagegen erlaubt die Weiterentwicklung der Bautechniken weitaus vielfältigere Nutzungsmöglichkeiten. Mittlerweile gibt es vollflächig verglaste Konstruktionen für Anbauten, die technisch ausgereift, in Raster und Aufbau außerordentlich variabel und in den meisten Fällen auch wirklich schön gestaltet sind – selbst als fabrikmäßig vorgefertigte Bausätze.

Es kann daher kaum verwundern, daß der ›neue Wintergarten‹ aus den genannten Gründen – und aufgrund der wirtschaftlichen Bauweise, die durch neue Materialien und Techniken ermöglicht wurde – heute als praktischer und kostengünstiger Anbautyp eine Renaissance erlebt.

Wenn die Wohnfläche knapp wird

Da die Umzugskosten laufend steigen und sich geeignete Räumlichkeiten zu erschwinglichen Preisen immer schwerer finden lassen, suchen viele Familien nach alternativen Möglichkeiten der Wohnraumerweiterung, wenn durch Familienzuwachs oder einen veränderten Lebensstil Platzprobleme entstehen.

Vermutlich gibt es keine andere Bauweise, die sich Technologie und Materialien besser zunutze machen kann als fabrikmäßig vorgefertigte Konstruktionen für Gewächshäuser, die sich an Ort und Stelle leicht zusammenbauen lassen. Noch bis vor kurzem wurde der Markt von Ziegel-, Zement- und Holzanbauten beherrscht. Der heute feststellbar wachsende Trend zum Wintergarten, der als zusätzlicher Wohnraum genutzt werden kann, ist teilweise den niedrigeren Herstellungskosten und der problem-

Der traditionelle Viktorianische Wintergarten mit seinem schwarzweißen Fliesenboden und dschungelartigen Pflanzenwuchs sollte einst den Reichtum seiner Besitzer demonstrieren. Doch die ausufernden Kosten und die viele Arbeit, die zur Erhaltung notwendig waren, führten dazu, daß die Wintergärten allmählich verschwanden.

Einleitung

losen Montage dieser Glasanbauten zuzuschreiben. Wenn man einmal von den für ein geeignetes Fundament notwendigen Arbeiten absieht, die relativ einfach und kostengünstig durchzuführen sind, kann ein moderner Wintergarten direkt an Ort und Stelle aus Bauteilen oder sogar fabrikmäßig vorgefertigten Wandelementen schnell aufgebaut werden, wobei es keine Rolle spielt, ob er einen Holz- oder einen Aluminiumrahmen hat. Oder anders gesagt: Der oft teuerste, auf jeden Fall aber arbeitsintensivste Teil eines Anbaus – die Arbeit auf der Baustelle – beschränkt sich auf ein Minimum.

Ein weiterer Vorteil besteht darin, daß Wintergärten praktisch zu jeder Jahreszeit errichtet werden können, da der Aufbau nicht witterungsabhängig ist – wenn man einmal von extremer Kälte absieht. Mit Ausnahme des Fundaments sind alle Bauarbeiten ›trocken‹, sie können also auch bei nassem oder frostigem Wetter durchgeführt werden, da man die vorgefertigten Bauelemente in der Hauptsache mit einfachen mechanischen Elementen zusammensetzt.

Um einen vollverglasten Raum, wie einen Wintergarten, ganzjährig bewohnen zu können, müssen einige der Grundprobleme gelöst werden, die den traditionellen Bauformen innewohnen. Dazu gehören beispielsweise Kondensation, Überhitzung, Wärmeverlust und Isolierung. Kondensation und Wärmeverlust können durch eine verbesserte Wärmedämmung auf ein vertretbares Maß reduziert werden. Bei einem Wintergarten bedeutet dies eine Doppel- oder Dreifachverglasung der Wände und des Daches. Reicht selbst diese nicht aus, gibt es zusätzliche Methoden und Mittel, um die Dämmwirkung von Mehrscheiben-Isolierglas noch weiter zu verbessern. So kann beispielsweise der Raum zwischen den Glasscheiben mit Argon gefüllt werden. Dieses Gas reduziert die Wärmeleitfähigkeit der wärmeren Innenscheibe auf die kältere Außenscheibe. Darüber hinaus gibt es energiesparendes Isolierglas mit einer speziellen Oberflächenbeschichtung, das die Wärme in den Raum zurückstrahlt. Als Doppelverglasung ist dieses Isolierglas wirkungsvoller als eine normale Dreifachverglasung. Seine Wirksamkeit läßt sich daran messen, daß der Wärmeverlust bei einer Doppelglasscheibe aus ›Energieglas‹ bis zu zwei Drittel geringer sein kann als bei einer normalen einfachen Verglasung. Zudem wurden auch Verglasungstechniken entwickelt, die das ebenso gravierende Problem der Überhitzung vollverglaster Räume lösen.

Die Sonneneinstrahlung durch Glasdächer oder Glaswände kann reduziert werden, indem man reflektierendes oder wärmeabsorbierendes Glas verwendet. Sonnenschutzglas, das die Wärme reflektiert, ist meist am wirkungsvollsten – aber auch am teuersten. Darüber hinaus wirkt es oft häßlich, weil es von außen wie ein Spiegel aussieht. Getöntes Glas, das wärmeabsorbierend und preiswerter ist, eignet sich optisch zwar besser, ist dafür aber nicht so wirksam. Dieses graue oder bronzefarbene Glas ist meist in unterschiedlich starken Einfärbungen erhältlich. Ferner sind verschiede-

Heute ist der Wintergarten oft ein voll integrierter Teil des Hauses. Hier wurde ein Wohnzimmer um einen üppig bewachsenen Glasanbau erweitert, der den Wohnbereich auf reizvolle und ökonomische Weise vergrößert.

Einleitung

ne Arten von Schattierungsvorrichtungen im Handel, die sowohl innen als auch außen am Gewächshaus oder Wintergarten angebracht werden können.

Die Glasrevolution

Die Fortschritte in der Glasherstellung und -verarbeitung und die damit verbundenen Neuerungen in Rahmung und Dichtungssystemen haben in vieler Hinsicht zu grundlegenden Veränderungen in der Architektur geführt. Buchstäblich über Jahrtausende waren Architekten bemüht, mit den ihnen zur Verfügung stehenden Mitteln zunächst überhaupt einmal Räume zu schaffen, die mit der Zeit auch immer lichter und heller wurden. Die traditionellen Bauweisen spiegeln ihre Bemühungen wider, einen Kompromiß zwischen umbautem Raum und Helligkeit zu finden.

Glücklicherweise steht der Architektur heute durch die Fortschritte in der Baustofftechnologie ein weitaus größeres Spektrum an Möglichkeiten als jemals zuvor offen. Man kann heute Gebäude entwerfen, bei denen eine Wand zu einem Fenster und ein Fenster zu einer Wand wird. Und so sind Bauherren und Besitzer von Häusern und Wohnungen durch die moderne Bautechnologie in der Lage, Wintergärten oder verglaste Anbauten zu konstruieren, die ihnen vielseitige Nutzungsmöglichkeiten und schöne Räumlichkeiten zu einem vernünftigen Preis bieten.

Auswahl und Standort

Für einen Wintergarten oder ein Glashaus gegenüber anderen Formen des Anbaus sprechen verschiedene Gründe. Wenn fest steht, daß Sie mehr Platz benötigen und Sie alle möglichen Alternativen geprüft haben, werden Sie Ihre Wahl davon abhängig machen, welche Vorteile ein Wintergarten gegenüber anderen Anbautypen bezüglich Linienführung und Design, Nutzungsmöglichkeiten oder Kostenaufwand bietet.

Beziehung zu vorhandenen Räumen

Die Nützlichkeit eines Wintergartens hängt in großem Maße davon ab, in welcher Beziehung er zu angrenzenden Räumen und ihren Funktionen steht. Der häufigste Grund ist, daß ein bestimmter Raum für die ihm zugedachte Funktion zu klein geworden ist und daß man ihn deshalb erweitern will.

So läßt sich ein Anbau an der Küche beispielsweise als Frühstückszimmer oder als Eßraum nutzen. Anbauten an Wohnzimmern eignen sich als formeller Eßbereich, unkonventionelle Hobbyzone oder als Spielzimmer. Mitunter kann man Räume, zwischen denen keine Beziehung oder Verbindung bestand, durch einen von beiden Räumen zugänglichen Wintergarten verbinden. In diesem Fall übersieht man aber leicht, welche Bedeutung der neugeschaffene Raum annehmen kann, denn mitunter hat er auf die existierenden Nachbarräume unvorhergesehene Auswirkungen.

Wer sich mit dem Gedanken an einen Wintergarten oder einen ähnlichen Glasanbau trägt, sollte ihn stets auch als eine Möglichkeit betrachten, das Design des gesamten Hauses zu verbessern oder zu verändern. Wird er als eigenständige, wenn auch nützliche Erweiterung betrachtet, so unterschätzt man seinen Wert leicht, und bei mangelhafter Planung kann er sogar die Wohnqualität und Funktionalität der vorhandenen Räumlichkeiten beeinträchtigen. Mag ein Wintergarten auch noch so nützlich und schön erscheinen, seine Auswirkungen auf einen Nachbarraum können katastrophal sein, wenn er ihn zu einem Flur degradiert, der sich nur noch schwer einrichten und bewohnen läßt.

Bevor man sich daher endgültig für einen Wintergarten als die ideale Form der Wohnraumerweiterung entscheidet, muß man sich genau überlegen, wie der neue Wohnbereich genutzt werden soll, und aus der geplanten Nutzung ergibt sich dann zwangsläufig, welcher Anbautyp sich am besten eignet.

Lichtverhältnisse und Lage

Ein weitgehend oder vollkommen verglaster Raum vermittelt seinen Bewohnern leicht das Gefühl, ›auf dem Präsentierteller zu sitzen‹. Dieses Gefühl muß nicht einmal unangenehm sein – und vor allem sollte man sich an diesen Gedanken gewöhnen, wenn man sich für einen Wintergarten entscheidet –, aber natürlich schließt es bestimmte Nutzungsmöglichkeiten

Auswahl und Standort

aus, wie beispielsweise als Schlaf- oder Badezimmer. Auf der anderen Seite bekommt hier der angrenzende Raum mehr Licht, als es bei einem herkömmlicheren Anbautyp der Fall wäre.

Gewöhnlich wird ein solcher Anbau mit dem Haus durch eine Tür verbunden, die man in eine vorhandene Fensteröffnung legt. Aber auch sonst ist es mehr als wahrscheinlich, daß der neue Bau existierende Fenster verdeckt und so den dahinterliegenden Räumen Tageslicht entzieht. In dieser Situation hat ein Anbau mit einem Glasdach offensichtliche Vorteile, denn er beeinträchtigt die Lichtverhältnisse in angrenzenden Zimmern weit weniger.

Wenn es darum geht, daß angrenzende Räume noch genügend Licht erhalten, so ist ein Glasdach weitaus wichtiger als Glaswände. Je steiler der Einfallswinkel des natürlichen Lichtes ist, desto weniger wird die Lichtqualität im angrenzenden Zimmer beeinträchtigt. Andernfalls verwandelt sich ein heller, geschäftiger Raum leicht in ein düsteres, unbenutztes Zimmer, was die neugeschaffene Wohnfläche praktisch wertlos macht, weil sie lediglich als Ersatz dient.

Wer sich für einen Wintergarten entscheidet, muß auch seine Beziehung zu angrenzenden Räumen und deren Funktion bedenken. Der unten abgebildete Wintergarten ist ein in sich geschlossener Wohn- und Eßbereich, gleichzeitig aber auch ein überdachter Gang zu einem Außengebäude. Dagegen ist der Wintergarten rechts nicht als eigenständiger Raum konzipiert – er hat die bisher vorhandene Wohnfläche erweitert und dient als Musik- und Arbeitsbereich, der in den ursprünglichen Raum integriert wurde.

Auswahl und Standort

Dieser dreieckige Glasanbau wurde nach den Prinzipien eines Wintergartens errichtet. Bei so großen Glasflächen ist die Beheizung problematisch, doch mit Sonnenkollektoren im Dach ist dieses Problem zu lösen.

Hinsichtlich der Lichtverhältnisse in angrenzenden Räumen wie auch im Wintergarten selbst hat ein Glasanbau daher gegenüber den herkömmlicheren Ziegelanbauten offensichtliche Vorteile.

Das Raumklima

Neben den Vorteilen, die ein verglaster Raum gegenüber massiveren Anbauten hat, kann sich seine Beheizung jedoch als Problem erweisen. Zwar konnte die Isolierung der üblichen Verglasungssysteme technisch verbessert werden, dennoch ist es für einen Wintergarten, der als Wohnraum genutzt werden soll, in der Regel erforderlich, eine Spezialverglasung anzubringen.

Auch wenn für Wintergärten mit Doppelverglasung oder anderen Formen der Wärmedämmung die Heizkosten bei extrem kaltem Wetter relativ hoch sind, so kann man doch über weite Strecken des Jahres mit der von draußen aufgenommenen Wärme andere Teile des Hauses beheizen oder Wasser erwärmen, wenn man Sonnenkollektoren im Glasdach installiert.

Oft wird nicht erkannt, welche Möglichkeiten ein Wintergarten für die Gewinnung von Sonnenenergie tatsächlich bietet. Doch wer sich einmal dazu entschließt, einen Wintergarten an sein Haus anzubauen, sollte auch die Kosten nicht scheuen, die durch einen Umbau des vorhandenen Hausleitungssystems entstehen, um diese kostenlose Form der Energie nutzen zu können. Bei manchen neuen Wohnanlagen hat man bereits im Planungsstadium den Bau eines Wintergartens berücksichtigt, und so scheint es heute doch wahrscheinlich, daß dieser neue Gebäudetyp in der einen oder anderen Form ein Standardelement neuer Energiespar-Häuser wird, insbesondere in sonnenreichen Gegenden.

Zum Luftaustausch in existierenden Gebäuden und verglasten Anbauten können verhältnismäßig einfache Geräte eingebaut werden. Eine Möglichkeit ist ein Elektroventilator, der – am besten in Deckennähe – zwischen Wintergarten und Haus in die Wand eingebaut wird und die Luft vom wärmeren in den kühleren Raum transportiert. An sonnigen, schönen Tagen entzieht er dem Wintergarten warme Luft und bläst sie ins Haus, während er umgekehrt in kalten Nächten warme Luft vom Haus in den Wintergarten leitet.

Das größte Problem aber besteht in der Überhitzung des Wintergartens. Das Ausmaß hängt von der Lage ab, und so kann es vor einer Südwand selbst bei mäßigem Sonnenschein unerträglich heiß werden, wenn keine geeigneten Regulierungsmöglichkeiten vorhanden sind.

Um in einem Wintergarten für eine normale Temperatur zu sorgen, gibt es drei Methoden: Sonnenschutz, Reflexion oder Lüftung.

Sonnenschutz in Form von Rollos oder Jalousien werden am besten an der Außenfläche des Wintergartens angebracht. Gefärbtes Glas sorgt im Innern für Schatten und absorbiert die Wärme. Am optimalsten wird die Sonne durch ein spezielles Sonnenschutzglas abgehalten, das mit einer stark reflektierenden Schicht überzogen ist. Diese Glasart ist meist teurer als getöntes Glas, doch reduziert sie die Wärmestrahlung insgesamt besser und überhitzt sich nicht, was bei farbigem Glas mitunter der Fall ist. Lüftung läßt sich durch natürliche Konvektion erreichen, wenn die nach oben steigende Warmluft durch Lüftungsklappen oder eine mechanische Entlüftung im Dach abziehen kann.

Weil die verschiedenen Systeme zur Temperaturregelung kompliziert und teuer sein können, sollte man sich bereits frühzeitig überlegen, ob sich dieses Problem nicht durch die Wahl eines anderen Standortes umgehen läßt.

Der Standort

Da die Sonne im Tagesverlauf unterschiedlich intensiv scheint, werden Wintergärten und andere Glasanbauten am besten so gebaut, daß das Glasdach nach Osten oder nach Westen ausgerichtet ist. In diesem Fall bekommen sie zwar Sonne, was natürlich wünschenswert ist, doch ist der

Auswahl und Standort

Sonneneinfall frühmorgens bzw. abends weniger intensiv. Es ist jedoch nicht nur zu überlegen, wieviel Sonne ein Wintergarten voraussichtlich bekommen wird, sondern auch – und das ist ebenso wichtig –, zu welcher Tageszeit man sich dort voraussichtlich am meisten aufhält. Für einen Wintergarten, in dem man zum Beispiel frühstückt, sollte die Morgensonne ausgenutzt werden, hält man sich aber in erster Linie abends dort auf, vielleicht zum Nachtmahl, sollte man die Strahlen der untergehenden Sonne einfangen.

Natürlich spielen bei der Wahl des Standortes auch ästhetische Gesichtspunkte eine Rolle. Selbst wenn sie in mancher Hinsicht nicht so entscheidend sind wie praktische Überlegungen, sollte man sie doch – sofern das möglich ist – nicht vernachlässigen.

Aber für welche Form des Anbaus Sie sich auch entscheiden, bedenken Sie immer eines: Er ist eine Erweiterung eines eigenständig geplanten und in sich geschlossenen Gebäudes und wird sich auch nicht ohne weiteres in den bereits angelegten Garten integrieren lassen.

Dieser Aspekt der Standortwahl spiegelt die traditionelle Idee wider, mit einem Wintergarten eine Verbindung zwischen Haus und Garten zu schaffen. Wenn es also mehrere Möglichkeiten gibt, sollte man seinen Wintergarten dort bauen, wo man einen besonders schönen Ausblick auf den Garten oder ein jenseits seiner Grenzen liegendes Panorama hat.

Dieser kleine Wintergarten ist Windfang und Pflanzenraum zugleich. Der ständige Zug, der beim Öffnen und Schließen der Tür entsteht, beschränkt jedoch die Auswahl der Pflanzen.

In nördlicheren Breitengraden (1) sollten die Breitseiten des Wintergartens in Ost-West-Richtung verlaufen, um die Sonne möglichst optimal nutzen zu können. In südlicheren Breiten und sonnigen Küstenregionen baut man sie besser von Nordost nach Südwest, damit sich der Wintergarten ab Mittag nicht überhitzt.

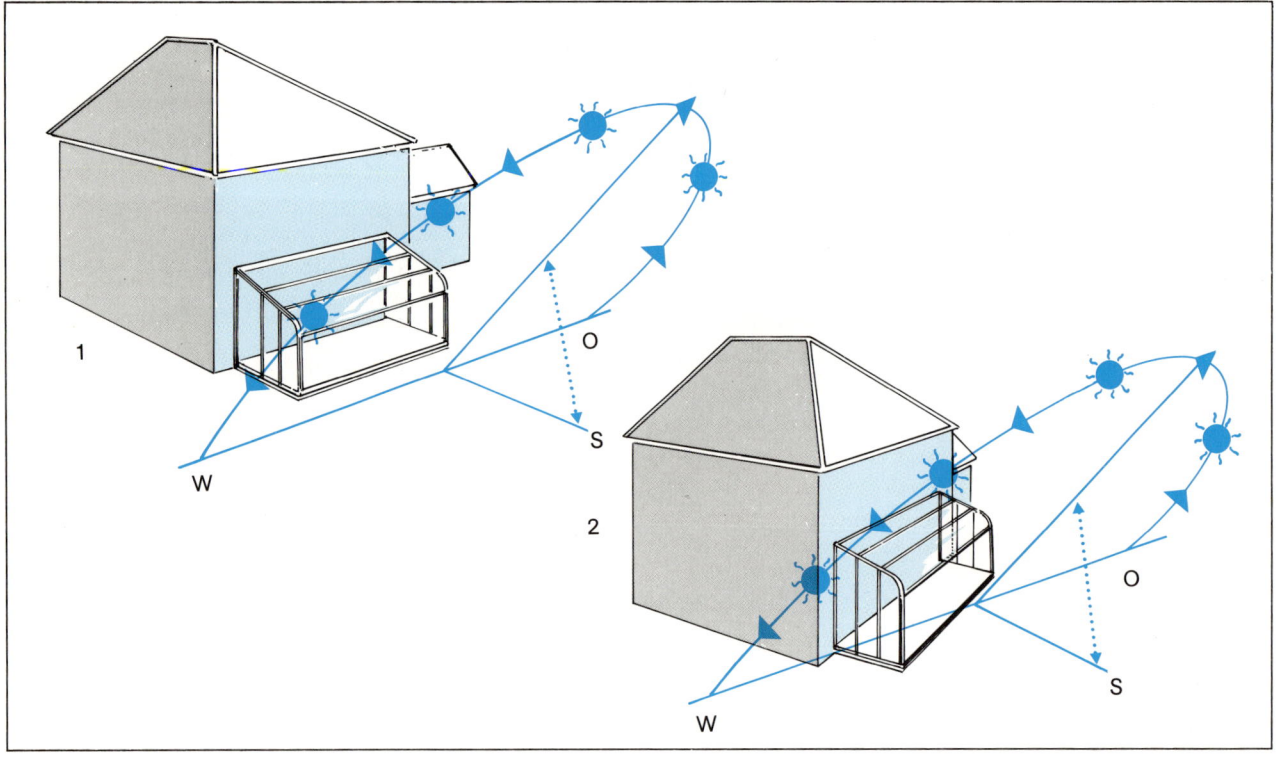

Auswahl und Standort

Gerade die harmonische Beziehung zwischen Glashaus und Garten wird allzu leicht übersehen oder hintenan gestellt, weil andere Gesichtspunkte zwingender erscheinen. Darüber hinaus gibt es auch noch besondere Gestaltungselemente, die sich mit dieser Form des Anbaus besonders gut verbinden lassen, wie etwa eine Terrasse oder ein Grillplatz. Oft kann so der häufig abrupte Bruch zwischen Haus und Garten – zwischen künstlich geschaffener und naturnaher Umgebung – erstaunlich gut überbrückt werden. Die Möglichkeiten, die der moderne Wintergarten in dieser Hinsicht bietet, sollten nicht verschenkt werden, was bei schlechter Planung und einem ungünstigen Standort leicht der Fall sein kann.

Die Reize eines Glasanbaus liegen auf der Hand: Aufgrund seiner ausgedehnten Glasfläche kann man in den Garten hinaussehen, und er schafft eine Verbindung zwischen Haus und Natur. Dadurch unterscheidet er sich von anderen Anbauformen, die im Garten oft wie ein Fremdkörper wirken.

Das Dach

Obwohl ein Gebäude mit einem Glasdach viele Vorteile hat, bringt ein solches Dach doch auch drei Probleme mit sich, die Sie in Ihrer Wahl einschränken können: Höhe, Neigungswinkel und maximale Belastbarkeit der Dachfläche. Damit das Glas sauber bleibt bzw. sich durch Regengüsse selbst reinigt, muß das Dach einen Neigungswinkel von mindestens 25 Grad haben. Obgleich es mit heutigen Verglasungstechniken möglich ist, daß auch Dächer mit einem extrem geringen Neigungswinkel dicht bleiben, sammelt sich auf ihnen nach wie vor Schmutz und Unrat an. Und dies sieht nicht nur häßlich aus, sondern beeinträchtigt auch die Lichtverhältnisse.

Doch Probleme, die durch den gewünschten Neigungswinkel des Wintergartendaches entstehen können, sind durchaus lösbar. So kann man beispielsweise das Dach an ein einstöckiges Gebäude anschließen oder – bei Häusern mit niedrigen Fenstern im ersten Stock – das Dach an dieser Stelle anfügen. In beiden Fällen beginnt das Glasdach in Höhe des Dachfußes, damit es die notwendige Schräge bekommt. Oder man schrägt das Dach nach allen Seiten so ab, daß die Spitze oder der First über das angrenzende Gebäude hinausragen. Bei einem solchen Design muß an der Verbindungsstelle zwischen Glasdach und Nachbargebäude eine Kasten- oder Kehlrinne angebracht werden, um das Regenwasser abzuleiten. Wenn die Rinne sachgemäß montiert und instandgehalten wird, sollten keine Probleme auftreten. Ein weiterer wichtiger Punkt ist die mögliche Schneelast, die ein Glasdach im Winter zu tragen hat. Die meisten Hersteller geben die Werte in ihren technischen Daten in kg/m² an.

Denken Sie unbedingt daran, daß der Charakter des Glasanbaus ganz wesentlich durch seine Höhe geprägt wird, was besonders dann auffällt, wenn man aus einem niedrigeren Nachbarraum in den Anbau hinübergeht. Die Höhe des Daches spielt außerdem bei der Belüftung eine wichtige Rolle, denn sie erhöht die Konvektion und erleichtert die Wärmesteuerung.

Auswahl und Standort

Der richtige Glashaustyp

Nachdem Sie sich für einen Standort entschieden haben, der ja meist durch die vorhandenen Baulichkeiten bestimmt wird, sollten Sie Ihre Überlegungen als nächstes auf Typ und Design des Glashauses konzentrieren. Sie können hier auf unterschiedliche Weisen vorgehen: Entweder entwerfen Sie den verglasten Anbau selbst und lassen sich in technischen Fragen von einem Baufachmann beraten, den Sie dann auch mit dem Bau betrauen, oder Sie suchen sich einen qualifizierten Architekten, dem Sie Ihre Vorstellungen auseinandersetzen. Er wird Entwürfe machen und – wenn Sie diesen zugestimmt haben – einen Bauunternehmer beauftragen und die Bauarbeiten überwachen.

Eine weitere Möglichkeit ist, sich bei den Herstellern solcher Gebäude zu orientieren und den Typ auszuwählen, der Ihren Bedürfnissen und Erfordernissen am besten gerecht wird. Dabei sollten Sie natürlich unbedingt die

Die Höhe eines Wintergartens oder »Wohngartens« hängt bis zu einem gewissen Grad davon ab, wie er genutzt werden soll, doch muß sie natürlich mit dem existierenden Gebäude harmonieren. Der Glasanbau rechts wurde so geplant, daß er genau bis unter das Schrägdach reicht, während der linke über die gesamte Höhe des Haupthauses geht, so daß ein riesiger verglaster Raum entsteht.

Auswahl und Standort

Angebote vergleichen. Um sich eine Übersicht auf dem Markt zu verschaffen, bedarf es einiger Mühe, denn Adressenlisten von Wintergarten-Herstellern gibt es für den Privatmann nicht. Sie müssen also die Fachpresse (Garten-, Architektur- und Wohnzeitschriften) studieren und auf die Anzeigen solcher Firmen achten, die Ihnen auf Wunsch dann meist ausführliche Prospekte mit Preisangaben und teilweise auch statische Berechnungen zuschicken werden.

Bevor Sie sich entschließen, Ihren Wintergarten selbst zu entwerfen, sollten Sie folgendes beachten: Ihr Anbau wird auf diese Weise zwar sehr per-

Auswahl und Standort

sönlich, doch das ist auch sein einziger Vorteil. Falls Sie ihn nicht auch noch selber errichten, wird er Sie recht teuer kommen, aber noch entscheidender ist, daß sich aufgrund Ihrer Unerfahrenheit sehr leicht Planungs- und Konstruktionsfehler einschleichen können.

Am häufigsten wird wahrscheinlich der Fehler gemacht, daß man eine ortsansässige Firma mit der Konstruktion beauftragt, die für Dachverglasungen spezialisiert ist. Dies hat zur Folge, daß solche Firmen das Glas oft nur verkitten oder die Kittnähte mit einer Holzleiste abdecken. In beiden Fällen – oder selbst wenn ein handelsüblicher Spezialklebstreifen verwen-

Der richtige Wintergarten für die richtige Umgebung – diese acht Farbillustrationen zeigen nur wenige Beispiele für die große Bandbreite an Möglichkeiten. Sie reichen von einem winzigen prismenförmigen Bau für kleine Terrassen über Anlehngewächshäuser bis hin zu Glasbauten, die um das ganze Haus laufen, und vermitteln eine Vorstellung davon, wie vielseitig diese schönen Bauten sein können.

Auswahl und Standort

Noch eine weitere Variation des Themas – ein hübscher Glasanbau mit Holzrahmenkonstruktion, der sich für Balkons und Dächer eignet.

det wird – ist die Konstruktion kaum länger als ein paar Jahre dicht. Viel hängt auch davon ab, ob Ihr geplanter Glasanbau genehmigungspflichtig ist oder nicht. In der Regel sind Anlehngewächshäuser genehmigungsfrei, doch wird von Bauamt zu Bauamt unterschiedlich entschieden. Ein integrierter Wohnraum-Wintergarten dagegen muß genehmigt werden, und da der Laie über geltende DIN-Vorschriften, Wärmeschutzverordnungen und andere sicherheitstechnische Auflagen ohnehin nicht Bescheid weiß, empfiehlt es sich, einen Fachmann mit dem Projekt zu betrauen. Auch wenn es teurer ist, mit einem Architekten zu arbeiten, der einen Bauunternehmer beauftragt, so ist ein guter Architekt sein Honorar wirklich wert, denn er ist nicht nur ein Fachmann für Design, sondern kennt auch geeignete Baufirmen und kann ihre Arbeit überwachen. Bei einem schwierigen Bauplatz oder einem problematischen Anbau an ein vorhandenes Gebäude müssen Sie ohnehin auf diese Weise vorgehen. Wer einen Architekten beauftragt, sollte sichergehen, daß er Erfahrung mit Glasbauten hat. Das gleiche gilt – wenn Sie die Arbeiten selbst überwachen – natürlich für die Baufirma. Ferner müssen Sie sich davon überzeugen, daß diejenigen, die die Arbeit durchführen, tatsächlich in der Lage sind, alle Aspekte der Planung optimal umzusetzen, damit sich der Anbau gut in das existierende Gebäude eingliedert und er seiner vorgesehenen Funktion gerecht wird.

Wer sind die geeigneten Fachleute?

Private Bauherrn nehmen gegenüber Architekten oft eine weit verbreitete – aber sehr bedauerliche – Haltung ein, die weder dem Berufsstand gerecht wird noch letztlich dem Auftraggeber dient. Allzuoft soll der Architekt die »undankbaren Arbeiten« erledigen, wie beispielsweise die örtlichen Behörden wegen der erforderlichen Genehmigungen unter Druck zu setzen oder während der Arbeiten bei den Baufirmen die Preise herunterzuhandeln. Selten bekommt der Architekt ausreichend Gelegenheit, seine Fähigkeiten unter Beweis zu stellen oder seine Phantasie spielen zu lassen – kurzum, als Designer zu arbeiten. Und fast unweigerlich wird er in der Folge für alle auftretenden Probleme, insbesondere zwischen Bauherr und Bauunternehmer, verantwortlich gemacht – mag es sich um Arbeitsdurchführung, zeitliche Abwicklung oder Kosten handeln.

Für eine erfolgreiche Durchführung der Arbeit ist letztendlich entscheidend, daß man die richtigen Berufsbranchen damit beauftragt und sich innerhalb der Branchen geeignete Spezialisten sucht. Das ist natürlich leichter gesagt als getan, und wer nicht bereits solche Leute an der Hand hat, fährt am besten, wenn er sich anhand existierender Wintergärten und Glasanbauten orientiert und dann mit denjenigen, die dort für die Arbeiten verantwortlich waren, Kontakt aufnimmt oder mit Fachleuten, die schon ähnliche Arbeiten ausgeführt haben. Es ist stets sinnvoll, Empfehlungen einzuholen, bevor man sich für einen Architekten oder eine Baufirma entscheidet und dann jeden einzelnen der Beteiligten dahingehend motiviert, daß er seine Arbeit möglichst optimal ausführt. Dies wird aber selten der Fall sein, wenn Sie seiner Kreativität Grenzen setzen, von dem geplanten Anbau oder den Kosten keine klaren Vorstellungen haben oder ihn über Gebühr hetzen.

Der Gesamteindruck

Bei den Überlegungen, welcher Typ von Glasanbau Ihren Erfordernissen am besten gerecht wird, dürfen Sie aber nicht aus dem Auge verlieren, daß der Anbau auch im Stil zu dem existierenden Haus passen muß. Natürlich wird es teuer, wenn man bei einem älteren Haus einen Anbau in traditioneller Bauweise vornimmt und versucht, durch Materialien und handwerkliche Techniken den Baustil exakt fortzuführen. Trotz der Tatsache, daß es sich bei einem Glashaus oder Wintergarten offensichtlich um einen später hinzugefügten Anbau handelt, kann dieser doch so konzipiert sein, daß er vom optischen und ästhetischen Standpunkt harmonisch wirkt. Abhängig vom Baustil des Hauses wird es immer verschiedene Typen geben, zwischen denen man sich entscheiden kann. Sie müssen jedoch absolut sicher sein, daß das Design des Glasanbaus zu den Proportionen des existierenden Gebäudes paßt, insbesondere was sein schlankes Gerüst, den Glastyp oder eventuelle Rundbogenfenster betrifft.

Auswahl und Standort

Dieser Anbau mit seinen schrägen Fenstern und dem keilförmigen Dach wurde von einem Architekten geplant, der auf diese Weise einen modernen, attraktiven Wohnbereich geschaffen hat.

Ein Wintergarten, dessen Glaswände in kleine rechteckige Scheiben unterteilt sind, eignet sich beispielsweise für Gebäude aus einer Zeit, da es noch keine großflächigen Fenster gab. Dagegen würde ein Wintergarten mit großen durchgehenden Glasflächen und einem Rahmen aus Holz oder eloxiertem Aluminium ideal zu einem modernen Gebäude passen. Diese Beispiele sind natürlich Vereinfachungen, und es ist ein sorgfältiges Design erforderlich, damit der Baustil des Wintergartens auch wirklich mit dem betreffenden Gebäude in Einklang steht. Es muß eine harmonische Synthese von Design und Materialien erreicht werden, die sowohl dem alten als auch dem neuen Gebäude zugute kommt.

Ein Aspekt, der bei Anbauten nur allzuoft übersehen wird, ist die Wirkung auf die das Haus umgebende Fläche. Immer entstehen bei einer Erweiterung des Hauses neue abgeschlossene Räume, wo zuvor eine offene Fläche war. So wird beispielsweise ein quadratischer Garten hinter einem rechteckigen Haus geteilt und bekommt einen völlig neuen Charakter. Ein auf der Rückseite des Hauses angebauter Wintergarten läßt zu beiden Seiten neue Flächen entstehen, wodurch sich beispielsweise Licht- und Windverhältnisse völlig verändern.

Der Kauf

Wenn Sie zu der Überzeugung gekommen sind, daß ein Wintergarten genau das Richtige für Sie ist, Sie einen Standort für ihn ausgewählt haben und auch sicher wissen, daß Sie ihn ohne die Hilfe eines Architekten bauen wollen, müssen Sie als nächstes Hersteller von Wintergärten ausfindig machen, denn vielleicht produziert einer ja einen Typ, der genau Ihren Vorstellungen entspricht. Da das Angebot der verschiedenen Firmen jedoch sehr breit gefächert ist, müssen Sie zunächst einmal gründlich Kataloge studieren und eine Anzahl von Verkaufsausstellungen besuchen.

Dabei sind natürlich eine ganze Reihe von Punkten zu beachten. Wollen Sie beispielsweise einen Wintergarten kaufen, den Sie das ganze Jahr hindurch bewohnen können, sind eine Doppelverglasung sowie zugdichte Fenster und Türen erforderlich. Oder anders gesagt: Qualität und Stabilität dürfen der Ihres Hauses nicht nachstehen. Wer seinen Wintergarten nicht ausschließlich für Pflanzen oder während des Sommers nutzen will, muß Isolierglas verwenden. Abgesehen davon, daß bei Einfachverglasung viel zu viel Wärme verlorengehen würde, können auch Kondensationsprobleme auftreten, sofern sich der Raum nicht ausreichend belüften läßt.

Richten Sie Ihr Augenmerk auf die verschiedenen technischen Aspekte der Wintergartenkonstruktion, damit sich Ihr schönes Modell am Ende nicht als funktionsunfähig entpuppt. Um die Auswahl zu vereinfachen, sollte man sich eine Liste von Mindestanforderungen und Grundausstattungen machen. Sie spart einem nicht nur Zeit, sondern liefert auch für das unvermeidbare Verkaufsgespräch gute Argumente. Die Liste sollte Dinge wie Wärmedämmung, Zugabdichtung, Kondensationsprobleme, Wand- und Dachbelüftung, Vorrichtungen für Rollos und Schattierungssysteme, Instandhaltung (insbesondere bei Glasdächern) und Sicherheitsfragen (Schneelast auf dem Dach) umfassen.

Wahrscheinlich werden von den auf dem Markt befindlichen Glasanbauten nur wenige Ihren Anforderungen gerecht werden. Aus dieser kleinen Zahl können Sie dann aufgrund ästhetischer Gesichtspunkte Ihre endgültige Wahl treffen. Hierbei sind Aussehen und besondere Gestaltungselemente ausschlaggebend und darüber hinaus, ob der Anbau architektonisch zu Ihrem Haus paßt.

Auswahl und Standort

In diesen Dingen Ratschläge zu erteilen ist schwierig, denn hier wird jede Entscheidung unweigerlich sehr individuell ausfallen. Am besten verlassen Sie sich auf Ihren Geschmack, der Ihnen sagen wird, welche Wahl die richtige ist. Sollten Sie sich bei einem bestimmten Modell oder Design in einigen Punkten unsicher sein, geben Sie nicht auf – und entscheiden Sie sich nicht für etwas, das nur in etwa Ihren Vorstellungen entspricht. Wer in diesem Stadium einen Kompromiß eingeht, wird sich später vermutlich ständig darüber ärgern.

Treffen Sie Ihre Wahl nicht übereilt. Schauen Sie sich um, und denken Sie daran, daß bei einem Modell, das Ihnen im Grunde zusagt, kleinere Unzulänglichkeiten vom Hersteller vielleicht Ihren Vorstellungen entsprechend verändert werden können. Manche Spezialfirmen sind da unflexibler als andere und möglicherweise nicht in der Lage, ihr Standardangebot variabel zu gestalten, ohne daß dadurch dem Kunden zusätzliche Kosten entstehen. Die meisten der angebotenen Wintergärten basieren jedoch auf einem Raster- oder Baukastensystem, das es dem Hersteller ermöglicht, eine Auswahl von Elementen in unterschiedlichen Modellkombinationen oder auch Sonderanfertigungen anzubieten.

Möglicherweise muß Ihr Wintergarten auch eine ganz bestimmte Form oder Größe haben, damit er auf ein vorhandenes Fundament oder eine genau festgelegte Fläche paßt. In solchen Fällen ist es oft möglich, vorwiegend serienmäßig vorgefertigte Bauelemente zu verwenden, die durch einige speziell angefertigte Teile passend gemacht werden. Kleinere Hersteller und Firmen, die auch die Montage übernehmen, sind oft in der Lage, solche Spezialteile zu entwerfen, herzustellen und einzusetzen. Wer Glück hat, dem entstehen dadurch nicht einmal zusätzliche Kosten, weil sich die Firma gegenüber der unflexibleren Konkurrenz dadurch einen Wettbewerbsvorteil schaffen will.

Was Sie nicht vergessen dürfen

Um die Eignung eines bestimmten Produktes – oder in diesem Fall eines Herstellers – einschätzen zu können, sollte man feststellen, wie schnell und exakt dieser darüber Auskunft geben kann, was alles im Preis enthalten ist. Sollten darüber hinaus irgendwelche Kosten entstehen, müssen Sie dies wissen, bevor Sie Ihre Bestellung aufgeben. Manche Firmen berechnen beispielsweise einen Besuch bei Ihnen oder Vorgespräche extra, während manche durchaus auch Genehmigungsanträge übernehmen und nachfolgende Verhandlungen mit den zuständigen Behörden, deren Genehmigung unter Umständen eingeholt werden muß, bevor mit der Arbeit begonnen werden kann. Andere wieder erwarten, daß Sie diese Dinge selber regeln oder jemanden damit beauftragen.

Dann sind da die Vorarbeiten, wie die Anlage des Fundaments und vermutlich einer Wasserableitung, die von Spezialherstellern nicht immer durchgeführt werden. Immerhin können Sie jedoch erwarten, daß man

Ein traditioneller Wintergarten, der heutigen Erfordernissen angepaßt worden ist. Der Steinplattenboden, die farbenfrohen Pflanzenarrangements und die weißen Rohrmöbel schaffen ein nostalgisches Ambiente, doch der Bau selbst ist technisch auf neuestem Stand.

Ihnen die notwendigen Pläne und technischen Angaben für die Baufirma zur Verfügung stellt. Manche Hersteller empfehlen auch bewährte Fachbetriebe, mit denen sie in der Vergangenheit bereits zusammengearbeitet haben. Dies kann sehr sinnvoll sein, denn sie haben Erfahrung mit allen Eigenheiten dieses speziellen Bautyps und wissen, wie man mit ihnen zu Rande kommt.

Um noch einmal zusammenzufassen: Wenn Sie sich an eine Spezialfirma wenden, müssen Sie nicht nur wissen, was Sie dort kaufen wollen, sondern auch, welche Kosten eventuell für zusätzliche Leistungen und Materialien anfallen.

Vorausgesetzt, Sie finden auf dem Markt ein geeignetes Wintergartenmodell – mögen auch kleine Veränderungen erforderlich sein –, werden Sie feststellen, daß Sie in punkto Qualität und Kosten bei einer Spezialfirma letztlich doch am günstigsten einkaufen.

Das Interesse an verglasten Anbauten, Solarveranden und Gewächshäusern nimmt ständig zu, und es kommen ständig neue Ideen und Designs auf den Markt. Mit dem wachsenden Angebot wird natürlich die Entscheidung immer schwieriger, doch auf jeden Fall vergrößern sich damit auch Ihre Chancen, genau das Glashaus zu finden, von dem Sie geträumt haben.

Die traditionelle Nutzung

Im vorangehenden Abschnitt wurden die Möglichkeiten eines Wintergartens diskutiert, der vornehmlich als Wohn- und Aufenthaltsraum gedacht war. Daneben besteht aber nach wie vor ein beachtliches Interesse an einer traditionellen Nutzung als Glasveranda, Pflanzenraum oder vielleicht als anspruchsvolles, angebautes und damit bequem erreichbares Gewächshaus. Solche Glasbauten werden als Bausätze von der Hobby- und Gartenindustrie angeboten.

Die technisch hochentwickelte Produktion und Vermarktung dieser Glaskonstruktionen mit ihren Holz- oder Aluminiumrahmen spiegelt heute die neuen Möglichkeiten wider, die sich durch die Renaissance von Glasveranden und Wintergärten ergeben haben. Mit ihrer langen Erfahrung auf dem Gewächshaussektor bieten die Firmen heute eine große Bandbreite an ausgereiften Modellen an, die den neuen Erfordernissen, welche enger mit häuslichen Tätigkeiten verbunden sind, gerecht werden.

Es sind viele geeignete Glaskonstruktionen im Handel – und der Kampf um den Markt wird mit knapp kalkulierten Preisen geführt. Wenn man sich ihrer begrenzten Nutzungsmöglichkeit – als Gewächshaus im traditionellen Sinne – bewußt ist, wird man sicher problemlos das richtige Modell für den richtigen Preis finden.

Da diese Art des Wintergartens wirklich nur für Freizeitbeschäftigungen genutzt werden kann und normalerweise nicht als eine permanente Erweiterung des Hauses gedacht ist, erwartet man natürlich auch, daß hier die

Hier wird ein Glasanbau auf ungewöhnliche, aber absolut praktische Weise genutzt – nämlich als Badezimmer. Falls nicht ausreichend Sichtschutz vorhanden ist, müssen jedoch Vorkehrungen getroffen werden, damit man nicht eingesehen wird, beispielsweise durch Springrollos oder gut plazierte Pflanzen.

Auswahl und Standort

Preise niedriger liegen. Um sie möglichst preiswert anbieten zu können, sind die Hersteller zur Serienproduktion übergegangen. Wer ein einfaches, aber schönes Gewächshaus mit einem Holz- oder Aluminiumrahmen und Einfachverglasung sucht, hat daher eine bessere Auswahl, wenn er zwischen verschiedenen Herstellern vergleicht, anstatt sich auf die Modelle einer Firma zu beschränken.

Die Bauplanung

Ist es endlich soweit, daß der Anbau konkret geplant werden kann, sind meist einige grundlegende Probleme zu lösen. Sie stehen in der Regel mit den Hausleitungssystemen des existierenden Gebäudes in Zusammenhang, die sich über oder auch unter der Erde befinden können. Oder das Fundament muß an einer Stelle oder unter Bedingungen angelegt werden, die alles andere als ideal sind.

Denken Sie unbedingt daran, daß Installationen jeglicher Art – mögen es sanitäre Einrichtungen, elektrische Leitungen oder Abflüsse sein – der vorgesehenen Nutzung jedes Wohnraumes angepaßt und nötigenfalls besser verlegt werden sollten, als daß sie sich am Ende negativ auf den Grundriß oder den Standort auswirken. Natürlich kann dies zu zusätzlichen und möglicherweise unvorhergesehenen Kosten führen, doch sind die Arbeiten selten so schwierig und kostspielig, wie man vielleicht glaubt.

Klempnerarbeiten – und insbesondere die Wasserentsorgung – haben für den durchschnittlichen Hausbesitzer etwas Abschreckendes an sich. Deshalb sollten Sie bereits in einem frühen Stadium der Planung fachlichen Rat einholen, um festzustellen, ob Leitungen verlegt werden müssen, und wenn ja, welche Probleme und Kosten dadurch entstehen.

Wenn es irgendwie möglich ist, sollten Sie sich beim Grundriß oder der Standortwahl für Ihren Wintergarten nicht durch Installationen behindern lassen.

Unterschiedliche Bodenhöhen

Ähnlich unliebsame Probleme können bei der Standortwahl dadurch entstehen, daß unterschiedliche Bodenhöhen verbunden werden müssen. Aber auch diese Schwierigkeiten lassen sich umgehen oder bewältigen, indem man ein geeignetes Fundament anlegt oder den Fußboden entsprechend anlegt.

Sollte an dem vorgesehenen Standort zwischen der Erde und dem Fußboden des zu erweiternden Raumes eine erhebliche Differenz bestehen, gibt es verschiedene Lösungsmöglichkeiten. Liegt der Erdboden zu tief, kann man den Glasanbau auf Stützmauern oder Pfeilern errichten, um die Böden der beiden Räume auf eine Höhe zu bringen. Sollte das Gegenteil der Fall sein, wird der Untergrund ausgeschachtet.

Wenn der Boden des Wintergartens höhergelegt werden muß, erreicht

Auswahl und Standort

Eine eiserne Wendeltreppe ist eine dekorative und raumsparende Lösung, wenn man zwei Ebenen miteinander verbinden will.

Auswahl und Standort

man dies meist am preiswertesten durch eine freitragende Holzbalkendecke auf Mauern bzw. Pfeilern aus Ziegeln oder Stein, die ein Betonfundament haben. Der Vorteil dieser Bauweise ist, daß die neue Ebene exakt auf die erforderliche Höhe gebracht werden kann. Auf der anderen Seite neigen freitragende Holzdecken allerdings zum Durchbiegen, wenn sie nicht durchgehend abgestützt sind. Deshalb sollte man hier für den Bodenbelag keine Fliesen oder Platten verwenden.

Und vergessen Sie nicht, daß Material, Baustil und Oberflächengestaltung der eventuell zu errichtenden Wände, Türstöcke, Stützpfeiler etc. mit der Architektur Ihres Hauses harmonieren müssen.

Wo die Wintergarten- oder Fußbodenebene tiefergelegt werden muß, damit sie sich in gleicher Höhe mit dem angrenzenden Zimmer befindet, macht man Fundament und Boden am besten aus solidem Beton. (Da die Erde ausgehoben werden muß, wären bei einer freitragenden Decke, wie sie oben beschrieben wurde, nur noch tiefere Ausschachtungsarbeiten erforderlich.) Wahrscheinlich ist jeder schon vorhandene Boden in dieser Höhe ebenfalls solide. Hier kann ein beliebiger Bodenbelag gewählt werden, das heißt sämtliche Fliesenarten, Holz, Teppiche oder synthetische Materialien.

Wer für einen Wintergarten Ausschachtungsarbeiten vornimmt, kann in den meisten Fällen dicht beim Anbau eine Stützmauer errichten, damit die umliegende Erde nicht abrutscht, oder diese in einem gewissen Umkreis entfernen und zwischen den entstandenen Ebenen eventuell eine Böschung anlegen. In beiden Fällen besteht die Möglichkeit, die Anlage kreativ zu gestalten. Dazu gehört auch, daß an einer Stelle eine Treppe gebaut wird, damit der Garten vom Wintergarten aus zugänglich ist. Nutzen Sie diese Gestaltungsmöglichkeiten, indem Sie sie bereits zum Zeitpunkt der Ausschachtung planen, anstatt sie nachträglich einzuflicken.

Ob Sie eine Stützmauer bauen oder eine Böschung anlegen, wird davon abhängen, wieviel Platz zur Verfügung steht. Der Bau einer Mauer bringt natürlich weniger Unruhe in den vorhandenen Garten und nimmt weniger Platz weg als eine Böschung. Dennoch sollten Sie nicht vergessen, daß durch den Bau einer Mauer zusätzliche Kosten entstehen. Wofür Sie sich auch entscheiden, beachten Sie beim Fundamentaushub die notwendige Frosttiefe (ca. 80–100 cm). Tun Sie dies nicht, könnten durch Bodenfrost schlimme Schäden entstehen.

Wer genügend Platz hat, dem steht noch eine weitere Möglichkeit offen. Er kann um den Wintergarten herum eine Terrasse anlegen, die mit dem tieferliegenden Garten durch Stufen verbunden wird.

Wenn sich der heutige Trend fortsetzt, sollte dem Wintergarten eigentlich jene Starrolle sicher sein, die ihm so viele Jahre vorenthalten wurde. Der verglaste Anbau wird dann zum zentralen Bestandteil eines neuen Haustyps werden, während er alte Architektur gleichzeitig auf ganz natürliche und harmonische Weise ergänzt.

Auswahl und Standort

Hier führt eine Holztreppe von einem auf Straßenhöhe liegenden Wintergarten in den Garten hinab, der sich in Höhe des Tiefparterres befindet. Der Abstellraum unter dem Wintergarten wurde geschickt durch Spaliere versteckt.

Der moderne Wintergarten hat die Chance, zum Merkmal eines neuen Baustils zu werden, und er bietet weit mehr Möglichkeiten als jener traditionelle Glasbau, den man noch bis vor kurzem mit diesem Begriff assoziierte. Der Grund dafür sind sowohl die technischen Fortschritte in der Konstruktion und den Baumaterialien wie auch ein zunehmendes Bewußtsein für seine neue Rolle als verglaster, wärmespeichernder Hausanbau, in dem Pflanzen für ein gesünderes Mikroklima sorgen. Dies bezieht auch Wohnungen und große Stadthäuser mit ein, wo Glasanbauten als Erweiterung der Wohnfläche auf Terrassen oder auf Dächern, die über Treppen zugänglich sind, errichtet werden können. Eine Reihe von Herstellern hat formschöne und preisgünstige vorgefertigte Anlehngewächshäuser entworfen, die den Bedürfnissen von Stadtbewohnern in jeder Hinsicht gerecht werden.

Für den engagierten Hobbygärtner, der aus Platzgründen kein freistehendes Gewächshaus errichten kann, bietet das am Wohnhaus angelehnte Pultdach-Gewächshaus Möglichkeiten für seine gärtnerische Tätigkeit. Zudem hat es den Vorteil, daß es direkten Zugang zum Wohnraum hat. Will man mit dem Glasanbau aber eine vorwiegend als Aufenthaltsraum ge-

Auswahl und Standort

dachte Wohnfläche schaffen, ein Zimmer im Grünen also, sind aus Sicherheitsgründen eine größere Stabilität der Konstruktion notwendig, aufwendigere Dichtungen und eine Verglasungsart, die bei einer Zerstörung Verletzungen durch herabfallende Bruchstücke ausschließt. Doch ob der geplante Anbau nun vorwiegend als Wohnraum oder als Gewächshaus gedacht ist, Faustregel für beide Grundtypen ist: Die Konstruktion muß stabil und korrosionsbeständig sein, die Verglasung hell, haltbar und sicher.

Der geschickt gewählte Standort für den Anbau mit der üppigen Vegetation rundherum vermittelt einem hier das Gefühl, als würde man direkt im Garten sitzen, ohne dabei Kälte oder Nässe in Kauf nehmen zu müssen.

Geschichtlicher Rückblick

Die Idee eines Wintergartens, so wie wir ihn kennen, kam erstmals zu Ende des achtzehnten Jahrhunderts auf. Der Begriff war allerdings schon seit dem späten siebzehnten Jahrhundert synonym für Gewächshaus und Orangerie verwendet worden – also für ein Gebäude, in dem man frostempfindliche Pflanzen während der Wintermonate hielt. Auch lange nachdem sich der private Hauswintergarten etabliert hatte, wurde der Begriff noch für eine Vielzahl von Gewächshaustypen gebraucht, die sowohl öffentlich wie auch privat sein konnten und für Pflanzenausstellungen oder häusliche Zwecke genutzt wurden. Verschiedene Autoren versuchten, zwischen Wintergärten und anderen Formen des Gewächshauses zu differenzieren, was ihnen aber nicht wirklich gelang. Nur in einem Punkt unterschied sich der Wintergarten ganz allgemein von Gewächshäusern – man nutzte ihn nicht für praktische Zwecke, sondern zur Erholung.

Die Mode, Häuser durch einen Glasanbau zu erweitern, der eine Verbindung zwischen Haus und Garten schuf, kam während der letzten Jahre des achtzehnten Jahrhunderts in England auf, doch zu Ende der Napoleonischen Kriege hatte sie sich über das gesamte nördliche Europa ausgebreitet. In der ersten Hälfte des neunzehnten Jahrhunderts wurden Bauweise, Beheizung und Pflanzenkultur ständig verbessert, und zu Mitte des Jahrhunderts hatten sich in den meisten Ländern zahlreiche Herstellerfirmen für Gewächshäuser und Wintergärten etabliert. Die Chefgärtner der herrschaftlichen Landsitze waren in der Regel zu Fachleuten für die Errichtung und Vervollkommnung von Gewächshäusern geworden. Der Hauswintergarten blieb zunächst jedoch aufgrund der hohen Kosten für Beheizung und Glas ausschließlich den Reichen vorbehalten. In der Mitte des Jahrhunderts sanken aber – teilweise infolge neuer Herstellungsverfahren – die Glaspreise radikal, und so bekamen auch weniger Begüterte die Möglichkeit, Wintergärten anzulegen und instand zu halten. Am Ende des vorigen Jahrhunderts hatten dann mitunter sogar Reihenhäuser Wintergärten.

Die Idee des öffentlichen Wintergartens entstand erstmals in Frankreich und Deutschland: Meist wurde er von Handelsgesellschaften finanziert und diente zur Erholung und für Ausstellungen. In England zog das 1851 von Paxton errichtete ›Weltausstellungsgebäude‹, welches später als ›Kristallpalast‹ wiederaufgebaut wurde, im ganzen Land eine Welle von ›Volkspalästen« nach sich. Und schließlich machten es sich die Behörden zum Anliegen, derartige Einrichtungen für die Bevölkerung zu schaffen, und der Wintergarten wurde zu einem Standardelement öffentlicher Parks.

Von diesen zahllosen, zum Teil prächtigen Glaspalästen existieren heute nur noch wenige. Fast alle gingen an den steigenden Heiz- und Reparaturkosten zugrunde und wurden entweder abgerissen oder dem Verfall preisgegeben. Der sich ändernde Lebensstil dieses Jahrhunderts bedeutete gleichsam das Ende vieler Hauswintergärten oder zumindest ihrer Pflanzensammlungen. Auch heute noch sind zahlreiche Wintergärten, die überlebt haben, gefährdet, obwohl man das Konzept des Wintergartens gerade erst wiederentdeckt hat.

Der Vorläufer des Wintergartens war die Orangerie, die man für die Kultur von Zitrusfrüchten und anderen Pflanzen entworfen hatte, welche für die Winter im nördlicheren Europa zu empfindlich waren. Orangerien kamen Mitte des 17. Jahrhunderts in Mode und unterschieden sich von anderen Gebäuden in erster Linie dadurch, daß sie mehr Fenster besaßen. Ihre Wände waren jedoch gemauert, und erst im Laufe des 18. Jahrhunderts wurden Schrägdächer ein typisches Gestaltungselement. Folglich waren die Lichtverhältnisse in den Orangerien auch nicht sonderlich gut. Beheizt wurden sie mit Kohlepfannen oder Öfen. Die hier abgebildete Orangerie findet sich in einem holländischen Werk aus dem Jahr 1670 und wurde mit zwei Öfen (B) geheizt. Man sieht zwei Gärtner, die gerade die Kübelbäume für den Sommer nach draußen bringen.

Vergleichen Sie dieses Bild – das Heidehaus in Woburn Abbey, welches in den zwanziger Jahren des 19. Jahrhunderts errichtet wurde – mit der Abbildung oben. Hier finden sich in den Wänden und dem Dach bereits weitaus größere Glasflächen, doch sind die einzelnen Scheiben noch sehr klein. Zu diesem Zeitpunkt konnte man bereits großflächiges Scheibenglas herstellen, doch bis ca. 1840 war Glas teuer und die Qualität von Scheibenglas schlecht. Deshalb verwendete man lieber kleinere Scheiben, die leichter zu ersetzen waren. Zu dieser Zeit fand die Dampfheizung weite Verbreitung, die aber bald durch die Warmwasserheizung verdrängt wurde. Man machte erste Versuche mit Sprinkleranlagen, für die das von den Dächern abfließende Regenwasser in Tanks gesammelt wurde. Hier ist jedoch die Bewässerungsmethode gezeigt, die damals am effektivsten war: Man kippte die Oberlichter hoch, damit der Regen direkt in das Gebäude gelangen konnte.

Die Abbildungen rechts und auf Seite 37 oben zeigen unterschiedliche Richtungen der Innengestaltung. Dieser Wintergarten wurde 1846 im Zuge der Neuanlage der Champs-Élysées in Paris geschaffen. Er war im »englischen Stil« gestaltet und konnte gegen entsprechendes Eintrittsgeld besucht werden. Die Pflanzen wuchsen entweder in Kübeln oder in formalen Beeten, so daß die einzelnen Exemplare gut sichtbar waren. Nachdem Kritik an dem niedrigen Dach und dem begrenzten Raum laut geworden war, riß man den Bau ein Jahr später wieder ab und errichtete an seiner Stelle einen sehr viel großartigeren Wintergarten mit einem gewölbten Dach.

Diese Abbildungen finden sich in einem Gartenhandbuch von Pierre Boitard aus den zwanziger Jahren des 19. Jahrhunderts. Sie illustrieren einen anderen Stil, bei dem die Wintergärten zu malerischen Landschaften verwandelt wurden. Typisch dafür waren gewundene Wege und üppige, aus vielen verschiedenen Arten bestehende Pflanzengruppen. Oft verwendete man auch Kletterpflanzen, die Säulen und Rahmenprofile verstecken sollten.

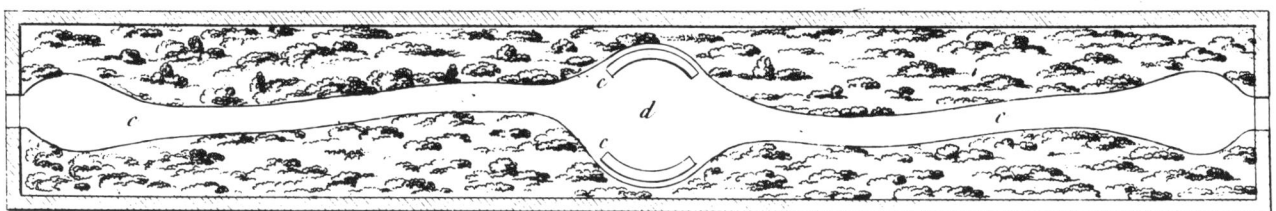

Viele Wintergärten und Gewächshäuser waren ganz bestimmten Pflanzen gewidmet, wie beispielsweise Orchideen oder Kakteen, doch eine Pflanze ließ einen ganz eigenen Gebäudetyp entstehen: Die Königliche Seerose, die im letzten Jahrhundert entdeckt wurde und damals unter dem Namen Victoria regia *bekannt war, löste unter reichen Grundbesitzern und botanischen Gärten einen Wettstreit aus, wem es zuerst gelingen würde, sie zu kultivieren und zur Blüte zu bringen. 1850 baute Sir Joseph Paxton in Chatsworth in Südengland ein Victoria-Haus, das mit seinem runden Teich Prototyp für ähnliche Wasserhäuser wurde. Hier ist das Victoria-Haus in Brüssel abgebildet. Ursprünglich war es 1854 im Zoologischen Garten errichtet worden, doch wurde es 1879 in den Botanischen Garten verlegt. Sein endgültiger Standort wurde schließlich Meise. Es war achteckig, und die lichte Höhe des Daches betrug nur 4 m.*

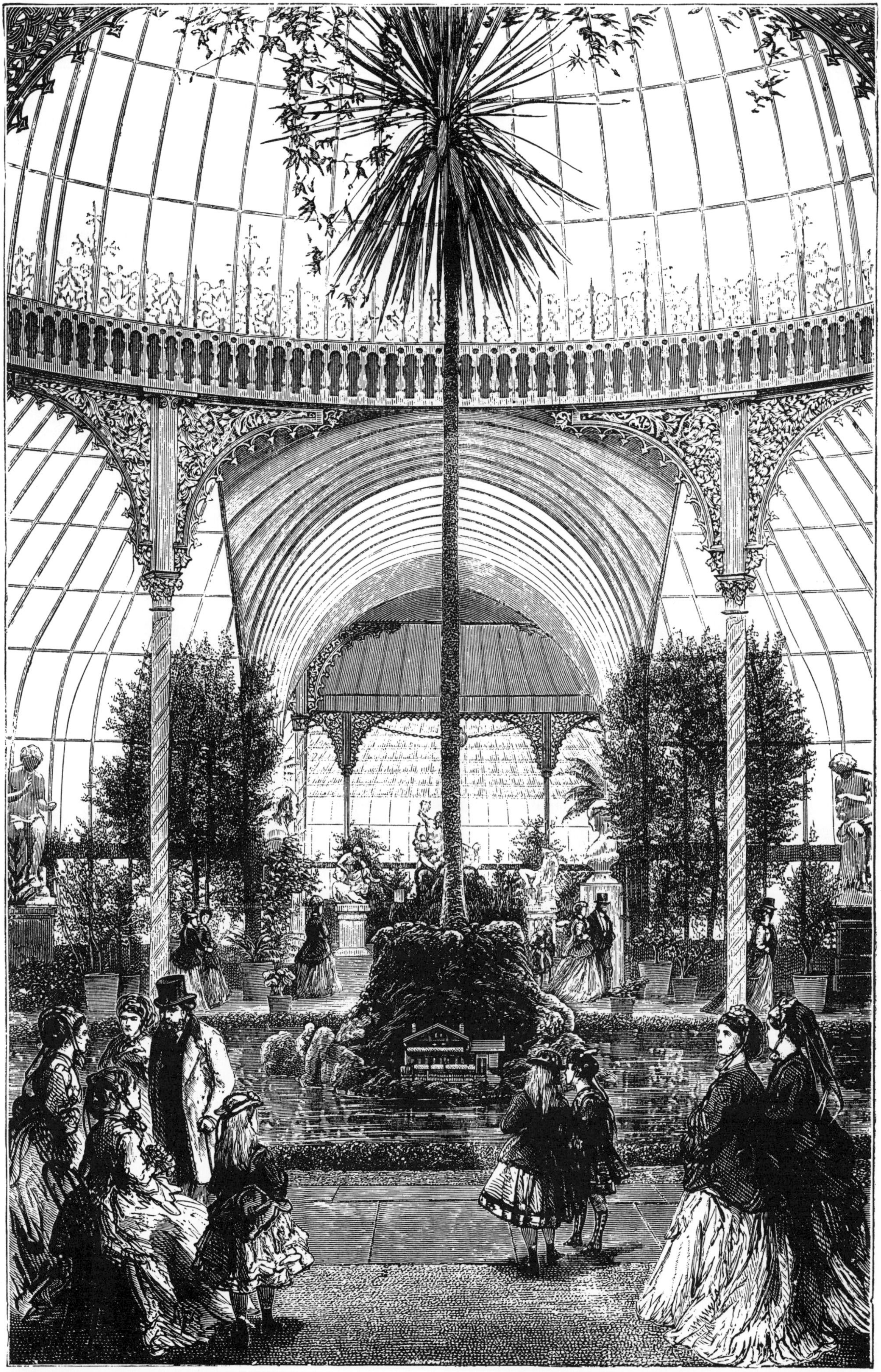

Nicht nur reiche Landbesitzer und botanische Gärten ließen im 19. Jahrhundert Wintergärten anlegen. Gegen Ende der Napoleonischen Kriege wurde in Berlin erstmals ein riesiges, nach kommerziellen Gesichtspunkten betriebenes Gewächshaus für die Öffentlichkeit gebaut, doch erst ab 1850 fand diese Idee in England größere Verbreitung, nachdem Paxtons Kristallpalast in London ein offensichtlich erfolgreiches Vorbild geliefert hatte. Links ist ein Wintergarten aus den sechziger Jahren des letzten Jahrhunderts abgebildet. Er war für den Queen's Park in Glasgow vorgesehen und enthielt alle wesentlichen Elemente eines öffentlichen Wintergartens: In dem großen Kuppelbau war die Bodenfläche weitgehend dem Promenieren vorbehalten, die Zahl der Pflanzen war vergleichsweise klein, und meist wuchsen sie in Kübeln, damit sie nötigenfalls umgestellt werden konnten. Oft gab es in diesen Gebäuden auch ein zentrales Gestaltungselement wie einen Springbrunnen oder Felsgestein. Wintergärten dieser Art entstanden in ganz Europa, aber oft erwiesen sie sich für ihre Betreiber als Fehlinvestition, und folglich überlebten nur wenige.

Die Abbildung oben zeigt den Kaiserlichen Wintergarten in Wien, der 1822 erbaut wurde. Die Architektur ist noch stark der Tradition der Orangerie verhaftet. Wenn man einmal von den ungeheuren Fensterflächen absieht, erinnert er an einen klassizistischen Palast. Diese Bauweise war damals aber praktisch schon überholt. Die Gärtner suchten nach neuen Möglichkeiten, tagsüber optimale Lichtverhältnisse zu schaffen, die angeblich mit gewölbten Dächern, die parallel zum Himmelgewölbe verliefen, zu erreichen seien. Diese Dächer konnten aber weder aus Holz noch aus Ziegeln gebaut werden, weil die in diesem Fall notwendigen dicken Profile zuviel Licht geschluckt hätten. 1816 ließ dann jedoch der Schotte J. C. Loudon ein gekrümmtes Eisenprofil patentieren, mit dem sich die gewünschte Wirkung erreichen ließ. Während des folgenden Vierteljahrhunderts wurden daraufhin die berühmtesten Glashäuser mit Eisenrahmenkonstruktionen gebaut, wie beispielsweise das Palmenhaus in Kew Gardens in Richmond (England).

Welche Vorteile die Verwendung von Eisen hatte, zeigt diese Abbildung von 1862. Das Dach ist nur in mehrere gewölbte Segmente unterteilt, es weist auch umfangreiche Verzierungen auf, die aus Holz nicht stabil genug gewesen wären. Dennoch kam der Gebrauch von Eisen für Wintergärten zu diesem Zeitpunkt wieder aus der Mode. Erstens war Holz preiswerter und ließ sich ohne fachmännische Hilfe reparieren oder ersetzen, und zweitens hatte sich gezeigt, daß die Lichtverhältnisse bei gewölbten Dächern – die den Grund für die Eisenkonstruktionen geliefert hatten – keineswegs besser waren als bei Falt- oder einfachen Satteldächern, die sich problemlos aus Holz bauen ließen. Wo daher während der zweiten Hälfte des vorigen Jahrhunderts Eisen für Wintergärten verwendet wurde, geschah dies nicht aus funktionellen Gründen, sondern um kunstvolle Verzierungen anbringen zu können.

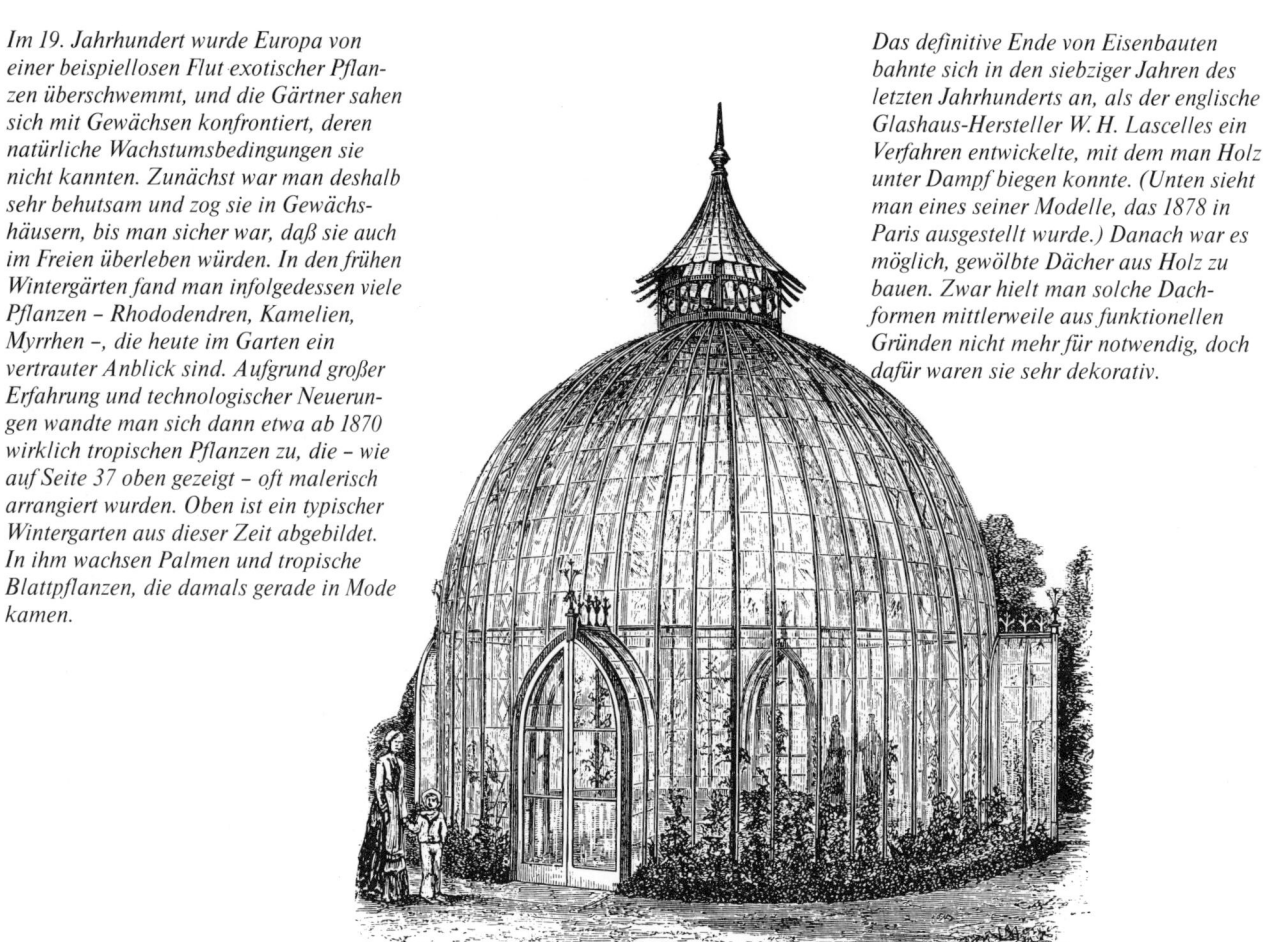

Im 19. Jahrhundert wurde Europa von einer beispiellosen Flut exotischer Pflanzen überschwemmt, und die Gärtner sahen sich mit Gewächsen konfrontiert, deren natürliche Wachstumsbedingungen sie nicht kannten. Zunächst war man deshalb sehr behutsam und zog sie in Gewächshäusern, bis man sicher war, daß sie auch im Freien überleben würden. In den frühen Wintergärten fand man infolgedessen viele Pflanzen – Rhododendren, Kamelien, Myrrhen –, die heute im Garten ein vertrauter Anblick sind. Aufgrund großer Erfahrung und technologischer Neuerungen wandte man sich dann etwa ab 1870 wirklich tropischen Pflanzen zu, die – wie auf Seite 37 oben gezeigt – oft malerisch arrangiert wurden. Oben ist ein typischer Wintergarten aus dieser Zeit abgebildet. In ihm wachsen Palmen und tropische Blattpflanzen, die damals gerade in Mode kamen.

Das definitive Ende von Eisenbauten bahnte sich in den siebziger Jahren des letzten Jahrhunderts an, als der englische Glashaus-Hersteller W. H. Lascelles ein Verfahren entwickelte, mit dem man Holz unter Dampf biegen konnte. (Unten sieht man eines seiner Modelle, das 1878 in Paris ausgestellt wurde.) Danach war es möglich, gewölbte Dächer aus Holz zu bauen. Zwar hielt man solche Dachformen mittlerweile aus funktionellen Gründen nicht mehr für notwendig, doch dafür waren sie sehr dekorativ.

Während des letzten Viertels des 19. Jahrhunderts und zu Beginn des 20. Jahrhunderts errichteten staatliche Stellen in fast allen Ländern Europas in ihren öffentlichen Parks Wintergärten. In manchen fand man Pflanzensammlungen, die nicht nur als Augenweide, sondern auch zu Lehrzwecken dienten, andere waren Gebäude nach dem Vorbild kommerziell betriebener Wintergärten und boten Möglichkeiten zur Erholung und für musikalische Veranstaltungen. Die steigenden Kosten für Reparaturen und Beheizung führten jedoch dazu, daß in der Mitte dieses Jahrhunderts viele der Wintergärten abgerissen wurden, obwohl eine Anzahl größerer Gebäude diesem Schicksal entging. Der rechts gezeigte Wintergarten im Botanischen Garten in New York wurde um die Jahrhundertwende errichtet und erst kürzlich wieder restauriert.

Die Geschichte des Wintergartens im 20. Jahrhundert ist die seines Niedergangs. Der unten gezeigte Wintergarten, der von der Firma Richardson and Co. in Darlington um die Jahrhundertwende gebaut wurde, illustriert einige wesentliche Veränderungen. Dieser Wintergarten ist offensichtlich für gesellige Zwecke gedacht. Breite Wege sorgen für einen offenen, geräumigen Eindruck. Es sind weniger Pflanzen vorhanden, und sie stehen nun nicht mehr – wie die Anordnung der Möbel deutlich macht – im Mittelpunkt, sondern dienen nur als Hintergrunddekoration. (Beachten Sie auch die Einführung des elektrischen Lichtes.) Nach dem Ersten Weltkrieg mußte der Wintergarten seinen Konkurrenten Sonnenterrasse und Swimmingpool weichen (manche Wintergärten wurden auch zu Swimmingpools umgebaut). Die großen Hersteller mußten sich auf die Fabrikation gewerblicher Gewächshäuser und Glasdächer beschränken. Noch vor Mitte dieses Jahrhunderts wurden mehr Wintergärten abgerissen als gebaut. Doch aufmerksame Beobachter konnten bereits in den fünfziger Jahren – als man in den Büros und Foyers großer Firmen Zimmerpflanzen zu halten begann – eine beginnende Entwicklung erkennen, die dem Wintergarten zu neuer Popularität verhelfen sollte.

Der Wintergarten-Look

Auch wenn es Ihnen an Platz und/oder den finanziellen Möglichkeiten mangelt, um ein Gartenzimmer an Ihr Haus anzubauen, können Sie dennoch fast jeden Raum Ihres Hauses durch eine geschickte Auswahl von Farben, Möbeln und Ausstattungsgegenständen in einen ›klassischen Wintergarten‹ verwandeln.

Am wichtigsten ist es, den Eindruck üppigen Pflanzenwuchses zu erwecken. Dazu gehören auch Sonnenlicht, das durch Blätter gefiltert wird,

Dieses moderne Wohnzimmer macht einen frischen und sauberen Eindruck. Große Mengen üppiger Blattpflanzen bilden einen auffälligen Kontrast zu der ganz in Weiß gehaltenen Raumgestaltung und verleihen diesem Zimmer, das zu einer Stadtwohnung gehört, den Charakter eines Wohngartens.

Der Wintergarten-Look

Üppige Pflanzen, Schilfteppiche, Rohrmöbel und ein Deckenventilator – den bunten Vogel im Käfig nicht zu vergessen – machen aus diesem Wohnzimmer einen Wohngarten.

die filigrane Wirkung von Farnen und Kletterpflanzen, markante Kontraste von Blüten und exotischen Gewächsen sowie Früchte, Vögel und sogar Schmetterlinge. Um Anregungen zu bekommen, sollten Sie sich zunächst echte Wintergärten und Gewächshäuser in botanischen Gärten anschauen. Auch ein Besuch in Schlössern oder alten Adelssitzen lohnt sich. Lesen Sie ferner alle verfügbare Literatur zu diesem Thema, und sehen Sie sich schön gestaltete Gärten und Parks in Ihrer Umgebung an.

Farben spielen eine ganz entscheidende Rolle, und damit sie natürlich wirken, sollte man hauptsächlich Grüntöne verwenden, zu denen entweder klare Gelbkontraste gesetzt werden, die das Sonnenlicht nachahmen, oder man läßt mit Blau einen Sommerhimmel entstehen. Wer das Ambiente eines traditionellen viktorianischen Wintergartens erreichen möchte, verwendet leuchtendes Weiß. Und für eine modernere Umgebung sind die wärmeren Töne von Naturholz empfehlenswert. Viele Tapetenhersteller bieten auch Wandbekleidungen mit Bambuseffekt oder Pflanzendekor an, die sofort eine Wintergartenatmosphäre schaffen.

Um Licht und Schatten zu regulieren, sollte man auf die üblichen

Der Wintergarten-Look

Gardinen verzichten und statt dessen Jalousien mit waagrechten oder senkrechten Lamellen bzw. rustikale Bambusrollos anbringen. Eine andere Möglichkeit wären zarte Raffgardinen aus Voile, die im Wintergarten eine exquisite, luftig-leichte Atmosphäre herbeizaubern.

Das wichtigste Gestaltungselement sind jedoch Pflanzen. Nehmen Sie nach Möglichkeit echte Pflanzen, wenden Sie nötigenfalls aber auch kleine Tricks an. Blumen und Laub aus Plastik, Seide oder Stoff wirken heutzutage erstaunlich echt, wenn man sie mit ein wenig Fingerspitzengefühl plaziert. Spiegel können bei geschickter Plazierung das Laub noch sehr viel üppiger erscheinen lassen und dunkle Ecken heller machen. Wo Lichtmangel ein echtes Problem ist, sollte man Punktstrahler anbringen, die sowohl nach unten als auch nach oben gerichtet werden können.

Den letzten Schliff erhält das Zimmer im Grünen schließlich durch eine sorgfältig zusammengestellte Ausstattung und Möblierung, die in Stil und Farben mit dem restlichen Haus oder der angrenzenden Wohnung harmoniert.

Ideen für verschiedene Räume

Ein dunkler Flur im Kellergeschoß, der von Rohren durchzogen ist, oder eine schmale Diele lassen sich rasch in einen grünen Wintergarten verwandeln. Am einfachsten ist dies, wenn man Wände und Decken mit fortlaufend gemusterten Blumen- oder Laubtapeten ausstattet und alle Rohre, Fußleisten, Tür- und Fensterrahmen passend zum Dekor streicht. Um den Eindruck eines Wintergartens noch zu verstärken, kann für die Türen eine Kontrastfarbe verwendet werden. Sollte der Raum sehr hoch sein, wird die Wand auf etwa einem Drittel der Höhe mit einer Wandleiste unterteilt. Zu diesem Zweck kann eine einfache Viertelstableiste oder eine Bilderrahmenleiste angenagelt werden. Der obere Teil der Wand wird mit einer Blumen- oder Laubtapete tapeziert, am unteren Teil bringt man gewöhnliche, kleinteilige Gartenspaliere an. Wenn sich das Spalier gut von einem buntgestrichenen Untergrund abheben soll, hält man es in Weiß, soll es sich dagegen von einem weißen oder neutralen Untergrund abheben, streicht man es in einer leuchtenden, reinen Farbe.

Eine andere Möglichkeit ist, den unteren Teil der Wand in Marmoriertechnik zu streichen, um den Marmorsockel eines Wintergartens zu imitieren, und am oberen Teil Spaliere zu befestigen. In hellen Räumen können echter Efeu oder andere Kletterpflanzen an den Spalieren ranken, sofern diese mit Leisten oder Holzklötzchen befestigt wurden und nicht direkt an der Wand sitzen.

Wo sich am Ende eines Flurs oder auf einem Treppenabsatz eine trostlose Wand befindet, kann ein falsches Wintergartenfenster entstehen. Zu diesem Zweck bringt man einen Spiegel oder selbstklebende Spiegelfliesen an der Wand an und beleuchtet sie von oben mit Punktstrahlern oder einer Schienenleuchte. Unterhalb des ›Fensters‹ wird ein mit Pflanzen gefüllter Blumenkasten angebracht. Falls die Fläche sehr schmal ist, verspiegelt man

Der Wintergarten-Look

Glasborde mit Pflanzen können eine häßliche Aussicht verschönern. Bei ausreichend Licht werden die Pflanzen gut gedeihen und einen lebenden zartgrünen Vorhang bilden.

die ganze Wand vom Fußboden bis zur Decke und stellt eine effektvoll beleuchtete Pflanzengruppe davor. In beiden Fällen wäre ein Spalier oder ein Wandschirm aus Bambus eine hübsche Ergänzung.

Wenn ein helles Fenster einen trostlosen Ausblick bietet oder man direkt auf eine kahle Wand schaut, eignet es sich vorzüglich zur Aufstellung einer ganzen Kollektion kriechender, hängender und aufrecht wachsender Pflanzen. Sie müssen jedoch in kalten Winternächten vor Frost sicher sein, und deshalb sollte das Fenster nach Möglichkeit eine Doppelverglasung haben. Mit Hilfe von metallenen Konsolenhaltern können vor dem Fenster in geeigneten Abständen Glasborde angebracht werden. In fensterlosen Räumen, wie etwa Badezimmern, läßt sich diese Idee mit unechten Pflanzen und einem Spiegel verwirklichen.

Badezimmer eignen sich meist ideal zur Schaffung eines Minitreibhaus-

Der Wintergarten-Look

Eine spalierförmige Wandverkleidung und üppige Pflanzen machen aus diesem Badezimmer einen ungewöhnlichen Raum.

klimas, so daß man dort viele luftfeuchtigkeitsliebende Pflanzen, wie beispielsweise Farne, halten kann. Wenn der Raum groß genug ist, sollte man den Toilettenbereich möglichst durch ein offenes Regal abtrennen. In diesem Regal können sowohl verschiedene Pflanzen als auch hübsche Badezimmeraccessoires ihren Platz finden. Wo der Platz knapp ist, kann man statt dessen ein Gitter aufstellen und daran entweder Ampeln mit Hängepflanzen befestigen oder unechte Kletterpflanzen hochranken lassen. Gelegentlich haben Badezimmerfenster Scheiben aus gerriffeltem Glas, die meist sehr häßlich sind. Hier wäre der oben beschriebene Vorschlag mit Regalen gut geeignet, um die Aussicht zu verschönern. Spaliere lassen sich in einem Rahmen anbringen, der genau in die Fensteröffnung paßt. Zum Öffnen oder Putzen des Fensters kann er leicht entfernt werden. Zahlreiche vom Handel angebotene keramische Wandfliesenarten mit

Der Wintergarten-Look

Pflanzendekor eröffnen große Möglichkeiten, um den Eindruck eines Treibhauses mit üppigem Pflanzenwuchs zu erwecken. Auf manchen finden sich auch exotische Gewächse und Palmen. Oft werden ganze Fliesenbilder angeboten, auf denen ausladende Bäume oder anderes Laubwerk zu sehen sind. Diese Bilder werden am besten so angebracht, daß der Eindruck entsteht, als würden die Blätter ins Badewasser oder in das Waschbecken hängen. Dieser Effekt kann noch verstärkt werden, wenn man davor noch echte oder auch unechte Pflanzen aufstellt.

In vielen Räumen, wie beispielsweise Eßzimmern, Fluren, Badezimmern, Küchen und Schlafzimmern, oder auch auf Treppenabsätzen lassen sich kahle Wände durch Wandbilder oder Wandmalerei unglaublich gut aufheitern. Wenn Sie künstlerisch begabt sind, können Sie diese leicht selbst entwerfen und ausführen. Sehen Sie sich klassische Muster und Bilder mit üppiger Vegetation an und übertragen Sie diese auf Ihre Wand. Falls Ihnen dies zu schwierig erscheint, sollten Sie es vielleicht mit einer sanften Hügellandschaft versuchen, wo nur im Hintergrund üppiger Pflanzenwuchs zu sehen ist, oder einen einfachen Bogen malen, durch den man den Himmel sieht und an dessen Seiten sich Pflanzen emporranken. Fertigen Sie auf Karopapier einen Enwurf an, unterteilen Sie die Wand

Hier ist eine gute Lösung, wie ein Raum geteilt werden kann, ohne daß er dunkler wird. Das Hängebord bietet eine Stellfläche für Pflanzen, die einen Sichtschutz bilden. Der Heizkörper am Boden fängt die Zugluft von der Eingangstür ab.

anschließend in größere Quadrate und übertragen Sie dann das Bild – Quadrat für Quadrat – maßstabgetreu auf die Wandfläche.

Es gibt auch verschiedene Methoden, um im Schnellverfahren reizvolle Wandbilder zu schaffen. Zum einen bieten sich hier Fototapeten an, zum anderen kann man aus Katalogen und Zeitschriften Pflanzen ausschneiden und diese an der Wand zu einer Collage zusammenfügen, die mit Klarlack versiegelt wird, oder man verwendet Schablonen mit Pflanzen- oder Blattformen, die fertig gekauft oder aus fester Pappe geschnitten werden können.

Große offene Räume lassen sich optisch wirkungsvoll unterteilen, so daß man dort verhältnismäßig ungestört unterschiedlichen Beschäftigungen nachgehen kann: Trennen Sie beispielsweise einen Eßbereich so ab, daß Herd und Spüle vom Tisch aus nicht direkt ins Auge fallen; bei einem Wohnzimmer, welches in den Flur übergeht, kann eine Trennung zwischen Eß- oder Sitzbereich und Flur bzw. Eingang erfolgen; im Schlafzimmer läßt sich ein ›Ankleideraum‹ schaffen, der vom Bett oder dem restlichen Zimmer aus nur bedingt sichtbar ist; und aus einem langgestreckten Wohn- und Eßraum können auf diese Weise zwei Räume gemacht werden. Solche Trennungen sind möglich, ohne daß die Gesamtwirkung des Raums oder die Lichtverhältnisse beeinträchtigt werden, indem zu diesem Zweck ein ›Wintergarten‹ geschaffen wird. Verwenden Sie beispielsweise Raumteiler aus Holz, Rohr oder Bambus – sogar in einen Rahmen montierte Gitter oder gelochte Hartfaserplatten sind hier geeignet, um eine filigrane Wirkung zu erzielen. Für einfachere Raumteiler kann man Bambusstäbe, schmale Gitter aus Schmiedeeisen und Rohre aus Kupfer oder anderem Metall verwenden, aus denen sich offene Rankgerüste für Kletter- und Hängepflanzen bauen lassen.

Die Einrichtung

Wenn man einen Wintergarten schaffen will, kommt den Möbeln eine ganz wichtige Bedeutung zu. Studieren Sie Gartenkataloge und Broschüren, und besuchen Sie Gartencenter, um Möbel zu finden, die ein Gartenambiente ins Haus bringen. Trödler, Bauernhöfe und Flohmärkte sind mitunter wahre Fundgruben für ungewöhnliche Pflanzentische, Pflanzenständer und Pflanzgefäße. Betrachten Sie die angebotenen Gegenstände mit einem wachen Auge, und überlegen Sie, wie man sie am besten verwenden könnte – oft ist es auch möglich, ein großes Möbelstück, wie etwa einen Toilettentisch, in Teile zu zerlegen, die sich für verschiedene Zwecke verwenden lassen. Alte Anrichten eignen sich – abgebeizt und lackiert oder weiß gestrichen – gut als Pflanzenständer für Hänge- und Kletterpflanzen und in einer Küche auch für eine Kollektion von Küchenkräutern.

Alte Bambustische, Etageren und Nähmaschinenuntergestelle, die man oft bei Trödlern findet, lassen sich allesamt zu originellen Pflanzenständern umgestalten. Waschtische mit Marmorplatten oder Kacheln eignen sich besonders gut als Pflanzentische, da ihre Stellfläche bereits schmutz- und wasserbeständig ist, und manch altes, langweiliges, aber nützliches Side-

Der Wintergarten-Look

board erwacht zu neuem Leben, wenn man die Stellfläche kachelt (oder mit einer Glasplatte abdeckt) und eine Fülle von Pflanzen daraufstellt.

In einem Raum mit einem Erker kann ein Wintergartenbereich durch Bambusstühle und weiche Kissen geschaffen werden. Für die Kissenbezüge verwendet man am besten Laub- oder Blumenmuster in frischem Grün und Weiß. Wählen Sie stets natürliche Grünschattierungen oder herbstliche Töne, vermeiden Sie dagegen leuchtende Farben. Stellen Sie einen Rohrtisch mit einer Glasplatte dazu, den Sie eventuell von unten beleuchten, und verteilen Sie auf und unter ihm eine Fülle von Pflanzen. Gegebenenfalls läßt sich diese Fläche durch einen Bambus- oder Rattanschirm auch vom restlichen Raum abtrennen.

Echte schmiede- oder gußeiserne Möbel geben dem Wintergarten ein viktorianisches Flair, man kann jedoch auch Aluminiumgußkopien kaufen. Wer Art deco bevorzugt, spritzt Schlafzimmerkorbstühle aus dieser Periode weiß oder pastellfarben. Für eine modernere Umgebung eignen sich beispielsweise naturfarbene Regisseurstühle und ein einfacher Rohr- oder Holztisch.

Indirekte Beleuchtung bringt diese reizvolle Pflanzengruppe wirkungsvoll zur Geltung, und Spiegelwände verstärken den Gesamteindruck sehr effektiv.

Der Wintergarten-Look

Accessoires

Ecken im Wintergarten lassen sich mit kleineren Accessoires freundlich gestalten oder zum Aufstellen von Pflanzen und Blumen nutzen. Ein Porzellangefäß, das auf einer alten Kommode steht, oder eine alte Sitzbadewanne sind originelle und reizvolle Behälter für Pflanzen. Vielleicht bekommen Sie auch ein altes Waschgeschirr günstig, weil es angeschlagen ist oder einen Sprung hat, doch bepflanzt, wird aus ihm ein idealer Miniatur-Zimmergarten.

Ein reizvolles Arrangement aus Pflanzen und Gefäßen schafft beinahe vor jedem Fenster einen schönen Zimmergarten.

Gewächshausatmosphäre im Freien

Eine weitere Möglichkeit, eine Orangerie nachzuempfinden, ist die Anlage eines Dachgartens. Man sollte ihn teilweise verglasen, damit frostempfindliche Pflanzen geschützt sind, oder ein kleines Gewächshaus einbeziehen. Sie können Blumen in Töpfen pflanzen und anstelle echten Grases Kunstrasen verwenden, den man vom Meter bekommt. Schließlich stellen Sie noch einige Gartenmöbel auf – und fertig ist Ihr ›Wintergarten‹. Aber – und es gibt ein großes Aber – vorher gilt es wahrscheinlich, noch verschiedene Probleme zu lösen. Das Dach muß bequem erreichbar sein, es muß die Last von Töpfen, Erde, Pflanzen, eventuellen Aufbauten, Möbeln und Menschen statisch tragen können, und es muß für eine Wasserableitung gesorgt werden. Diese Punkte sind so wichtig, daß Sie sich von einer Baufirma, einem Architekten oder einem Statiker beraten lassen sollten, die Ihnen auch sagen können, ob für den geplanten Bau eine Baugenehmigung erforderlich ist.

Balkone können, sofern sie die richtige Lage haben und genügend Licht und Sonne bekommen, in ideale kleine Wintergärten verwandelt werden. Möglicherweise brauchen sie auf einer oder auch beiden Seiten einen Windschutz, vorn Schiebefenster und eventuell irgendeine einfache Form der Überdachung. Hier kann ein einfaches Sonnensegel oder eine Markise ausreichen oder ein Dach aus geriffeltem Glas oder Kunststoff-Wellplatte mit einem geeigneten Neigungswinkel, damit Regen und Schnee gut ablaufen können. In manchen Fällen kann aber auch eine feste Dachkonstruktion mit richtigen Regenrinnen erforderlich sein.

Ein bequemer Zugang zum Balkon ist sehr wichtig, und zu bedenken ist auch, daß ein geschlossener Überbau im Fall eines Brandes den Fluchtweg versperren kann. Wo sich der Balkon auf der Frontseite des Hauses befindet, muß die geplante Konstruktion natürlich auch mit dem Gesamtbild der Fassade harmonieren. Wenn Sie beispielsweise in einem Wohnblock wohnen, ist es Ihnen unter Umständen – aufgrund von Mietvertragsklauseln oder Einsprüchen anderer Mieter (vor allem der Mieter, die unter Ihnen wohnen) – auch gar nicht erlaubt, einen geschlossenen, festen Anbau zu errichten. Steht Ihr Haus unter Denkmalschutz oder liegt es gar in einem Naturschutzgebiet, dürfen Sie möglicherweise nichts tun, was den Baustil wesentlich verändert.

Was Sie also auch vorhaben mögen – es kann eine Baugenehmigung erforderlich sein, und fast mit Sicherheit werden Sie Bauvorschriften einhalten müssen. Informieren Sie sich deshalb immer zuerst bei der zuständigen Bauaufsichtsbehörde oder einem Planungsbüro, bevor Sie mit irgendwelchen Bauarbeiten beginnen.

Vorhandene Windfänge können verglast und in reizvolle, blumengeschmückte Eingänge verwandelt werden. Vielleicht können Sie sogar mit einem Bausatz einen neuen Windfang errichten. Solche Anbauten haben auch den Vorteil, daß der Flur anschließend zugfrei ist, aber auch in diesem Fall kann eine Baugenehmigung erforderlich sein.

Der Wintergarten-Look

Fahrzeug-Einstellplätze und Gartenschuppen lassen sich ebenfalls in einfache Wintergärten umwandeln, wenn man sie ganz oder zumindest teilweise verglast. Nutzen Sie die Deckenkonstruktion und setzen Sie geeignete transparente Materialien ein, damit genügend Licht hereinkommt. Jedenfalls müssen die Dachträger stabil genug sein, damit man Ampeln an ihnen aufhängen kann – denn so kommen Pflanzen in dieser Umgebung am besten zur Geltung. Auf ähnliche Weise können Ampeln über Wegen am Haus, auf Balkons und in Windfängen, Lauben oder Gewächshäusern verwendet werden.

Nutzen Sie alle Stützmauern und Hauswände, sorgen Sie für optimale Lichtverhältnisse und verbessern Sie die Wachstumsbedingungen für die Pflanzen, indem Sie die Wände weiß oder hell (blau, gelb oder blaßgrün) streichen. (Überlegen Sie jedoch zweimal, bevor Sie dies bei einer alten Ziegel- oder Steinmauer tun.) Befestigen Sie an den Wänden Halter für Ampeln, Blumenkästen, Kübel und halbrunde Gefäße, oder bringen Sie verstellbare Borde für Hängepflanzen an.

Mit Gartenhäuschen, Sommerhäuschen, Pergolen und einfach verglasten Anlehngewächshäuschen und Anbauten kann ähnlich verfahren werden. Es mag allerdings notwendig sein, die Mehrzahl der Pflanzen während des Winters ins Haus zu holen, vor allem, wenn das Gewächshaus etwas abseits liegt. Natürlich kann man auch eine Gewächshausheizung oder einen Ölofen installieren. Bedenken Sie bei Neubauten jedoch stets die Gefahren von Frost und Schnee (maximale Belastung der Dachfläche), und überlegen Sie, ob sich eine Doppelverglasung nicht vielleicht doch auszahlt. Ebenso kann in allen diesen Bauten pralle Sonne zum Problem werden, und möglicherweise ist deshalb irgendeine Sonnenschutzvorrichtung notwendig. Wiederum sollte überlegt werden, ob hier nicht Doppelstegplatten mit Jalousien sinnvoll sind.

Alle diese in Wintergärten oder Glasveranden umgewandelten Räume sollten wie ein richtiger Wintergarten oder ein entsprechender Raum im Haus eingerichtet werden. Ganz wichtig ist hier zum Beispiel die Beleuchtung, um Pflanzen und Accessoires optimal zur Geltung zu bringen. Für diese Außenbauten können Gartenleuchten verwendet werden, auf jeden Fall sind jedoch Feuchtraumkabel erforderlich.

Sofern eine Heizung installiert werden soll, muß man eventuell auch Rohre verlegen oder einen Anschluß an ein vorhandenes Heizungssystem vornehmen. Über die TÜV-Vorschriften zur Verkabelung von Feuchträumen informiert man sich beim Elektrofachmann. Das Inventar sollte funktionell sein und wiederum mit dem Stil des Raumes harmonieren.

Am wichtigsten ist jedoch, daß Sie – wenn Sie sich einmal für die Anlage eines Wintergartens entschieden haben – auch in der Lage sind, ihn zu genießen und sich an der geschaffenen Atmosphäre zu freuen. Von Anfang an sollte es Ihr Ziel sein, einen Raum entstehen zu lassen, in dem Sie zwischen Pflanzen arbeiten, essen und sich entspannen können. Planen Sie ihn deshalb so geschmackvoll und gemütlich wie möglich.

Ein seitlich offener, überdachter Anbau wird durch üppige Bepflanzung und Bambusrollos zu einem sehr einladenden Wohngarten.

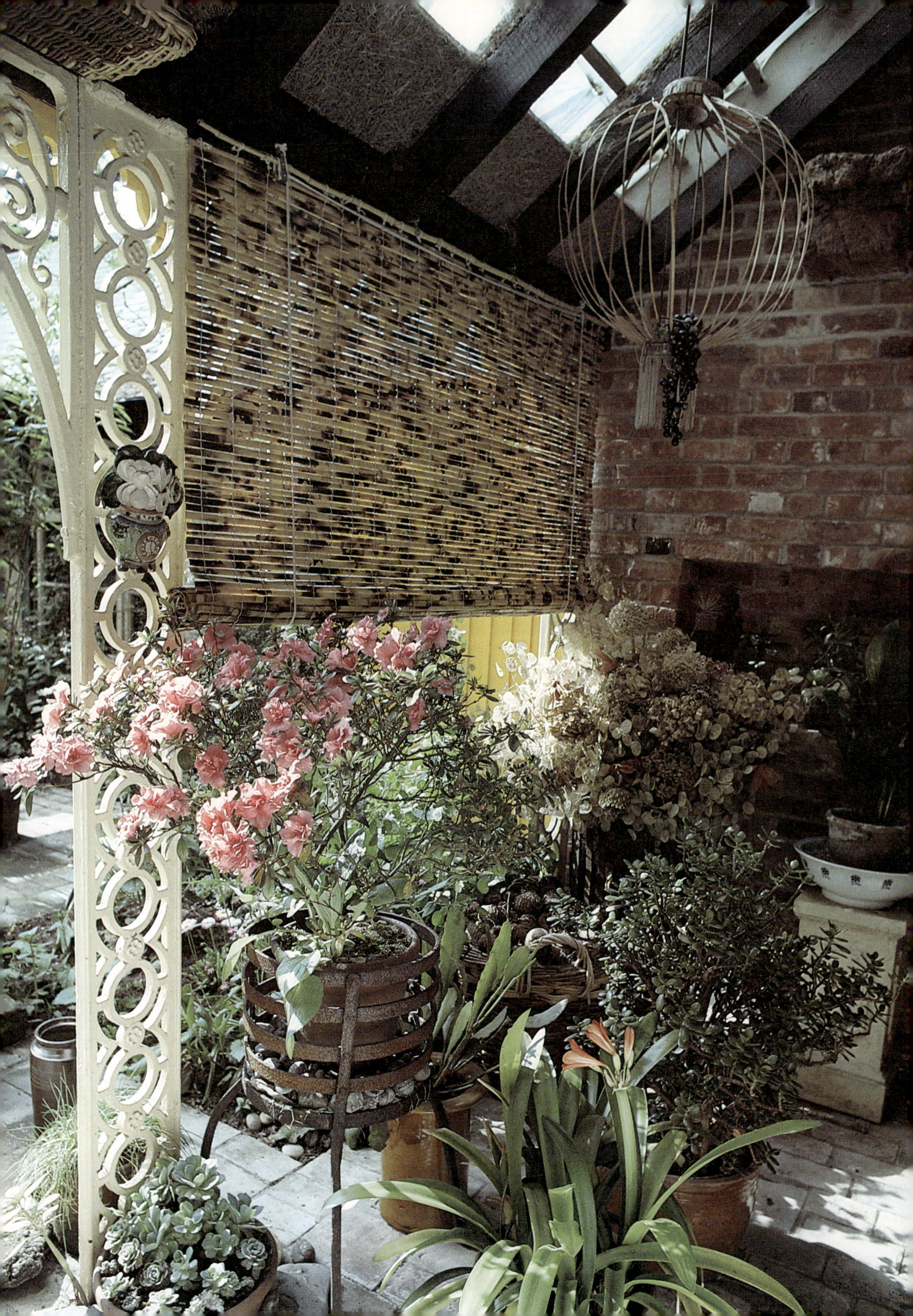

Bau, Wartung und Renovierung

Nachdem Sie sich für Typ und Größe des Wintergartens oder Glasanbaus und seinen Standort entschieden haben, sind nun eine genaue Planung und vorbereitende Arbeiten an der Reihe. Am wichtigsten ist es vielleicht, alle eventuell notwendigen behördlichen Genehmigungen einzuholen (oder zumindest festzustellen, ob eine Genehmigung erforderlich ist). So etwas kann seine Zeit dauern, und das sollten Sie in Ihrer Zeitplanung berücksichtigen. Jetzt müssen Sie genau festlegen, welche Arbeiten Sie selbst durchführen und welche Sie (eventuell) Fachleuten überlassen wollen. Fertigteile und Baustoffe müssen bestellt und der Bauplatz vorbereitet werden.

Die Baugenehmigung

In den meisten Ländern gibt es sowohl überregionale wie auch lokale Baubestimmungen, damit nicht jeder baut, wie er will, und das Gesamtbild gewahrt bleibt. Diese Bestimmungen regeln meist nicht nur den Bau von ganzen Häusern, sondern auch den von Anbauten, Glashäusern und Wintergärten.

Sollten Sie glauben, Baubestimmungen übergehen zu können, müssen Sie sich darüber im klaren sein, daß die örtlichen Bauaufsichtsbehörden möglicherweise befugt sind, anzuordnen, daß nicht genehmigte Anbauten wieder abgerissen werden und das Gebäude in seinen ursprünglichen Zustand versetzt wird. Da aber andererseits Ausbauten im kleineren Umfang meist nicht störend wirken, geben Baubehörden ihre Zustimmung für Glashäuser im allgemeinen ohne formale Genehmigungsverfahren. Es existiert eine Reihe von Vorschriften, die Sie beim Bau eines Wintergartens einhalten müssen, die sich aber unter Umständen von Land zu Land unterscheiden können. In erster Linie betreffen sie Standort, Größe und umbauten Raum. Was den Standort angeht, so wird der Anbau wahrscheinlich genehmigt, wenn er sich hinter oder an der Seite Ihre Hauses befindet und den notwendigen Abstand zum Nachbargrundstück aufweist. Liegt er dagegen an der Front, oder geht er auf der Seite über die Baulinie in Ihrer Straße hinaus, wird eine volle Baugenehmigung erforderlich sein. Erkundigen Sie sich hier bei Ihrer zuständigen Bauaufsichtsbehörde.

Am besten nehmen Sie mit dem zuständigen Bauamt Kontakt auf und machen kurze Angaben über die beabsichtigten Arbeiten. Dann wird man Ihnen Auskunft geben, ob Sie mit den Arbeiten beginnen können oder ob Sie eine zusätzliche Baugenehmigung einholen müssen. Beginnen Sie nie zu bauen, bevor Sie sich erkundigt haben, es könnte schwerwiegende Konsequenzen haben. Selbst wenn nicht sofort behördliche Schritte gegen den

Ein neogotischer Traum: Ein eleganter Wintergarten in sonniger Lage, der vollkommen fertig, ausgestattet, geputzt und eingerichtet ist. Zum Inventar gehören auch Springrollos und ein Waschbecken.

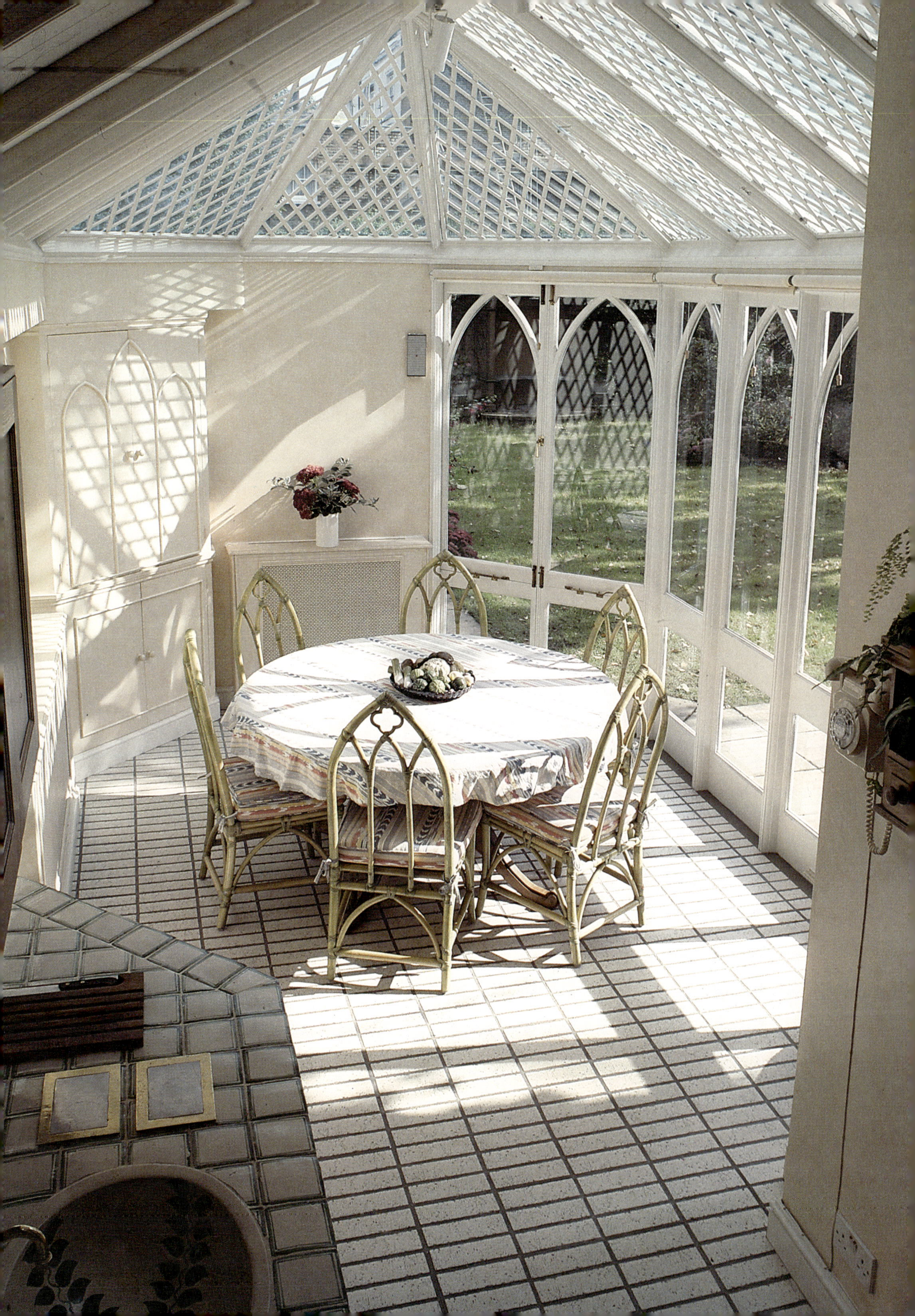

ungenehmigten Bau erfolgen, könnten Sie Schwierigkeiten bekommen, falls Sie Ihr Haus eines Tages verkaufen wollen. Achten Sie auch darauf, ob Sie in einem Haus oder Viertel wohnen, das unter Denkmalschutz steht oder gestellt werden soll oder in einem Naturschutzgebiet liegt. Hier ist fast immer eine Baugenehmigung erforderlich.

Bauvorschriften

Abgesehen von den detaillierten örtlichen Bauvorschriften, müssen Sie auch überregionale Bestimmungen beachten. Während allgemeine Baubestimmungen regeln, welche Gebäudetypen wo errichtet werden können, beziehen sich Bauvorschriften darauf, wie gebaut wird – mit anderen Worten, daß bestimmte Anforderungen, etwa an Sicherheit, Statik oder Materialeignung, erfüllt werden. Selbst wenn ein Gebäude wie ein Wintergarten keiner Baugenehmigung bedarf, muß er dennoch die Bauvorschriften erfüllen. Meist werden diese von der gleichen Behörde überwacht, die auch die Baugenehmigung in Ihrer Gegend erteilt, allerdings von einer anderen Abteilung.

Zu den Dingen, die die Baubehörde prüft, gehören

(a) das Fundament: Es muß ausreichen, um die Last des Wintergartens zu tragen und bis auf Frosttiefe (80–100 cm) gegründet sein.
(b) Feuchtigkeitsschutz: Bei einigen Bauweisen wird es notwendig sein, in Zwischenmauern sowie unter Holzrahmen und Holzflächen für eine Sperrschicht zu sorgen.
(c) Brandschutz: Die Materialien, aus denen der Wintergarten gebaut wird, müssen bestimmten Kriterien entsprechen, und Sie werden, wenn das Gebäude nahe der Grundstücksgrenze steht, eine Brandschutzmauer benötigen.
(d) Belüftung: Falls durch den Wintergarten die natürliche Belüftung des Hauses beeinträchtigt wird, muß eine Belüftung über den Wintergarten erfolgen können.
(e) Veränderungen an Wasserableitungen, Kaminen usw.: Sofern diese im Rahmen des Wintergartenbaus erforderlich sind.
(f) Veränderungen am existierenden Haus, die einen Zugang zum Wintergarten ermöglichen: Eventuell müssen Sie einen neuen Durchbruch in der Hauswand machen und neue Türen und Fenster einbauen.

Außer wenn Sie Ihren Wintergarten ganz allein bauen und dazu Rohmaterialien (Ziegel, Mörtel, Holz und Glas) verwenden, werden Sie feststellen, daß vom Hersteller gelieferte Teile und Materialien den meisten

Bauvorschriften entsprechen. Der Hersteller wird Ihnen auch alle Bauzeichnungen und technischen Daten zur Verfügung stellen, die Sie bei der zuständigen Bauaufsichtsbehörde einreichen können. Darüber hinaus müssen Sie jedoch vermutlich einige einfache Zeichnungen anfertigen, auf denen der Standort des Wintergartens oder Gewächshauses in Relation zum existierenden Haus zu sehen ist, ausreichende Angaben über das vorgesehene Fundament machen, sonstige Änderungen angeben usw. Es ist ratsam, mit der zuständigen Behörde bereits frühzeitig ein Vorgespräch zu führen, damit man Sie dort über alle Besonderheiten unterrichtet, die Sie berücksichtigen müssen, um eine Baugenehmigung zu erhalten.

Fundament Hier reicht meist eine einfache flache Betonplatte aus, die rundum etwas größer als die Grundfläche des Wintergartens ist. Bei manchen Wintergartentypen muß der Randbereich der Platte eventuell verstärkt werden. Wer in seinem Wintergarten Pflanzen direkt in die Erde setzen will, muß statt einem Platten- ein Streifenfundament machen. Die Stärke des Fundaments wird von der Baubehörde festgelegt, die die örtlichen Bodenverhältnisse genau kennt, aber auch der Hersteller gibt Richtlinien. Soll der Wintergarten einen Bodenbelag bekommen, müssen Sie auf die Fundamentplatte eine Nässesperrschicht aufbringen und darauf einen Estrich verlegen, damit eine ebene Fläche entsteht.

Belüftung In einem Wintergarten und den angrenzenden Räumen muß die Belüftung einigen Mindestanforderungen gerecht werden, um die Baubestimmungen zu erfüllen.

Kamine und Fallrohre an der Außenwand, an die der Wintergarten angebaut werden soll, müssen verlegt werden. Wenn der Hersteller Ihres Wintergartens das Verlegen solcher Rohre empfiehlt, besprechen Sie mit der Bauaufsichtsbehörde, wie dies am besten geschehen kann.

Abwasserleitungen unter dem Wintergarten stören meist nicht, wo sich aber ein Reinigungsschacht im Boden befindet, muß dieser auf Fundamenthöhe hochgezogen werden und eine neue Abdeckung in Estrichhöhe erhalten. Da der Reinigungsschacht innerhalb des fertigen Wintergartens liegen wird, braucht er einen geruchsdichten Deckel, damit keine Abwassergerüche durchdringen. Der Deckel kann mit dem gleichen Bodenbelag verkleidet werden wie der restliche Wintergarten, doch muß er für Notfälle zugänglich bleiben. Wo der Reinigungsschacht direkt unter einer Gebäudewand liegt, kann man ihn vielleicht mit einem Sturz überbrücken. Es ist jedoch besser – wenn der Anbau nicht geringfügig verlegt werden kann – außerhalb der Wand einen neuen Schacht zu mauern.

Da ein Wintergarten nicht als Wohnraum eingestuft wird, finden die Bauvorschriften für normale Hausanbauten auf ihn keine Anwendung. Man sollte sich aber dennoch Gedanken über die *Wärmedämmung* machen, vor allem dann, wenn seine Funktion über die eines Anlehngewächshauses hinausgehen soll. Versieht man Fenster und Teile des Daches mit Isolierglas bzw. Plexiglas-Stegdoppelplatten, wird der Wärmeverlust geringer sein. (Da aber Kondensationsprobleme auftreten können, halten Sie am besten Rücksprache mit dem Hersteller.) Sie sollten ferner überlegen, ob Sie nicht bis in Fensterhöhe eine Hohlblockwand hochziehen, anstatt das Glas bis zur Erde zu führen. Und natürlich müssen Sie, wenn Sie den Wintergarten auch bei kühlerer Witterung nutzen wollen, irgendeine Heizung installieren (siehe S. 90–102).

Wie bereits erwähnt, wollen Sie vielleicht eine vorhandene Öffnung in der Hauswand verändern oder einen ganz neuen *Zugang* schaffen, um den Wintergarten vom Haus aus erreichen zu können. Reicht es nicht aus, die Wand unter einem vorhandenen Fenster herauszubrechen, müssen Sie einen entsprechenden Sturz über der neuen Öffnung anbringen, über dessen Art und Größe Ihnen die Baubehörde Auskunft geben kann.

Noch einen letzten Punkt müssen Sie berücksichtigen, wenn Sie eine offizielle Genehmigung für Ihren Wintergarten benötigen. *Beginnen Sie mit den Arbeiten nicht, solange Ihnen nicht die notwendigen Genehmigungen schriftlich vorliegen.* Das kann vom Zeitpunkt der Beantragung mehrere Wochen dauern (und wenn ein gesamtes Genehmigungsverfahren erfolgen muß, auch länger), berücksichtigen Sie also auch dies bei Ihrer Terminplanung.

Bestellung der Bauteile

Wenn Ihnen die Genehmigung vorliegt und Sie sich für einen Wintergarten-Bausatz entschieden haben, überprüfen Sie nun noch einmal, ob alles dort gebaut werden kann, wo Sie es haben wollen – beispielsweise Türen und Lüftungsklappen, die sich nachträglich wahrscheinlich nicht mehr verlegen lassen – und ob die technischen Angaben stimmen. Wenn Sie dann auch noch sichergestellt haben, daß Sie nach der Lieferung alles baldmöglichst bezahlen können, geben Sie Ihre Bestellung auf. Falls Sie besondere Wünsche hinsichtlich der Konstruktion haben oder der Bauplatz Probleme birgt, nehmen Sie noch vor der endgültigen Bestellung mit dem Bezirksvertreter des Herstellers Kontakt auf – er hat hier weitaus mehr Erfahrung als Sie und wird derartige Probleme sehr viel leichter lösen können. Wenn Sie Ihre Bestellung machen, sollten Sie genaue Angaben über die Größe des erforderlichen Fundaments erhalten (genaue Einzelheiten über die Stärke teilt Ihnen natürlich die zuständige Baubehörde mit).

Bau, Wartung und Renovierung

Auf diese Weise haben Sie – bis die Teile geliefert werden – genügend Zeit, den Bauplatz vorzubereiten sowie das Fundament auszuschachten und anzulegen (siehe S. 69).

Bevor die Teile eintreffen, müssen Sie einen geeigneten Platz freiräumen, wo sie abgeladen und bis zum Gebrauch gelagert werden können. Wenn das Wetter nicht gerade ausgesprochen schlecht ist, gibt es keinen Grund, warum sie nicht im Freien lagern sollten, andernfalls müssen Sie das Auto aus der Garage fahren und alles dort unterbringen. Dort liegen die Teile nicht nur trocken, sondern sind auch vor Rowdys und Dieben sicher.

Vom Hersteller werden Sie eine vollständige Liste aller Teile erhalten, die Sie bei der Anlieferung überprüfen sollten. Achten Sie dabei insbesondere auf Kleinteile wie Bolzen, Halter, Klammern und auch Türbeschläge. Nichts ist ärgerlicher, als wenn man mitten im Zusammenbau auf einmal merkt, daß ein kleines, aber wesentliches Teil fehlt. Wenn Sie sich überzeugt haben, daß alles geliefert und in Ordnung ist, können Sie den Lieferschein unterschreiben. Und achten Sie auch darauf, daß die Montagebeschreibung beiliegt (sofern Sie sie nicht bereits erhalten haben). Stellen Sie sich darauf ein, daß Sie sie einige Tage sorgfältig studieren müssen, bevor Sie mit der Arbeit beginnen. Auf diese Weise haben Sie Zeit, mit dem Hersteller über alle Unklarheiten Rücksprache zu halten und sich mit den Bauteilen vollkommen vertraut zu machen.

Wenn Sie Ihren Wintergarten ganz im Eigenbau errichten, werden Sie Materialien und Teile wahrscheinlich bei einer Reihe verschiedener Lieferanten bestellen. Vergleichen Sie sorgfältig die Preise und erkundigen Sie sich immer nach Sonderangeboten und Preisnachlässen (insbesondere bei den wichtigsten Baumaterialien wie Holz- oder Aluminiumprofile, Glas und Beton). Und bestehen Sie auf einer pünktlichen Lieferung – nichts ist schlimmer, als wenn alles vorbereitet ist und sich dann eine Lieferung verzögert. Arbeitszeichnungen und Baupläne werden als Checklisten verwendet, auf denen man alle Teile, die geliefert werden, einträgt. Näheres über die Bestellung von Baustoffen findet sich im folgenden Abschnitt.

Bestellung der Baustoffe

Ganz gleich, für welchen Wintergartentyp Sie sich entschieden haben, Sie werden ein Fundament anlegen müssen, für das Sie verhältnismäßig große Mengen Baustoffe benötigen – Packlagenmaterial zum Festigen des Untergrundes und Zement für Platten- oder Streifenfundament. Jetzt müssen Sie auch entscheiden, ob Sie einen Bauunternehmer mit der Arbeit beauftragen oder sie selbst ausführen. Im zweiten Fall ist eine Bedarfsberechnung erforderlich.

Ein typisches Plattenfundament besteht meist aus einer 10 cm starken, gerüttelten Packlage (Schotter, Ziegelschutt oder Betonbruch) und einer 10 cm starken Betonplatte. Um den Bedarf für die Packlage zu berechnen, muß die Grundfläche vermessen werden. Dann multipliziert man die Quadratmeterzahl mit 0,1 m und rundet auf volle Kubikmeter auf.

Packlagenmaterial kann man bei den meisten Baustoffhändlern oder bei einem Abbruchunternehmen bestellen. Geben Sie an, wofür Sie das Material brauchen, damit keine Erde enthalten ist und auch kein Pflanzenmaterial, das verrottet und Hohlräume entstehen lassen kann, die unter Umständen Senkungsschäden verursachen. Möglicherweise ist aber auch geeignetes Material vorhanden – beispielsweise von einem früheren Umbau oder Schutt von Wegen oder Treppen, die dem Wintergarten weichen mußten.

Ferner wird zum Auffüllen der Zwischenräume in der Packlage ein feineres Material benötigt. Geeignet sind Schlacke, Sand oder Kies (Zuschlag). Wer die beiden letztgenannten Materialien ohnehin zur Herstellung von Beton braucht, bestellt einfach 10 oder 15 Prozent mehr.

Sie können für Ihr Fundament entweder Transportbeton verwenden oder einen Betonmischer leihen und ihn selbst herstellen. Erstere Methode ist sicher die schnellere – die Platte wird innerhalb von einem Tag gegossen sein – und bei großen Platten vermutlich die einzig vernünftige Lösung. Wenn Sie Ihren Beton selber mischen, können Sie dagegen Ihr Arbeitstempo selbst bestimmen und die Arbeit vielleicht auf mehrere Tage verteilen, doch diese Vorgehensweise eignet sich eher für ein Streifenfundament als für eine Platte. Andererseits kann es sehr entmutigend sein, wenn eine Ladung Transportbeton angeliefert wird und sich das Gießen und Glätten als schwierig erweist oder der Zugang zur Baustelle Probleme aufwirft.

Von den Kosten her ist zwischen den beiden Methoden kein großer Unterschied. Dem höheren Preis für angelieferten Fertigbeton stehen der Zeitgewinn und die Notwendigkeit, einen Betonmischer zu leihen, gegenüber.

Wer den Beton selbst mischen will, braucht für das Fundament seines Wintergartens eine ausreichende Menge Zement, Sand und Kies (20 mm). Das richtige Mischungsverhältnis für das Fundament beträgt 1:2,5:3,5 (Raumteile). Wer eine Sand-Kies-Mischung bestellt, mischt sie mit dem Zement im Verhältnis 1:5. Um die erforderlichen Einzelmengen zu berechnen, müssen Sie zunächst das Volumen der Platte feststellen – die Berechnung entspricht der für das Packlagenmaterial. Für eine Platte von 20 m² und 10 cm Stärke braucht man beispielsweise 2 m³. Um diese Menge

Beton herzustellen, sind 10 Sack Zement, knapp 1500 kg Sand und etwa 2350 kg Kies notwendig. Mit Hilfe der untenstehenden Tabelle können Sie auch die Mengen für andere Plattenvolumen berechnen (benutzen Sie vielleicht einen Taschenrechner):

Materialbedarf für 1 m³ Beton

Material	Anteil	Gewicht/Raumteile
Zement	1	5 Sack*
Sand	2,5	720 kg/0,5 m³
Kies	3,5	1165 kg/0,75 m³
Sand-Kies-Mischung	5	1885 kg/1 m³

* Jeder Sack Zement ergibt etwa 0,2 m³ Beton

Bei einem Projekt dieses Umfangs werden bei allen Materialien 10 Prozent zugegeben, um kleine Fehler bei der Berechnung und Ausführung auszugleichen.

Zement wird erst kurz vor Ausführung der Arbeiten bestellt. Er sollte nicht länger als eine Woche liegen, da er im Sack leicht hart wird. Lagern Sie die Säcke flach und dicht zusammen auf einer Palette (oder wenigstens einer Plastikfolie) in einem trockenen Schuppen oder der Garage. Wenn Sie den Zement im Freien lagern müssen, benutzen Sie auf jeden Fall eine Palette und decken ihn gut mit Folie ab, die Sie festbinden oder beschweren.

Sand und Kies werden in getrennten Haufen und möglichst auf einem festen Untergrund gelagert. Decken Sie sie mit Plastikfolie ab, damit nichts fortweht und feinere Bestandteile nicht vom Regen fortgespült werden. Falls sich die Haufen auf der Straße befinden, achten Sie darauf, daß sie ordentlich liegen und nachts mit Warnlampen abgesichert sind. Auch dürfen sie keine Abflüsse verstopfen. Legen Sie ein Brett über die Bordsteinkante, bevor das Material abgekippt wird.

Denken Sie daran, daß das Fundament zum Gießen eingeschalt werden muß. Dazu werden stabile Schalbretter an Kanthölzern festgenagelt. Sie sollten wenigstens 25 mm dick und mindestens so breit sein wie die Stärke der Betonplatte – für eine 100 mm starke Platte sind 150 mm breite Bretter ideal.

Die geeignete Größe der Kanthölzer beträgt 30 x 50 x 300 mm. Sie werden an den Ecken und im Abstand von etwa einem Meter in den Boden geschlagen. Befestigen Sie die Schalbretter mit Nägeln an den Kanthölzern. Für die Schalung läßt sich jedes sägerauhe Holz verwenden, das man bei Abbruchunternehmen preiswert bekommt. Um zu verhindern, daß der Beton an den

Bau, Wartung und Renovierung

Brettern kleben bleibt, werden die Innenflächen mit Schalöl (in Baustoffhandlungen erhältlich) oder Motoröl gestrichen.

Sollten Sie sich entschlossen haben, Transportbeton zu verwenden, informieren Sie Ihren Lieferanten, wofür Sie ihn benötigen, wieviel Sie brauchen (runden Sie auf einen Viertelkubikmeter auf), und ob er direkt an Ort und Stelle entleert werden soll (was aber unwahrscheinlich ist, wenn Sie nicht einen ausgezeichneten Zugang zu Ihrem Grundstück haben). Der Lieferant wird Ihnen sagen, welche Güteklasse für Ihre Zwecke erforderlich ist. Bei der Abnahme einer großen Menge sollten Sie dem Beton einen Abbindeverzögerer zusetzen lassen. Dann haben Sie mehr Zeit, den Beton an Ort und Stelle zu bringen und zu verarbeiten, bevor er hart wird.

Vereinbaren Sie gleichzeitig einen verbindlichen Liefertermin, damit Sie vorbereitet sind und genügend Helfer und Geräte zur Hand haben. Ein Kubikmeter Beton entspricht etwa 20 bis 25 Schubkarren. Es sind also eine Menge williger Freunde und Nachbarn notwendig. Falls der Bauplatz schwer erreichbar ist, geben Sie dies rechtzeitig an – Transportmischer sind lang, breit, hoch und schwer.

Wer einen Wintergarten-Bausatz gekauft hat, braucht außer den bereits genannten Materialien fast nichts mehr. Andernfalls benötigt man Holz oder handelsübliche Metallprofile für die Rahmenkonstruktion, Glas oder transparenten Kunststoff – wie Mehrscheibenisolierglas oder Polycarbonat –, Befestigungsmaterial – Maueranker, Nägel und Schrauben –, Anschlußstreifen und Nässesperrschichtbahnen, Absperrmittel und so weiter. Profile und Glas sind teuer, und deshalb lohnt es sich, die Baupläne an mindestens zwei Lieferanten zu schicken, um Kostenvoranschläge einzuholen und einen günstigen Preis auszuhandeln.

Wer Holzprofile verwendet, muß entweder ein witterungsbeständiges Holz wie Zeder kaufen oder sicherstellen, daß das Holz kesseldruckimprägniert ist. Bei Aluminiumprofilen haben Sie möglicherweise die Wahl zwischen verschiedenen Dichtungssystemen. Bei manchen sitzt das Glas in Dichtungen aus synthetischem Gummi, während andere (speziell Dachprofile) einen integrierten Anschlußstreifen haben, der gegen das Glas drückt. Prüfen Sie, ob die Standardlängen für Ihre Zwecke ausreichen, oder ob Sie Sonderlängen anfertigen lassen müssen. Prüfen Sie ferner, ob Sie genügend Verbinder für die Rahmenkonstruktion bestellt haben, und sprechen Sie mit Ihrem Lieferanten frühzeitig über besondere Schwierigkeiten.

Ebenso wichtig wie die Materialien sind Werkzeuge. Stellen Sie fest, ob Sie über alle für die Arbeit erforderlichen Werkzeuge verfügen, wie Schaufeln und Wasserwaagen für das Fundament, Sägen für die Einzelteile

Bau, Wartung und Renovierung

sowie Bohrer und Schraubenzieher für die Verbindungen. Kontrollieren Sie, ob alle Schneidwerkzeuge scharf sind und Sie neue Stein- und Holzbohrer in der richtigen Größe besitzen – nichts ist schlimmer, als wenn man mit einem Bohrer, der stumpf ist oder die falsche Größe hat, ein Loch machen will. Für sich häufig wiederholende Arbeiten – wie Betonmischen oder das Sägen komplizierter Verbindungen –, sollte man sich für die Dauer der Arbeiten entsprechende Spezialgeräte leihen. Wer nicht über geeignete Leitern oder ein Baugerüst verfügt, um die Rahmenkonstruktion fertigzustellen, das Glas einzusetzen und die Dachanschlüsse zu montieren, kann sich auch diese leihen.

Bei all diesen Arbeiten steht Sicherheit an erster Stelle. Ein Sturz durch ein Glasdach kann schwerwiegende Folgen haben. Während bei manchen vorgefertigten Wintergärten die Dachkonstruktion stabil genug ist, um Leitern oder Bretter daraufzulegen, von denen aus gearbeitet werden kann, müssen Sie bei anderen von unten vorgehen. Falls Sie hinsichtlich der Tragfähigkeit Zweifel haben oder während des Baus Probleme mit der Begehbarkeit auftreten, sollten Sie Rücksprache mit dem Hersteller halten. Auf jeden Fall ist ein stabiles Baugerüst sicherer als übereinandergestapelte Apfelsinenkisten.

Mit der Glasbestellung wartet man am besten, bis die Rahmenkonstruktion fertig montiert ist. Zu diesem Zeitpunkt kann man dann auch kleine Ungenauigkeiten berücksichtigen, die sich vielleicht bei Planung oder Bau eingeschlichen oder sich während der Arbeiten durch den Bauplatz und andere Besonderheiten ergeben haben. Anders ist das, wenn Sie Isolierglas verwenden. Dieses Glas müssen Sie vorher bestellen und – nachdem es geliefert wurde – den Rahmen so bauen, daß die Scheiben genau hineinpassen.

Bei der Bestellung des Glases braucht der Glaser detaillierte Angaben für den Zuschnitt. Achten Sie darauf, daß Sie die unterschiedlichen Glassorten für die verschiedenen Scheiben genau angeben. Vielleicht wollen Sie beispielsweise für das Dach und die Seiten bis in Fensterhöhe Drahtglas, ansonsten aber normales Glas verwenden. Bei Ornamentglas müssen Sie das gewünschte Dekor angeben. Für nicht rechteckige Zuschnitte liefern Sie am besten eine Papier- oder Pappschablone mit, die aber zuvor anhand der Rahmenkonstruktion auf ihre Paßgenauigkeit geprüft werden sollte.

Schließlich dürfen Sie die Bestellung von Verglasungsmaterial nicht vergessen – also Silikon, Kitt, Kittschnur oder was immer für die spezielle Bauweise geeignet sein mag.

Bau, Wartung und Renovierung

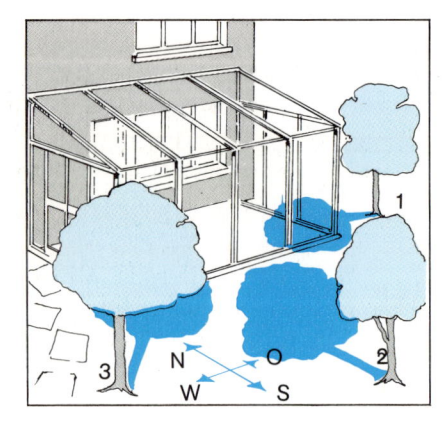

Natürlichen Sonnenschutz spenden sommergrüne, buschige Bäume oder Kletterpflanzen. Links außen: Der im Osten gepflanzte Baum (1) spendet bis Mittag Schatten, während die Bäume im Süden (2) und Südwesten (3) vom späten Vormittag bis Nachmittag bzw. vom Spätnachmittag bis Sonnenuntergang für Schatten sorgen. Links: Eine sommergrüne Kletterpflanze an einer Pergola, die 30–40 cm von der Glaswand entfernt steht, spendet von oben Schatten, die Front wird von 1,20 m hohen Bäumen beschattet.

Vorbereitung des Bauplatzes

Nachdem alle Bauteile und Materialien bestellt sowie alle Werkzeuge und Geräte besorgt sind, ist es nun an der Zeit, den Bauplatz vorzubereiten. Machen Sie zunächst einmal sauber, denn vermutlich wurde die Fläche zuvor als Sitzplatz genutzt und ist mit Blumen, Sträuchern oder Gras bewachsen. Stecken Sie mit Hölzern und Schnur die ungefähre Fläche für den Bau ab und räumen Sie alle Gegenstände, wie etwa Gartenmöbel, weg. Büsche und andere Pflanzen, die Sie behalten wollen, werden umgesetzt. Wenn sich der Rasen in gutem Zustand befindet, können Sie ihn abstechen und andernorts verwenden. Lose verlegte Platten werden entfernt und zum Wiedergebrauch gestapelt.

Befindet sich an dieser Stelle ein festverlegtes Pflaster, Beton oder ein anderer fester Belag, muß man ihn entweder mit einer Spitzhacke oder – was einfacher ist – mit einem elektrischen Hammer (eine Art kleiner Preßlufthammer), den man sich leihen kann, wegbrechen. Der anfallende Schutt läßt sich für die Packlage des neuen Fundaments verwenden. Wenn der Belag fest genug ist, kann er auch in das neue Fundament einbezogen werden, aber das hängt von seiner Höhe ab und davon, ob die genaue Beschaffenheit bekannt ist, denn der Belag muß unter anderem stark genug sein, das Gewicht des neuen Baus zu tragen. Dies müssen Sie vor Ort überprüfen, und falls irgendwelche Zweifel bestehen, sollten Sie auf Nummer Sicher gehen und ihn nicht verwenden.

Wenn der Untergrund fest und nicht bewachsen ist, bearbeitet man ihn so wenig wie möglich, weil er sonst neu verfestigt werden muß. War die Fläche jedoch stark bepflanzt, müssen Sie tief umgraben, um alle Wurzeln und gegebenenfalls auch Pflanzenstützen zu entfernen. Den Mutterboden können Sie für andere Flächen im Garten verwenden (oder für die Pflanzgefäße in Ihrem Wintergarten aufheben). Dann heben Sie den Untergrund etwa in der vorgesehenen Tiefe der neuen Fundamentplatte aus. Am besten geben Sie rundum einen halben bis einen Meter zu, damit Sie genug Platz zum Arbeiten haben.

Das Schnurgerüst Die Fläche wird jetzt so abgesteckt, daß sich hieraus die richtige Lage, Größe und Stärke des Fundaments ergibt. Um die Arbeiten akkurat durchführen zu können, benötigt man ein langes Bandmaß, ein langes, gerades Holzbrett, starke Maurerschnur, einige Kanthölzer (35×35×300 mm) und einen Winkel. Insbesondere bei einer großen Baufläche ist jedoch eine Schlauchwaage noch einfacher und genauer als eine Wasserwaage.

Ein großer Winkel läßt sich leicht aus Hölzern (50×25 mm) machen. Das Seitenverhältnis beträgt 3:4:5. Die beiden kürzeren Stücke werden durch Blatten rechtwinklig verbunden. Sie überprüfen die Winkligkeit und nageln dann die dritte Seite darauf. Die Anfertigung einer Schlauchwaage ist sogar noch einfacher (siehe S. 66). Es handelt sich dabei um ein mit Wasser gefülltes langes Stück durchsichtigen Plastikschlauchs. Wenn beide Enden offen sind, befindet sich der Wasserspiegel an beiden Enden in gleicher Höhe. Man kann den Schlauch auf sich gegenüberliegenden Seiten des Bauplatzes an Hölzern befestigen und die Hölzer auf diese Weise leicht auf eine Höhe bringen. Wenn man etwas Tinte oder Färbemittel ins Wasser gibt, ist es besser zu sehen. Wird die Schlauchwaage nicht gebraucht, können Sie die Enden mit Korken verschließen.

Um das Schnurgerüst aufzustellen, müssen Sie sich eine Linie suchen, die als Bezug für alle Messungen und Winkel dient, beispielsweise die Hauswand. Dann können Sie die Kanthölzer an den vorgesehenen Ecken der Fundamentplatte in den Boden treiben. Zunächst wird aber in jedes Kantholz ein Nagel geschlagen, der den Eckpunkt exakt bezeichnen soll. Dann schlagen Sie zwei Mauernägel genau im Abstand der Fundamentbreite in eine Mauerfuge. Dies sind die zwei Punkte A und B. Spannen Sie von A im rechten Winkel zur Bezugslinie eine Schnur. Messen Sie auf dieser Linie (AC) die gewünschte Länge ab, um Punkt C festzulegen. Dort wird ein weiteres Kantholz in den Boden getrieben. Wiederholen Sie diesen Vorgang von Punkt B aus, um Ecke D zu finden. Beachten Sie, daß die Schnur nicht an den Hölzern C und D festgemacht wird. Sie läuft direkt über den Nagel des jeweiligen Holzes (vgl. Abb. Seite 66).

Nun wird die Strecke zwischen C und D gemessen, die genau AB entsprechen muß. Zur Kontrolle der Winkligkeit mißt man auch die Diagonalen AD und BC, die ebenfalls gleich sein müssen. Jetzt können Sie über Punkt C und D eine Schnur spannen, die wiederum an Kanthölzern außerhalb der Fundamentplatte befestigt wird. Diese Richtschnüre können, wenn sie stören, während der Arbeit entfernt werden, die äußeren Kanthölzer müssen jedoch immer im Boden bleiben. Falls notwendig,

Bau, Wartung und Renovierung

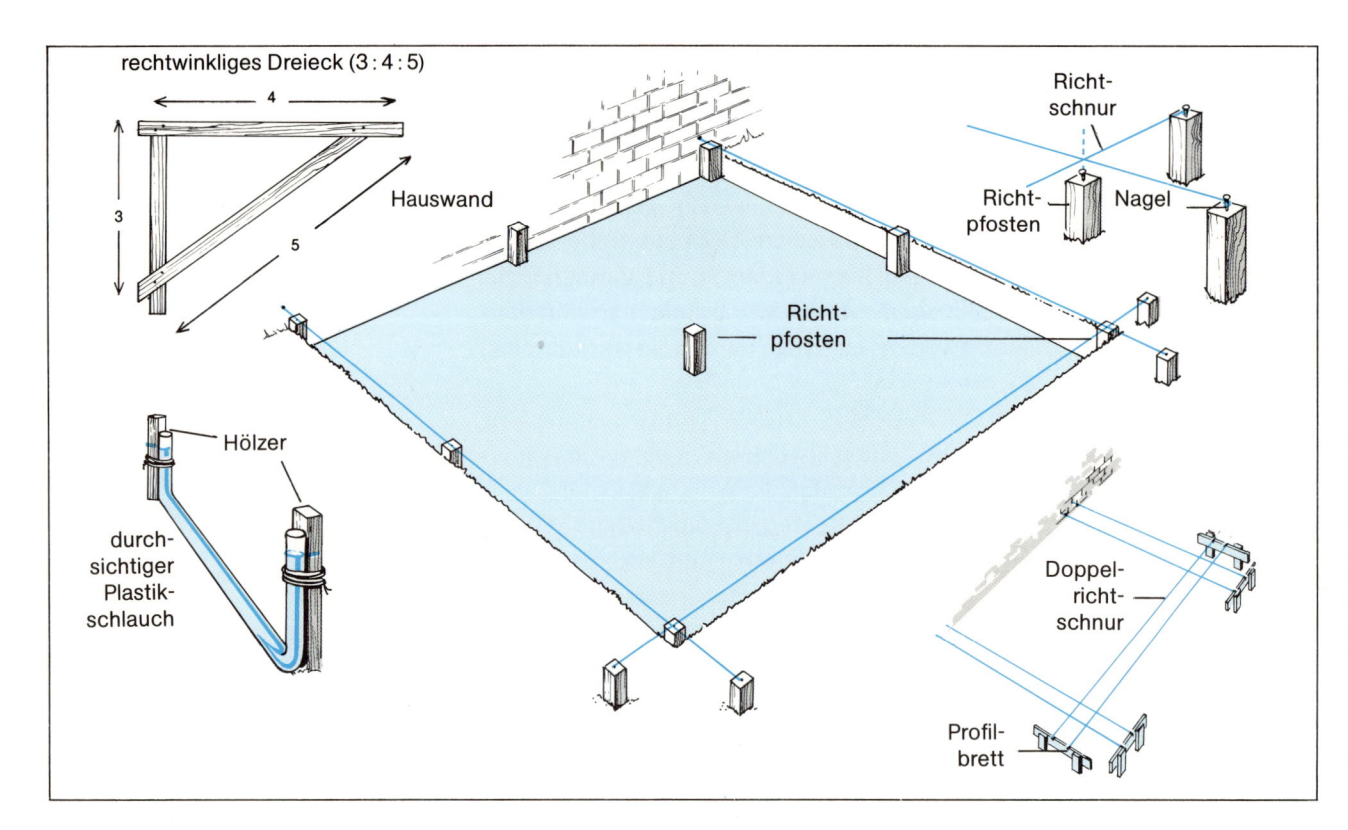

können Sie auch die Hölzer an den Ecken C und D entfernen, denn sie lassen sich mit Hilfe der Richtschnüre wieder genau an die alte Stelle setzen.

Bei Grundrissen, die nicht rechteckig sind, geht man – wie zuvor – von der Bezugslinie aus und überträgt die Maße des Bauplans maßstabgerecht. An allen Ecken und entlang der Rundungen werden in Abständen Hölzer eingetrieben.

Als nächstes wird die Bodenhöhe genau festgelegt. Der Boden Ihres Wintergartens muß absolut eben sein (im Gegensatz zu einer Straße, die ein Gefälle braucht, damit das Wasser ablaufen kann). Bei einem Boden, der an die Hauswand grenzt, eignet sich die Nässesperrschicht des Hauses als Bezugslinie vermutlich am besten, was bedeutet, daß das Fundament mit der Sperrschicht abschließt und Sie diese mit der Sperrschicht unter dem Wintergartenestrich verbinden können. Von dieser Bezugslinie ausgehend, können Sie auf der Baufläche weitere Hölzer einschlagen, die Ihnen als Bezugspunkte für die Höhe dienen. Bei kleineren Entfernungen läßt sich mit Wasserwaage und Brett überprüfen, ob die Höhe der Hölzer mit der Bezugslinie übereinstimmt. Bei größeren Entfernungen ist die Schlauchwaage genauer.

Wenn Sie das Bodenniveau festgelegt und markiert haben, können Sie

Genauigkeit beim Schnurgerüst ist absolut notwendig. Einen Winkel (oben links) kann man sehr einfach selbst bauen: Die Maße sind beliebig, vorausgesetzt, das Seitenverhältnis stimmt. Ebenso einfach läßt sich die unten links gezeigte Schlauchwaage herstellen. In der Mitte sieht man, wie die Grundfläche ausgewinkelt wird, oben rechts ist einer der Eckpunkte im Detail abgebildet. Wer in seinem Wintergarten Pflanzen direkt in den Boden setzen will, muß Gräben für ein Streifenfundament ausheben. Hierfür macht man, wie unten rechts gezeigt, mit Doppelrichtschnur und Profilbrettern ein Schnurgerüst.

nun bis zur richtigen Tiefe ausschachten. Gehen Sie dabei systematisch vor und messen Sie an jedem Höhenholz die Tiefe nach. Gleichen Sie kleine Unterschiede aus, so daß der Untergrund nach Beendigung der Arbeit einigermaßen flach und eben ist.

Wer statt einer Platte ein Streifenfundament macht, geht im Prinzip genauso vor. Man spannt nur entlang der Seiten Doppelschnüre, die die Breite der Gräben markieren. Auch hier werden an die Grabenränder Höhenhölzer gesetzt, deren Höhe anhand der Bezugslinie überprüft wird.

Achten Sie beim Graben auf Versorgungsleitungen – also Abfluß-, Wasser- und Gasrohre wie auch Kabel. Sollten Sie auf eine solche Leitung stoßen, setzen Sie sich mit dem zuständigen Betreiber in Verbindung (Tiefbauamt, Wasser-, Gas- oder Elektrizitätswerk), damit sie geschützt oder verlegt werden können.

Hindernisse Wenn sich an der Hauswand Regen- oder Abwasserrohre befinden, so müssen diese jetzt verlegt werden (nötigenfalls mit Bogen und Anschlußstücken), damit die Wand, an die der Wintergarten angebaut werden soll, vollkommen frei ist. Im Fall von Abflußrohren halten Sie mit dem Tiefbauamt Rücksprache.

Das Fundament anlegen

Die Fundamentarbeiten beginnen damit, daß Sie die Schalung errichten. Sie muß genau entlang der gezogenen Schnüre verlaufen. Überprüfen Sie mit der Wasserwaage, ob die Oberkanten der Bretter mit den Höhenhölzern übereinstimmen. Sie lassen die Schalbretter an den Ecken stumpf aneinanderstoßen, damit der nasse Beton nicht herausläuft, und nageln die Bretter an Kanthölzern fest, die auf der Außenseite in den Beton getrieben werden. Wenn Sie zwei Bretter aneinandersetzen müssen, lassen Sie auch diese stumpf aneinanderstoßen und nageln auf der Außenseite ein Holz dagegen, das mit einem zusätzlichen Kantholz gesichert wird.

Bringen Sie nun auf der gesamten Fläche (oder bei einem Streifenfundament auf den Grabensohlen) etwa in der vorgesehenen Stärke die Packlage ein. Stampfen Sie sie mit der Ferse und einem dicken, schweren Holz, etwa einem Zaunpfosten, gut fest. Füllen Sie Vertiefungen auf und achten Sie darauf, daß keine Brocken weiter als 3 cm über die Fläche hinausragen. Wenn die Packlage einigermaßen eben und fest ist, werden die Zwischenräume mit Sand, Kies oder Schlacke aufgefüllt, damit sich keine größeren Löcher mehr in der Packlage befinden.

Bei Platten mit mehr als 3 m Seitenlänge wird als nächstes die Fläche mit weiteren Brettern in Segmente unterteilt. Zum einen erleichtert dies das Gießen der Platte, zum anderen entstehen dadurch die notwendigen Dehnungsfugen, in denen sich die Platte ausdehnen kann, ohne zu reißen. Sie

Bau, Wartung und Renovierung

sägen Schalbretter entsprechender Länge zurecht und stellen das erste mit Hilfe von Kanthölzern auf. Wenn das Segment gegossen ist, ersetzen Sie das Schalbrett durch ein dünneres Brett (12 mm), das auch nach Fertigstellung der Platte dort verbleibt.

Wer seinen Beton selber mischt, verwendet zum Abmessen aller Materialien Behälter gleicher Größe. Sehr gut sind stabile Baueimer geeignet. Nehmen Sie einen Eimer für den Zement und einen anderen für Sand und Kies, andernfalls klebt der Zement durch die Feuchtigkeit der anderen Materialien am Eimer fest.

Sie füllen einen der Eimer mit Zement, treten zwei- oder dreimal dagegen, damit der Zement sackt, und machen den Eimer wieder voll. Auch bei Sand und Kies sollten die Eimer immer randvoll sein. Geben Sie immer nur gerade so viel Wasser in die Mischung, daß sie sich verarbeiten läßt. Nach zwei bis drei Arbeitsgängen wissen Sie, wieviel Wasser zugesetzt werden muß, damit die Mischung stets etwa die gleiche Konsistenz hat.

Wer von Hand mischt, schaufelt den Zuschlag (Sand und Kies) auf einen Haufen, macht oben eine Mulde und gibt dort den Zement hinein. Das Ganze wird so lange gemischt, bis es eine einheitliche Farbe und Beschaffenheit hat. Dann macht man wieder eine Mulde und beginnt so lange Wasser zuzufügen, bis die Mischung gleichmäßig gefärbt und durchgearbeitet ist. Mit einer Maurerkelle oder dem Schaufelrücken läßt sich feststellen, ob der Beton verarbeitungsfähig ist. Glätten Sie den Haufen an einer Stelle. Bildet sich eine geschlossene Oberflächenstruktur und läuft kein Wasser heraus, hat der Beton die richtige Beschaffenheit.

Wer eine kleine Mischmaschine benutzt, stellt diese auf einem festen Untergrund gerade auf. Sie sollte so stehen, daß der fertige Beton direkt in die Schubkarre geleert werden kann. Sie geben die Hälfte des benötigten Kieses und Wassers in die Trommel und lassen die Maschine einige Zeit laufen. Dann wird fast der ganze Sand und Zement hinzugefügt und – während die Maschine weiterläuft – abwechselnd jeweils eine Schaufel voll des restlichen Materials.

Bis gegen Ende sollte die Mischung verhältnismäßig feucht sein, damit sich alles gut mischt und nichts an den Trommelwänden haften bleibt. Der Mischer darf nicht überladen werden und nicht länger als 15 Minuten leer bleiben, weil andernfalls Betonreste an den Trommelwänden festbacken. Läßt sich eine längere Pause nicht vermeiden, spritzt man die Trommel mit Wasser aus oder läßt sie mit Zuschlag und Wasser weiterlaufen, damit sie sauber bleibt.

Wenn die Mischung fertig ist (oder der Transporter den Fertigbeton anliefert), bringt man ihn mit der Schubkarre zum Bauplatz. Auf unbefestigten oder holprigen Boden legen Sie am besten vorher Bretter. Der Beton wird innerhalb der Schalung auf einen Haufen gekippt. Verteilen Sie ihn mit

Bau, Wartung und Renovierung

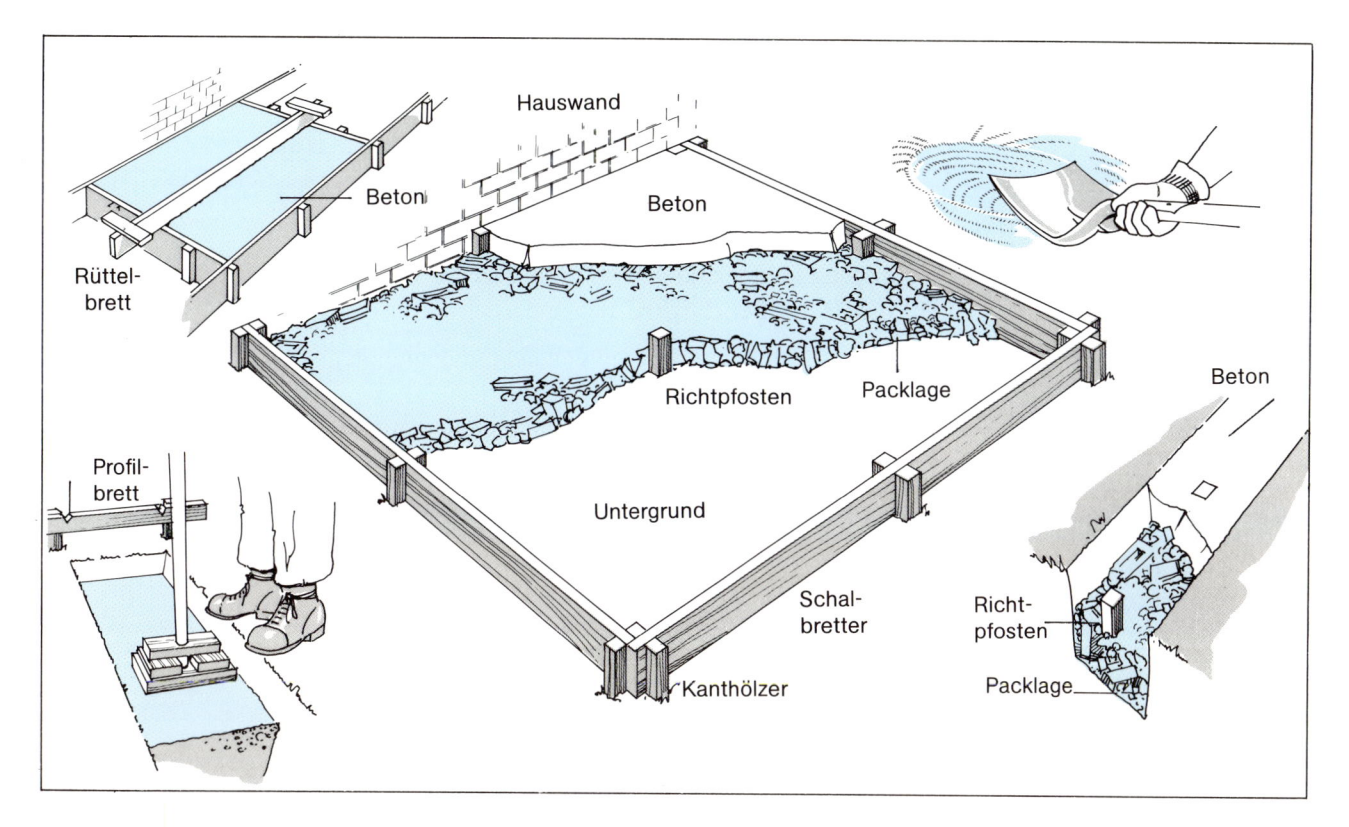

einem Rechen gleichmäßig, und ziehen Sie ein langes, gerades Brett über die Oberfläche, um Buckel oder Löcher zu finden. Überschüssiger Beton wird weggenommen und zum Auffüllen von Löchern benutzt.

Im nächsten Arbeitsgang, der besonders wichtig ist, wird der Beton verdichtet, um Hohlräume und Luftlöcher zu beseitigen. Verwenden Sie dazu ein Brett (150×50 mm), das etwas länger als die Einzelsegmente sein muß und an den Enden einfache Griffe hat. Mit diesem Rüttelbrett müssen zwei Personen arbeiten. Es wird in kurzen Abständen (2–3 cm) auf den Beton geklopft, darf aber nicht einfach über die Schalung gezogen werden. Nötigenfalls füllen Sie Stellen, an denen der Beton nicht dicht genug ist, mit zusätzlichem Material auf. Bei einem Streifenfundament stampft man den Beton mit einem selbstgemachten Stampfer, so daß er bündig mit den Höhenhölzern abschließt (die vorsichtig entfernt werden sollten, wenn der Beton die richtige Höhe hat).

In der gleichen Weise gießen Sie alle Segmente (Dehnungsfugen nicht vergessen) und Streifen und überprüfen immer wieder die Höhe, bis das Fundament fertig ist.

Wenn Sie wollen, können Sie die Oberfläche mit einem Reibbrett oder dem Schaufelrücken glätten. Ist jedoch ohnehin ein Estrich vorgesehen, läßt man die durch das Rüttelbrett leicht geriffelte Oberfläche so wie sie ist.

So entsteht ein Fundament: In der Mitte sieht man die Schalbretter mit den Kanthölzern sowie Packlage und Betonschicht. Unten rechts ist ein Streifenfundament mit dem unentbehrlichen Richtpfosten gezeigt. Unten links wird der Beton verdichtet, und oben ist zu sehen, wie durch abschnittsweises Vorgehen Dehnungsfugen entstehen. Mit einem Rüttelbrett wird der Beton verdichtet. Oben rechts wird der Beton mit der Schaufel geglättet.

Der Beton muß jetzt abbinden und fest werden, wenn er aber zu schnell trocknet, reißt er. Um dies zu verhindern, kann man ihn drei Tage mit Folie oder feuchten Säcken abdecken, die man an den Rändern beschwert. Warten Sie weitere drei bis vier Tage, bis Sie mit dem Bau des Wintergartens beginnen.

Montage eines verglasten Bausatzes

Bei einem vorgefertigten Wintergarten, den Sie ja aufgrund der Besonderheiten Ihres Hauses und Bauplatzes sorgfältig ausgesucht haben, sollte der Zusammenbau kaum schwieriger sein als bei einem größeren Gewächshaus. Die Hersteller liefern umfassende Montageanleitungen, die angeben, in welcher Reihenfolge die einzelnen Elemente zusammengesetzt werden, wie das Gerippe mit Fundamentplatte und Haus verbunden wird und wie man Verglasung und andere Teile anbringt, um den Bau fertigzustellen. Es ist wichtig, daß Sie die Montageanleitung sorgfältig lesen und alle Teile genau ansehen – man verwechselt erstaunlich leicht ähnlich aussehende Teile, wenn sie zu 50 oder mehr auf dem Boden ausgebreitet sind. Dies können Sie beispielsweise tun, während die Fundamentplatte fest wird. Jetzt sollten Sie auch Ihren Werkzeugkasten überprüfen, um festzustellen, ob nichts fehlt und sich alles in gutem Zustand befindet.

Die Reihenfolge, in der der verglaste Anbau zusammengebaut wird, hängt vom jeweiligen Modelltyp ab. Dennoch enthält die folgende Beschreibung für den Zusammenbau des weitverbreiteten Anlehnhauses mit Aluminiumrahmen und abgerundetem Dach viele Punkte, die allen Typen gemein sind.

Zunächst müssen Sie festlegen, an welcher Seite sich die Tür zum Garten befinden soll. Dann setzen Sie die Seitenteile zusammen – meist werden sie einfach verschraubt. Nun werden die beiden Seitenteile an ihren Platz auf dem Fundament gestellt – dazu wird ein Helfer notwendig sein – und durch die in Brusthöhe befindliche Hauptstrebe, die vordere Bodenstrebe und die Haupt-Dachstrebe miteinander verbunden. Wenn dies geschehen ist, trägt sich das Grundgerippe selbst, und Sie können nun alle parallellaufenden Profile montieren. Um den Rahmen fertigzustellen, werden in entsprechenden Abständen die senkrechten gekrümmten Profile eingesetzt und mit den waagrechten Streben und dem oberen Dachprofil verschraubt.

Sofern die Fundamentplatte eben ist, stehen die aufrechten Profile jetzt senkrecht. Prüfen Sie dies mit einer Wasserwaage. Bei Abweichungen legen Sie dünne Dachpappenstreifen oder ein anderes unverrottbares Material unter die Bodenstreben, bis der Rahmen gerade steht. Jetzt sieht man auch, ob die Hauswand lotrecht ist. Die Seiten des Aluminiumgerüsts müssen genau anliegen, aber vermutlich finden sich an mehreren Stellen Zwischen-

Bau, Wartung und Renovierung

Nachdem Sie festgelegt haben, an welcher Seite sich die Tür befinden soll, setzen Sie zunächst die Schmalseiten zusammen.

Die Seitenteile auf das Fundament stellen, die Hauptstrebe in Brusthöhe, dann das vordere Dachprofil anbringen.

Die Rahmenkonstruktion ausrichten, die hinteren senkrechten Profile durchbohren und an der Mauer festschrauben.

Das Hauptprofil des Daches an die Wand schrauben und die Anschlußstelle nach Herstelleranweisung abdichten.

Die Profile befestigen und die Scheiben für das Dach einführen. Dabei geht man abschnittweise vor.

Die gekrümmte Glasplatte nach der flachen Dachplatte einsetzen und mit Dichtungsmasse versiegeln.

Nun die Türrahmen zusammenmontieren, die Tür einsetzen (darf nicht klemmen) und verglasen.

Am hinteren Dachprofil befestigte Fensterklappen werden in der Regel vom Ende des Profils eingeschoben.

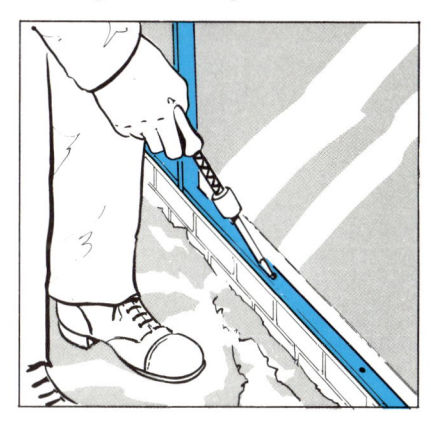

Wenn alles paßt, Löcher durch das Bodenprofil bohren und das Gerüst mit dem Fundament verschrauben.

räume. Die meisten Hersteller liefern spezielles flexibles Dichtungsband, das zwischen Rahmen und Hauswand geschoben wird und Ungenauigkeiten ausgleicht. Wenn die Zwischenräume jedoch breiter als 10 mm sind, müssen Sie imprägnierte Holzleisten oder ein anderes Füllmaterial an der Wand anbringen.

Bei diesem speziellen Modell geben Fenster- und Türrahmen der Konstruktion weitere Stabilität. Deshalb sollten sie in diesem Stadium eingebaut werden. Vermutlich müssen Sie vor dem Zusammenschrauben der Rahmenteile sämtliche Dichtungen einfügen. Sie einzusetzen und nacheinander mit dem Gerippe zu verbinden ist einfach.

Als nächstes befestigen Sie die hinteren aufrechten Profile mit Schrauben und Metallspreizdübeln an der Hauswand. Für eine wirklich stabile Verbindung sollten die Dübel in der Mitte von Ziegeln, nicht aber in Fugen sitzen. Jetzt ist die letzte Möglichkeit, sicherzustellen, daß die Rahmenkonstruktion gerade steht. Schrauben Sie auf die gleiche Weise die Hauptdachstrebe an die Hauswand. Direkt darüber wird für die Anschlußdichtung zwischen Haus und Wintergarten eine Fuge ausgemeißelt, damit Glasdach und Mauer absolut wasserdicht verbunden sind. (Bei einem Bungalow oder einem einstöckigen Haus, wo das Dach des Wintergartens direkt unter dem überhängenden Hausdach sitzt, ist dies vielleicht nicht erforderlich.)

Nun kann verglast werden. Gehen Sie dabei genau nach den Anweisungen des Herstellers vor. Setzen Sie die verschiedenen Scheiben in der angegebenen Reihenfolge ein, und überprüfen Sie stets den Sitz aller Dichtungen und Klammern. Dachscheiben müssen besonders vorsichtig behandelt werden. Zum Einsetzen schieben Sie eine Kante in das Profil, so daß es das Gewicht des Glases trägt, und lassen dieses dann vorsichtig in das andere Profil gleiten. Bei abgerundeten Dächern sind die gekrümmten Scheiben meist aus Acrylglas oder einem anderen Kunststoff und werden gewöhnlich zum Schluß eingesetzt. Dachfensterklappen sind in der Regel an der hinteren Strebe oder an einem der querlaufenden Hauptprofile befestigt. Eventuell müssen sie vom Ende des Profils eingeschoben werden.

Wenn fertig verglast ist, können Tür- und Fensterrahmen zusammengebaut und eingesetzt werden. Überprüfen Sie, daß Tür, Fenster und Lüftungsklappen nicht klemmen. Nun kann der Wintergarten am Fundament befestigt werden. Sie bohren dazu durch die Bodenstrebe Löcher in den Beton, setzen Spreizdübel ein und schrauben den Rahmen fest. Zum Schluß wird die Nahtstelle zwischen Rahmen und Fundament mit Silikon abgedichtet. Kontrollieren Sie auch noch einmal die Dichtung zwischen Wintergarten und Hauswand, und schließen Sie eventuelle Lücken ebenfalls mit Dichtungsmasse.

Im großen und ganzen erfolgt die Montage der meisten Wintergarten-Bausätze etwa in dieser Reihenfolge. Der Schlüssel zum Erfolg liegt im genauen Befolgen der Anleitung und einem schrittweisen, methodischen Zusammenbau.

Sollten sich dennoch Schwierigkeiten ergeben, können Sie sich stets mit dem Hersteller in Verbindung setzen, und vielleicht wird Ihnen auch ein Bezirksvertreter mit Rat und Tat zur Seite stehen.

Wintergärten im Eigenbau

Wenn Sie Ihren Wintergarten im Eigenbau errichten, benötigen Sie natürlich sehr viel mehr Sachkenntnis und Geschicklichkeit als bei einem Bausatz.

Höchstwahrscheinlich werden Sie die Rahmenkonstruktion aus Holz zimmern. Sofern eine genaue Konstruktionszeichnung vorhanden ist, sind für den Bau nur durchschnittliche Kenntnisse in Zimmermannsarbeiten und eine saubere Ausführung erforderlich. Für Holzbauten ist auch dann, wenn es sich um imprägniertes Holz handelt, eine Nässesperrschicht zwischen Wandelementen und Fundamentplatte erforderlich. Dazu werden die unteren Rahmenhölzer am besten auf Nässesperrschichtbahnen gesetzt, wie man sie auch für Hauswände benutzt (notfalls müssen sie in der richtigen Breite zugeschnitten werden). Die Befestigung an der Hauswand muß ebenso sorgfältig durchgeführt werden wie bei einem Bausatz. Gleiches gilt für die Dichtungen zwischen Wand und Haus. Aber für jeden, der sich zutraut, einen Wintergarten selber bauen zu können, sollten alle diese Punkte keine unüberwindlichen Schwierigkeiten darstellen.

Ein Vorteil des Eigenbaus ist die Möglichkeit, noch während der Arbeit kleinere Veränderungen an der Konstruktion vornehmen zu können, wenn unvorhergesehene Schwierigkeiten auftreten, insbesondere bei Regen- und Abwasserrohren. Es ist verhältnismäßig einfach, Rahmenkonstruktion und Scheiben für Rohre und ähnliches auszusparen und diese Stellen mit Anschlußstreifen abzudichten.

Baut man ein Glashaus in eigener Regie, ist es klug, die späteren Instandhaltungsarbeiten von vornherein auf ein Minimum zu reduzieren, indem man sich möglichst vieler professioneller Tricks bedient. Darunter fallen vor allem die Behandlung des Holzes und die Verglasungstechnik. Es ist ein großer Fehler, das Holz mit Farbe oder Lack zu streichen. Vor Zusammenbau und Verglasung ist dies noch verhältnismäßig einfach, später entstehen dabei jedoch erhebliche Schwierigkeiten. Sie sollten deshalb für das Holz lieber eine Holzschutzlasur verwenden, die in vielen Farben erhältlich ist. Da diese Lasuren ins Holz einziehen und keinen geschlossenen Film bilden, können sie auch nicht abblättern oder reißen. Wenn eine Renovierung nötig ist, braucht man nur Staub und Schmutz abzuwaschen und zu überstreichen. Zum Verglasen sollte man keinen Kitt nehmen, weil er im Laufe der Zeit spröde und undicht wird. Statt dessen werden die Scheiben

Bau, Wartung und Renovierung

Ein energiesparender Sonnenraum im Bau. Er wurde für das rauhe Winterklima in Wisconsin geplant und besitzt energiesparende Vorrichtungen wie beispielsweise einen Ventilator in der Hauswand, der gespeicherte Warmluft aus dem Anbau abzieht, sowie eine Lüftungsklappe und Lüftungskanäle, die Kaltluft in den Anbau zurückführen. Die Wände werden noch passend zum Haus mit Holz verkleidet, und zwei Schiebetüren führen auf eine um das ganze Haus laufende Holzterrasse, die im Sommer genutzt werden kann.

Bau, Wartung und Renovierung

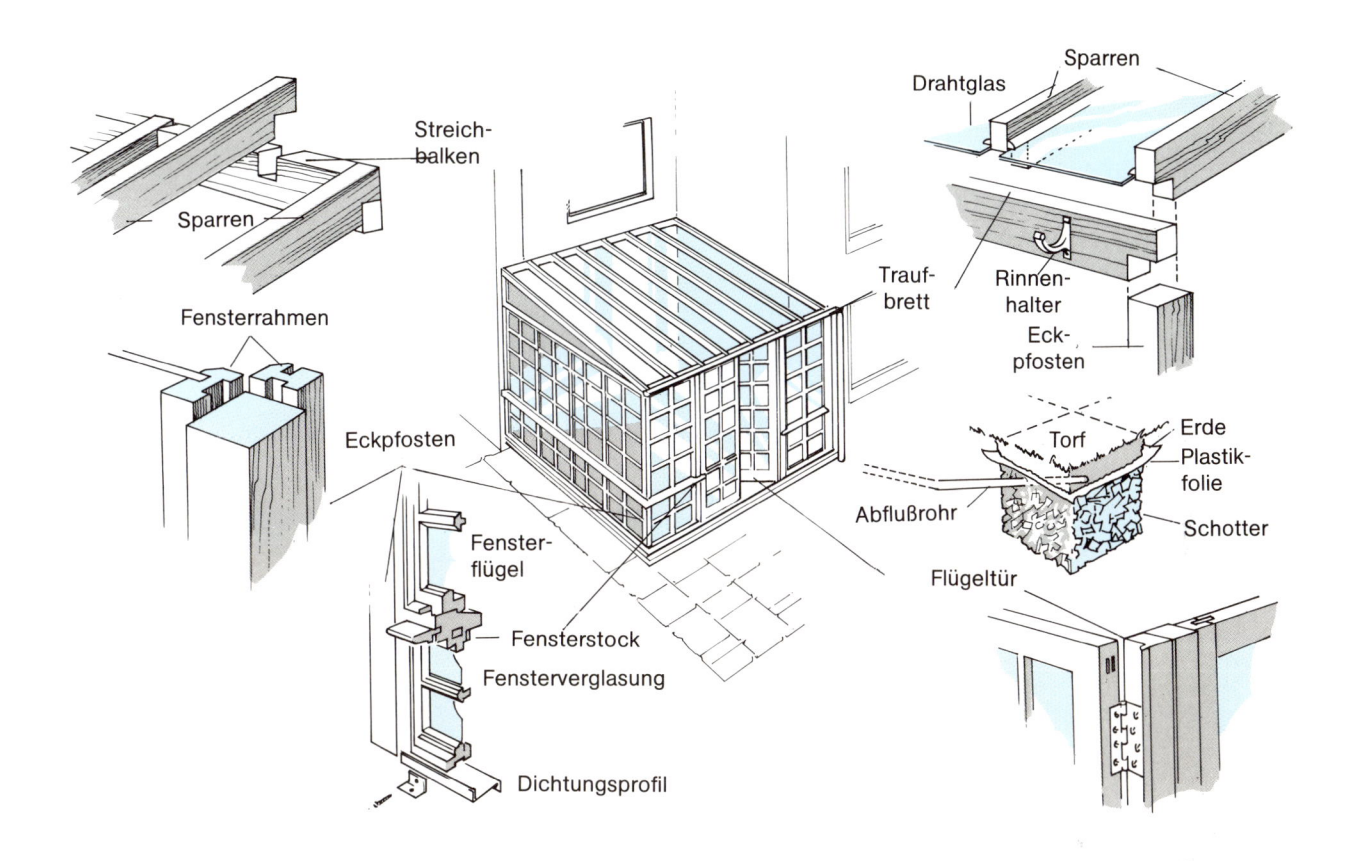

besser mit Silikon eingesetzt, das elastisch und daher sehr viel länger dicht bleibt.

Gleich welche Art von Wintergarten Sie bauen, denken Sie stets daran, daß das Regenwasser vom Dach abgeleitet werden muß. Bei Bausätzen sind Dachrinnen und Fallrohre meist schon in den Wänden integriert. Bei selbstgebauten Wintergärten hingegen müssen diese Rinnen und Rohre (am besten verwendet man hier Kunststoff) an der Außenseite angebracht oder hinter dem Traufbrett oder senkrechten Rahmenteilen versteckt werden. In jedem Fall muß das Abflußrohr in einen Gully abgeleitet werden, der an einer geeigneten Stelle in den Boden eingelassen ist und vom Wintergartendach heruntergespülten Schmutz auffängt. Legen Sie von dort aus ein unterirdisches Rohr zu einem Sickerschacht, der mindestens 5 m vom Haus entfernt ist (halten Sie hier am besten Rücksprache mit dem Tiefbauamt), oder sammeln Sie das Wasser in einer Regentonne.

Wenn der Bau fertig ist, müssen die Klempner- und Elektroarbeiten ausgeführt werden. Benötigen Sie lediglich einen Kaltwasseranschluß zur Pflanzenbewässerung, ist es recht einfach, von einer geeigneten Versorgungsleitung eine Abzweigung zur Rückwand des Wintergartens zu verlegen und dort an der Wand einen Wasserhahn anzubringen. Wenn Sie aller-

Verhältnismäßig einfach läßt sich ein Wintergarten aus Holz bauen, wenn man vorgefertigte Fenster und Türen verwendet. Die Arbeiten beschränken sich dann auf Dach und Regenrinnen, Eckverbindungen, Wasserableitungen, Verglasung und Innenausstattung.

dings Ihre Heizungsanlage durch einen Heizkörper im Wintergarten erweitern wollen, sind umfangreichere Arbeiten erforderlich.

Umfassen die Elektroarbeiten nur den Anschluß für eine Lampe oder ein bis zwei Steckdosen, können die dazu erforderlichen Leitungen an bestehende Stromkreise angeschlossen werden (Leitungen darf allerdings nur der Elektriker legen). Wollen Sie jedoch beispielsweise eine elektrische Raumheizung installieren, sollten Sie auf jeden Fall eigene Stromkreise für Licht und Heizung legen und mit Ihrem Elektriker über den Einbau eines Fehlerstromschutzschalters sprechen (siehe S. 100–102). Wenn Sie in dem Wintergarten Pflanzen ziehen wollen, müssen Sie außerdem Feuchtraumsteckdosen und -schalter verwenden.

Die Innenausstattung

Sind die Bauarbeiten am Wintergarten abgeschlossen, können Sie Ihre Aufmerksamkeit der Ausstattung zuwenden – also allen Extras, die aus dem Wintergarten einen funktionalen, attraktiven Raum machen. Am wichtigsten ist wahrscheinlich der Boden, dessen Ausführung von der vorgesehenen Nutzung des Raums abhängig ist. Soll er nur als Sitzbereich genutzt werden, kann praktisch jeder Belag verwendet werden – wobei er jedoch strapazierfähig und leicht zu säubern sein sollte. Beliebt sind Vinylbeläge, Fliesen (Vinyl oder Keramik) und auch Holz- oder Parkettboden. Doch wofür Sie sich auch entscheiden, bringen Sie immer eine Sperrschicht (dicke Kunststoffolie oder einen Anstrich) auf das Fundament. Darüber kommt als glatte, trockene Oberfläche ein dünner Betonestrich. Aber vielleicht wollen Sie ja in dem Raum einen ›Wohngarten‹ entstehen lassen, und in diesem Fall eignen sich am besten Keramikfliesen, Bodenplatten oder dekorative Pflastersteine, die auf dem Fundament in ein Mörtelbett verlegt werden. Bei allen diesen Materialien gibt es ein breites Angebot, aus dem man nach Geschmack und Geldbeutel auswählen kann.

Haben Sie sich für den Belag entschieden, müssen Sie überlegen, wie und wo Sie Ihre Pflanzen aufstellen wollen. Dies hängt von der Art und Anzahl der Pflanzen ab – vielleicht möchten Sie ja nur einige Kübelpflanzen auf den Boden stellen. Wollen Sie jedoch eine größere Zahl von Pflanzen dekorativ arrangieren, benötigen Sie Pflanzentische, Borde und wahrscheinlich einige Ständer und Haltevorrichtungen.

Viele Wintergartenhersteller bieten ihre eigenen Bausätze für Stellagen an. Das können einfache, auf Böcken stehende Tische wie auch ausgefeilte Trägersysteme sein, die in Abständen an den aufrechten Elementen des Baus befestigt werden. Mit solchen Bausätzen schaffen Sie am schnellsten Stellflächen für Ihre Pflanzen.

Wenn Sie Ihre Stellagen selber bauen wollen, überlegen Sie, welche Materialien Sie bevorzugen. Es gibt eine große Bandbreite an Regal-

Die Bedeutung des Fußbodens als verbindendes Element wird in diesem wunderschönen Wintergarten sichtbar. Damit er wirklich perfekt aussieht, muß der Estrich absolut eben sein. Der hier gezeigte Boden ist aus hochglanzpoliertem Marmor; eine ähnliche Wirkung kann – weniger teuer – natürlich auch mit Linoleumfliesen erreicht werden.

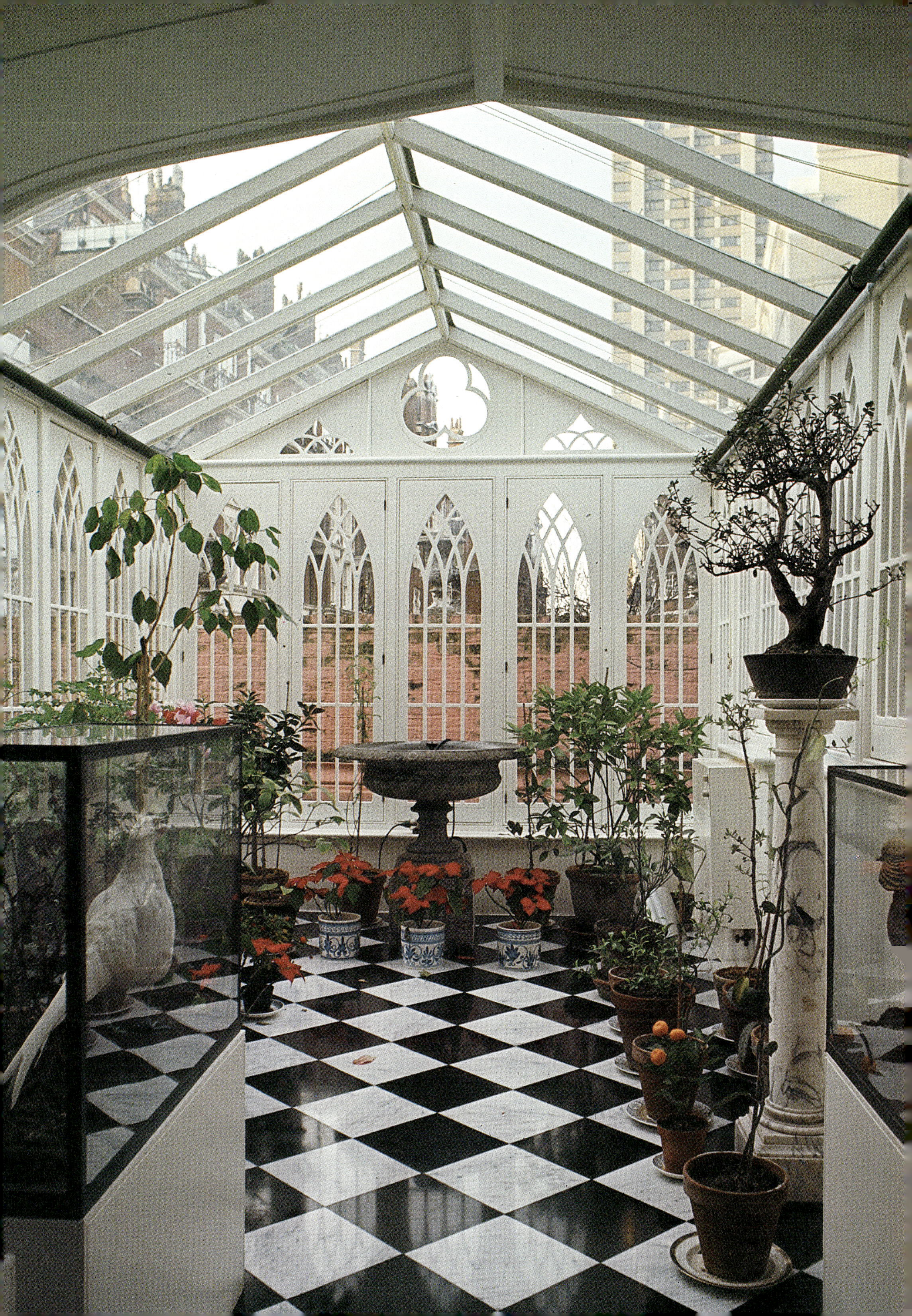

Bau, Wartung und Renovierung

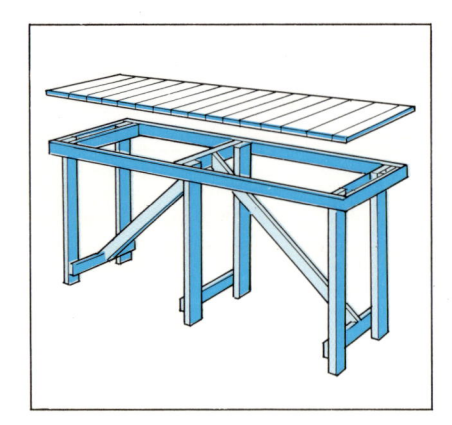

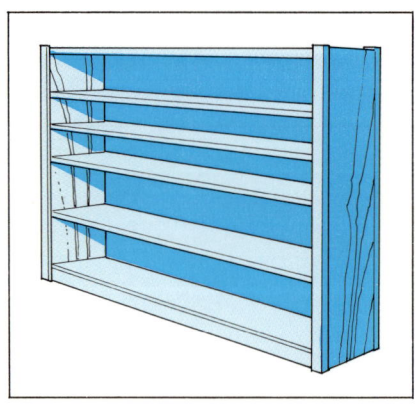

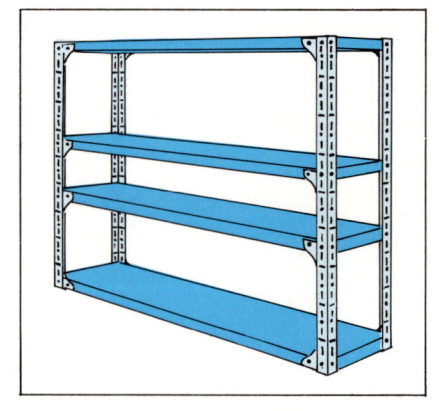

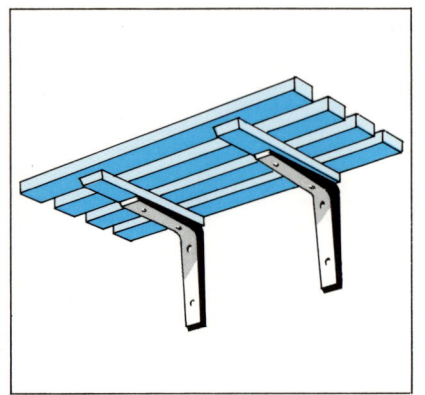

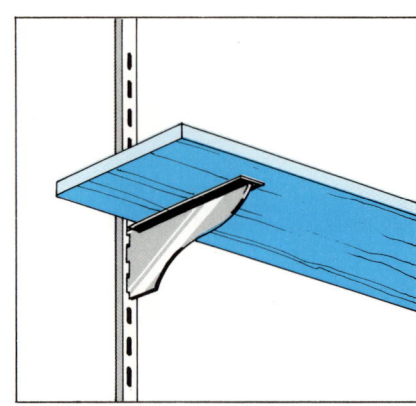

Stellagen lassen sich aus preiswerten genormten und vorgefertigten Teilen leicht zusammenbauen. Hier sind verschiedene Möglichkeiten gezeigt. Oben links: *Einen ganz aus Holzlatten bestehenden Tisch kann man in der gewünschten Arbeitshöhe bauen.* Oben Mitte: *Freistehendes Holzregal.* Oben rechts: *Stahlregale können rasch zusammengeschraubt werden und sind stabil, doch in einem Wintergarten, der als Wohnraum genutzt wird, nicht sonderlich dekorativ.* Außen links: *Bord aus Latten und Metallträgern.* Links: *Regalsystem mit Lochschienen und verstellbaren Bodenträgern.*

systemen, die alle stabil und widerstandsfähig, wenn auch nicht besonders dekorativ sind. Aber vermutlich werden sich die meisten für Holz entscheiden, weil es überall erhältlich und verhältnismäßig preiswert ist und sich leicht verarbeiten läßt. Das Holz muß jedoch mit einem für Pflanzen unschädlichen Mittel imprägniert oder – besser noch – von Natur aus dauerhaft sein. Eines der besten Hölzer ist Zeder, das widerstandsfähig, aber erstaunlich leicht ist.

Die Stellflächen von Stellagen sollten aus Lattenrosten sein, damit Spritzwasser und Schmutz besser entfernt werden können. Tischbeine sollten verstärkt werden, damit sie dem Gewicht der Pflanzgefäße standhalten.

Größere freistehende Pflanzenstellagen können mit durchgehenden Brettern oder Lattenrosten ausgestattet sein. Sie müssen so angebracht werden, daß sie nicht durchhängen, und es ist ratsam, sie an der Haus- oder Wintergartenwand zu befestigen, um ihre Standfestigkeit zu erhöhen.

Wenn Sie Wandstellagen vorziehen, ist es am einfachsten, verstellbare Regale an der Hauswand anzubringen. Die Schienen werden mit Hilfe von Mauerdübeln fest an die Wand geschraubt und die Träger in den gewünschten Abständen eingehängt.

Auch hier empfiehlt es sich, die Pflanzgefäße in Untersetzern auf Latten-

Bau, Wartung und Renovierung

roste zu stellen. Sie können aber natürlich auch solide Bretter verwenden. Wenn Sie Ihre Regalböden aus Holzplatten zuschneiden, sollten Sie nur wasserfest verleimtes Sperrholz verwenden – alle anderen Holzarten vertragen Nässe nicht.

Je nach Konstruktionsweise Ihres Glasanbaus können Stellagen an den Aufrechten montiert werden. Dies geht bei einem Holzbau am einfachsten. Ist die Rahmenkonstruktion jedoch aus Metall, befestigt man die Träger mit selbstschneidenden Schrauben, für die entsprechende Löcher gebohrt werden müssen. (Passen Sie dabei aber auf, daß Sie Glas und Dichtungen nicht beschädigen). Denken Sie außerdem daran, daß sich die Scheiben nur schlecht reinigen lassen, wenn sich Stellagen davor befinden, und daß die Pflanzen so dicht am Glas der prallen Sonne ausgesetzt sind, wenn nicht irgendeine Art von Schattierung geplant ist.

Auf dem Boden stehende Pflanzkübel, die nötigenfalls auch umgestellt werden können, eignen sich – da in ihnen die Erde tief genug ist – für fast alle

Regale müssen nicht zwangsläufig so funktionell aussehen wie auf der Zeichnung gegenüber. Im oben abgebildeten Wintergarten wurde eine große Anzahl von Pflanzen mit Hilfe von Messing- und Gußeisenregalen wirkungsvoll zur Geltung gebracht. Bemerkenswert ist auch, wie mit dieser dekorativen Stellage eine Verbindung vom Haus zum Anbau geschaffen wurde.

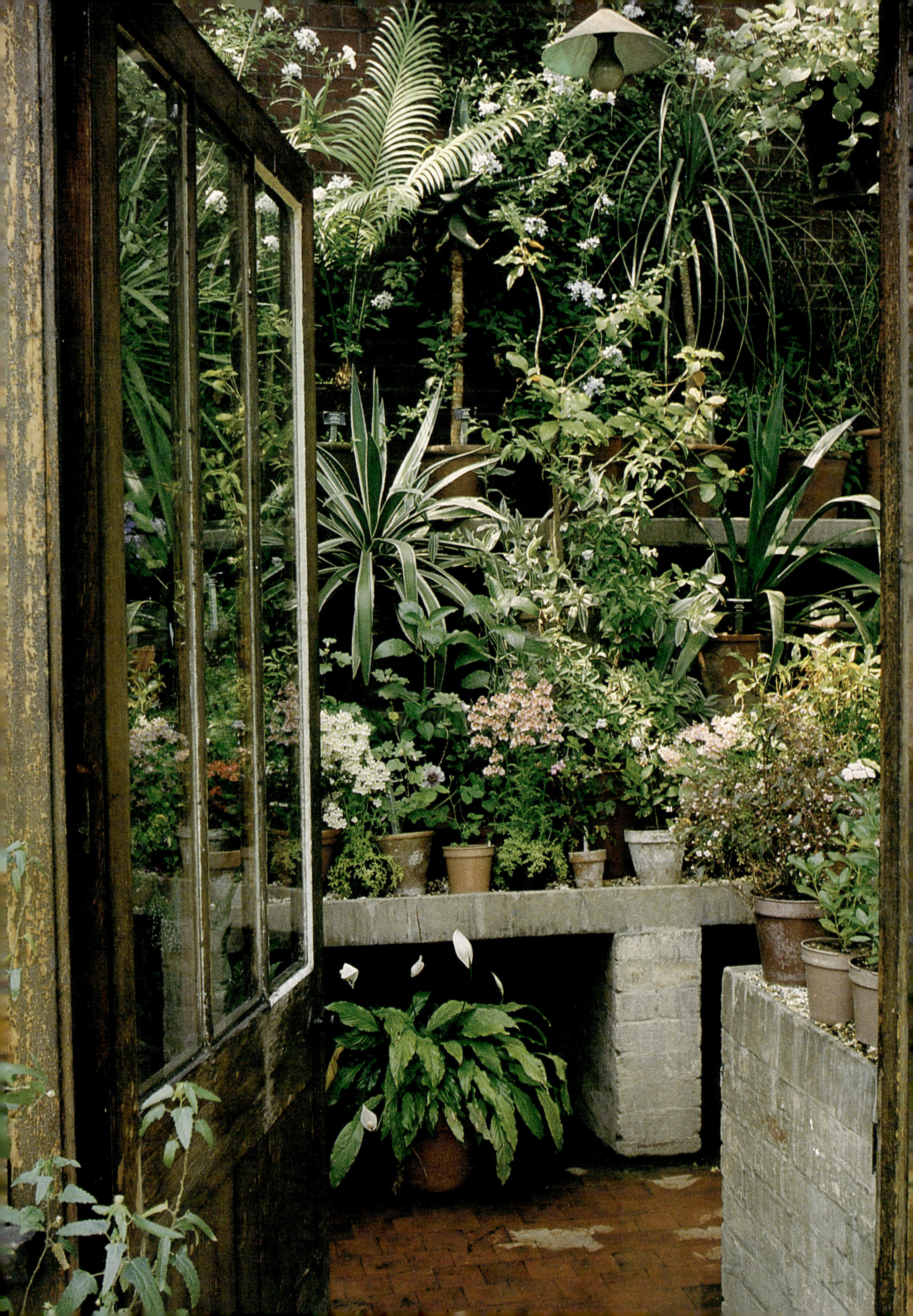

Pflanzenarten (siehe S. 145–185). Alternativ können Pflanzen auch direkt in den Boden gesetzt werden, was bei einem Streifenfundament aber leichter ist als bei einer Platte. Hier wird die Erde dann wie in einem Gewächshaus bearbeitet und bepflanzt.

Damit Pflanzen an den Wänden und der Decke entlangranken können, lassen sich Spanndrähte und Spaliere anbringen. Sie können mit Haken und Ösen befestigt werden, doch achten Sie darauf, daß sie fest sitzen – große Pflanzen sind erstaunlich schwer, insbesondere wenn sie Früchte tragen. Denken Sie auch daran, daß Instandhaltung und Reinigung problematisch sein können, wenn eine zu große Fläche des Gebäudes bewachsen ist.

Jetzt müssen Sie auch Rollos und andere Schattierungsvorrichtungen anbringen, da dies zu einem späteren Zeitpunkt, wenn die Pflanzen schon aufgestellt sind, unter Umständen schwierig ist.

Zugang vom Haus

Viele Wintergärten werden natürlich so geplant, daß sie über eine bereits vorhandene Flügel- oder Schiebetür erreichbar sind – und damit erübrigen sich Umbauarbeiten. Sollte jedoch kein Durchgang vorhanden sein, müssen Sie ihn schaffen.

In den meisten Fällen wird sich aber zumindest ein Fenster in der Hauswand befinden, an die der Wintergarten angrenzt. Hier kann man ohne größere Schwierigkeiten den Rahmen herausnehmen, die Mauer unterhalb des Fensters abtragen und einen Türrahmen gleicher Breite einsetzen. An dem vorhandenen Fenstersturz braucht nichts verändert werden; wird jedoch beim Einsetzen der Tür die Sperrschicht in der Hauswand beschädigt, muß man diese sorgfältig ausbessern.

Wo keine Öffnung existiert oder die existierende Öffnung zu schmal ist, sind umfangreichere Arbeiten erforderlich. Grundsätzlich muß ein neuer Sturz in das Mauerwerk eingesetzt werden, der die ganze Breite der Öffnung überspannt. Anschließend kann man das Mauerwerk unterhalb des Sturzes wegbrechen und den Türrahmen einsetzen. Bei solchen baulichen Veränderungen sollten Sie zunächst mit der Baubehörde Rücksprache halten, denn eine unsachgemäße Ausführung kann die Statik des Hauses gefährden.

Die Wartung neuer Wintergärten

Ein neuer Wintergarten erfordert zunächst relativ wenig Instandhaltungsarbeiten, doch durch regelmäßige Pflege sieht er schöner aus, und Sie werden auch viel länger etwas von ihm haben.

Am häufigsten werden Sie das Glas reinigen müssen, insbesondere von außen. Ist die Dachkonstruktion stabil genug, daß sie Bretter trägt, lassen

Eine gute Möglichkeit, Topfpflanzen in einem Wintergarten aufzustellen, ist ein gemauerter Tisch in Arbeitshöhe mit einer kiesgefüllten Vertiefung (gegenüberliegende Seite). Die Steine wurden hier hell gestrichen. Sie verstärken das reflektierte Licht und bilden einen schönen Kontrast zu dem Steinboden, der sich für einen feuchten Raum wie diesen besonders gut eignet.

Bau, Wartung und Renovierung

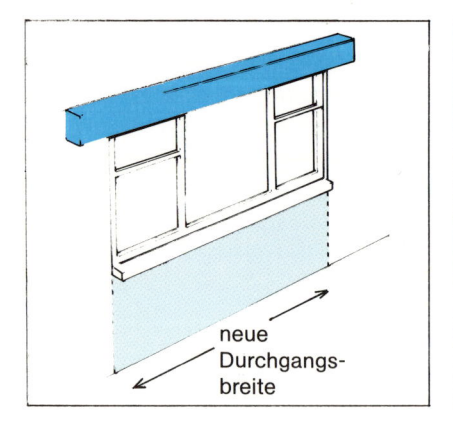

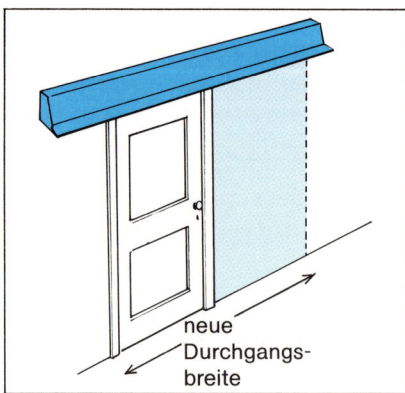

Wo bereits eine Öffnung vorhanden ist, läßt sich ein Durchgang vom Haus zum Wintergarten recht problemlos schaffen. Links außen: Fenster und darunterliegendes Mauerwerk werden entfernt, und die neuen Terrassentüren können unter dem vorhandenen Sturz eingesetzt werden. Links: Wo eine schmale Öffnung verbreitert werden muß, ist vor dem Abtragen des Mauerwerks ein neuer Sturz zu setzen, der die gesamte Breite überspannt.

sich die Scheiben einzeln mit Schwamm und Fensterwischer putzen. Klettern Sie aber nur auf das Dach, wenn ganz sicher ist, daß es Ihr Gewicht wirklich trägt, und wenn Sie absolut schwindelfrei sind. Ein Sturz könnte katastrophale Folgen haben. Meist ist es aber einfacher, die Dachscheiben von einer Trittleiter aus zu reinigen, die man in Traufenhöhe anlehnt. Am besten benutzt man dazu Bodenreinigungsgeräte, wie einen langstieligen Mop oder einen Schwammwischer. Anschließend werden die Scheiben mit einem Gartenschlauch vorsichtig abgespritzt.

Metallrahmen sind verhältnismäßig pflegeleicht. Am besten wäscht man sie gelegentlich ab, beispielsweise, wenn auch die Glasflächen geputzt werden. Holzrahmen erfordern dagegen mehr Pflege. Überprüfen Sie mindestens einmal im Jahr Rahmenteile und Sprossen und achten Sie dabei auf Stellen, wo das Holz fault oder der Anstrich erneuert werden muß. Farb- und Lackanstriche müssen vermutlich jährlich ausgebessert und alle drei bis fünf Jahre komplett erneuert werden. Lasiertes Holz braucht man dagegen nur alle zwei bis drei Jahre zu überstreichen.

Kontrollieren Sie auch Verglasung und Abdichtungen. Gesprungenes Glas kann vorübergehend mit einer handelsüblichen transparenten Klebefolie repariert werden, auf Dauer muß man zerbrochene oder gesprungene Scheiben jedoch austauschen. Wo Kitt verwendet wurde, der mit der Zeit versprödet, dichtet man die Stellen mit Silikon ab oder repariert sie provisorisch mit selbstklebendem Dichtungsband.

Oberhalb des Wintergartens liegende Hausflächen sind wahrscheinlich schwer erreichbar, und deshalb sollten dort Fenster mit Kunststoff- oder Aluminiumrahmen von innen zu reinigen sein. Mit Ziegeln verblendete Mauern sind besser als Putzwände, da sie nicht gestrichen werden müssen. Für Dachrinnen eignet sich Kunststoff besser als Zink. Ist aber einmal etwas am Glasdach zu reparieren, ist es in den meisten Fällen am praktischsten, das Wintergartendach mit einer Leiter zu überbrücken. Dies bedeutet aber, daß Sie die Leiter in einem bedeutend flacheren Winkel als üblich (und

Aus runden Betonblöcken ist hier eine Treppe entstanden, die einen natürlich wirkenden Aufgang zum Wintergarten schafft. Die Kreisform wird im Boden vor der Treppe wiederholt.

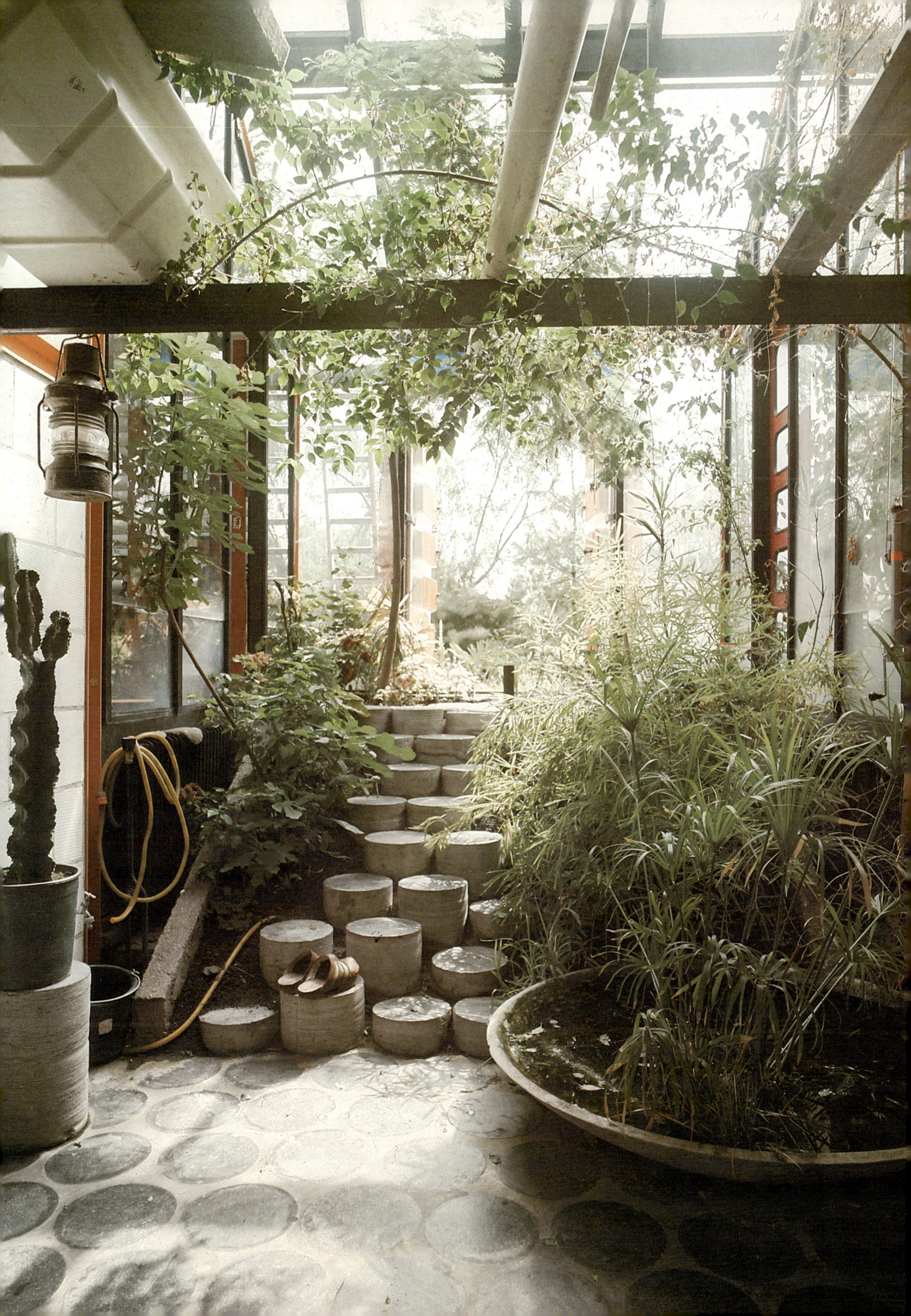

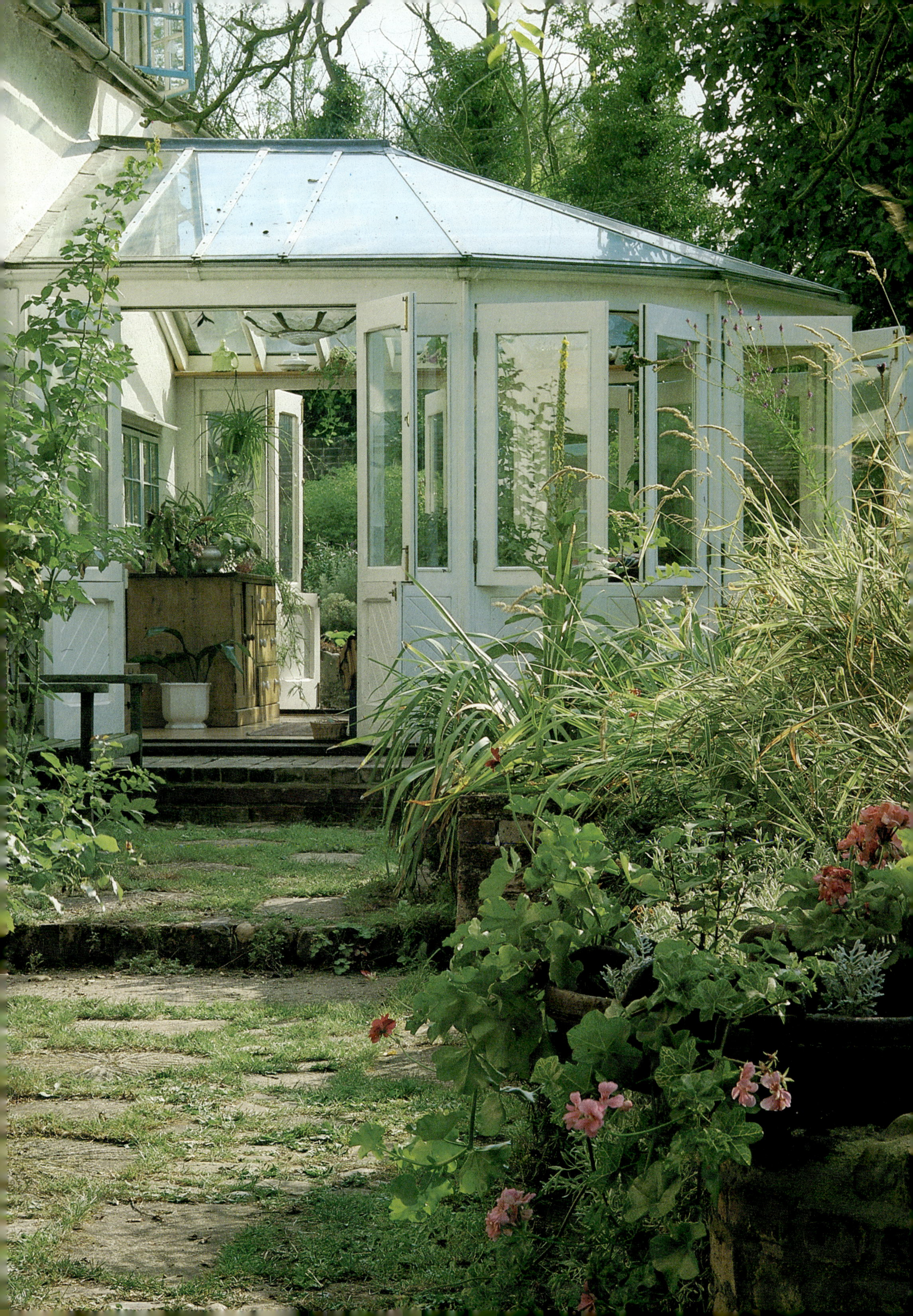

Bau, Wartung und Renovierung

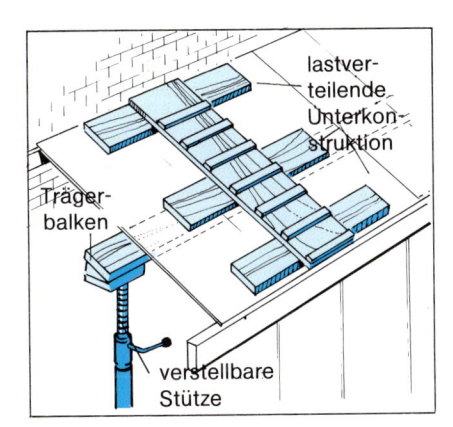

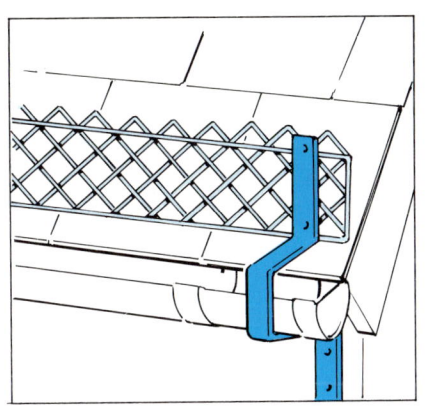

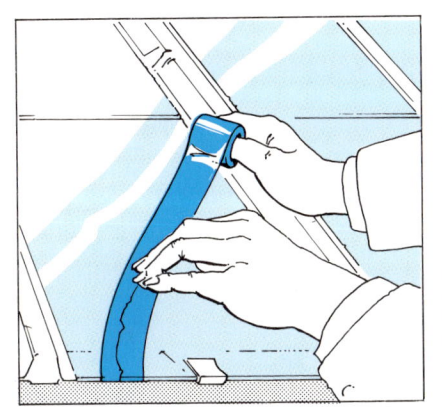

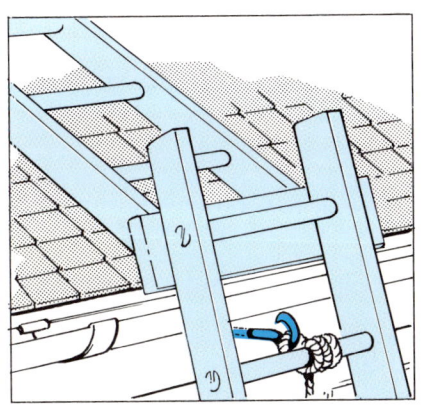

Bei der Instandhaltung der Außenfläche eines Wintergartendaches muß für absolute Sicherheit gesorgt werden. Oben links: *Ein Laufbrett mit Querbalken, die das Gewicht verteilen. Es wird im Innern zusätzlich durch einen Träger und verstellbare Stützen abgesichert.* Oben rechts: *Ein Schneefanggitter verhindert, daß lose Dachpfannen auf das Glasdach fallen können.* Unten links: *Gesprungene Scheiben lassen sich provisorisch mit transparentem Klebeband reparieren.* Unten rechts: *Die Leiter ist sicher an einem in das Traufbrett geschraubten Haken befestigt.*

sicher ist) anlegen müssen. Das untere Ende der Leiter muß deshalb unbedingt mit dicken Pflöcken abgesichert werden, damit es nicht wegrutschen kann. Benutzen Sie eine möglichst lange Ausziehleiter, so daß die Teile weit ineinandergeschoben bleiben. Dadurch wird die Leiter stabiler und biegt sich beim Klettern weniger durch. Klettern Sie vorsichtig hinauf, und lassen Sie sich Ihr Werkzeug von einem Helfer aus einem Fenster im Obergeschoß reichen, dann kann es Ihnen beim Hinaufsteigen nicht durch das Glasdach fallen.

Und noch ein letzter Punkt zur Sicherheit: Bei jedem Wintergarten besteht die Gefahr, daß – selbst bei Sicherheits- oder Drahtglas – Gegenstände durch das Dach fallen. Die beiden größten Gefahren sind vom Dach rutschende Ziegel oder Platten und schwere Dachlawinen. Beugen Sie beidem vor, indem Sie ein Schneefanggitter so am Traufbrett des Hauses anbringen, daß es über der Dachrinne sitzt.

Renovierung alter Wintergärten

Wenn Sie einen alten Wintergarten besitzen, ist unter Umständen eine Renovierung sehr viel preiswerter als ein neuer Anbau. Das hängt natürlich

Die nach außen zu öffnenden Fenster und Türen des gegenüber abgebildeten Wintergartens können mit Hilfe einer kleinen Trittleiter leicht gereinigt und instandgehalten werden. Die Außenseite des Glasdaches läßt sich von einer kurzen Leiter aus mit einem langstieligen Mop säubern. Sie ist auch durch das darüberliegende Fenster erreichbar.

Bau, Wartung und Renovierung

von der dafür notwendigen Arbeit ab. Überprüfen Sie zunächst den baulichen Gesamtzustand. Sehen Sie sich die Verglasung an, stellen Sie fest, ob das Holz noch in Ordnung ist (selbst wenn es auf den ersten Blick morsch erscheint), und kontrollieren Sie die Metallprofile auf ihren Zustand (Rost etc.). Sollten Sie hinsichtlich der baulichen Sicherheit irgendwelche Zweifel haben, holen Sie das Gutachten eines Fachmanns ein.

Bis auf wenige Ausnahmefälle werden sich eine vollständige Neuverglasung und umfangreiche Ausbesserungsarbeiten an der Rahmenkonstruktion nicht umgehen lassen. Zuerst wird das alte Glas entfernt – möglichst in ganzen Scheiben, damit es eventuell wiederverwendet werden kann. Wenn Sie Glas herausschlagen müssen, versehen Sie es mit sich verkreuzenden Klebestreifen, damit die Splitter nicht überall hinfliegen. Die Scheiben sollten vorsichtig eingeschlagen werden.

Ist das Glas entfernt, werden die Profile mit einem alten Stechbeitel gesäubert, um alten Kitt, Stifte und Klammern zu entfernen. Bei Holzgerippen wird faules Holz herausgesägt und durch neue Stücke ersetzt, kleinere Stellen können mit Kunstharz oder Holzkitt ausgebessert werden. Von Metallrahmen wird mit einer Drahtbürste der Rost vollständig entfernt. Kleinere Löcher und Beschädigungen lassen sich mit Autospachtelmasse reparieren. Größere Schäden erfordern dagegen erhebliche Kenntnisse im Umgang mit Metall oder die Hilfe eines Fachmanns.

Als nächstes wird der Rahmen für die Neuverglasung vorbereitet. Bei gestrichenen Holzrahmen ist eine Grundierung aller freiliegenden Flächen unbedingt erforderlich. Darüber kommen ein Grundanstrich und zwei Deckschichten aus Lackfarbe einer guten Qualität. Wo ursprünglich Klarlack benutzt wurde, ist es ratsam, nur Bootslack oder ein ähnliches Produkt zu verwenden, weil Polyurethanlacke an exponierten Stellen leicht reißen und der Anstrich schwer zu erneuern ist. Wenn sich die Rahmenfarbe ohne zu großen Aufwand vollständig entfernen läßt, sollte man für den Neuanstrich eine farbige Holzschutzlasur verwenden, die dauerhafter und pflegeleichter ist.

Sauberes blankes Metall wird mit einer Metallgrundierung behandelt – Bleimennige ist empfehlenswert, enthält aber eben Blei – und dann mit einem Grund- und einem Deckanstrich versehen.

Nun kann verglast werden, und vielleicht sollten Sie Draht- oder Sicherheitsglas verwenden (wenn nicht überall, so doch wenigstens für das Dach und die unteren Scheiben). Betten Sie das Glas in Silikon ein, das nicht versprödet, und sichern Sie es – je nach Rahmenmaterial – mit Glaserecken oder Klammern.

Anschließend ist die Dichtung zwischen Wintergarten und Hauswand an der Reihe. Falls nötig, werden neue Anschlußstreifen an der Nahtstelle von Dach und Hauswand eingesetzt. Am besten geht man dabei folgender-

Bau, Wartung und Renovierung

maßen vor: Sie setzen die Mittelscheibe der hinteren Reihe zuerst ein und drücken den Anschlußstreifen an die hintere Kante. Verfahren Sie mit den rechts und links liegenden Scheiben – immer abwechselnd – ebenso, bis Sie bei den Seitenwänden angelangt sind. Wenn die letzten Scheiben eingesetzt sind, ist der Anschlußstreifen besser zu erreichen. Dichten Sie die Nahtstellen zwischen den Seiten und der Hauswand und zwischen den Seiten und dem Fundament mit Silikon ab.

Vielleicht ist es notwendig, Teile der Innenausstattung, wie Stellagen oder Fußbodenbelag, zu reparieren oder zu erneuern. Wie Sie mit Stellagen verfahren, hängt weitgehend von deren Zustand ab und davon, wieviel Zeit und Mühe Sie auf ihre Wiederherstellung verwenden wollen – unter Umständen ist eine vollständige Neueinrichtung billiger. Beim Boden können möglicherweise lockere Platten, Fliesen oder Mosaikteile neu verlegt werden, was aber bei den kleinen Fliesen und Mosaiken recht arbeitsaufwendig sein kann. Läßt sich der vorhandene Boden nicht reparieren, wird er entfernt. Auf einen neuen Estrich mit einer Nässesperrschicht kommt dann ein neuer Bodenbelag.

Wenn Sie einen Wintergarten aus einer betimmten Epoche besitzen, möchten Sie beschädigte Teile vielleicht stilecht ersetzen. Bei Holz sollte dies nicht allzu schwierig sein. Sie können die Teile von Holzschnitzern und Drechslern nacharbeiten lassen, wenngleich das nicht ganz billig sein wird. Gußeisenreproduktionen wären dagegen zu teuer, doch könnten Sie versuchen, Nachbildungen aus Kunstharz zu machen. Vielleicht finden Sie aber auch ähnliche Stücke bei einem Abbruchunternehmen oder bei einem Schrotthändler in einer verstaubten Ecke.

Bau eines Blumenerkers

Ist nicht genügend Platz für einen Wintergarten vorhanden, können Sie Pflanzen wundervoll zur Wirkung bringen und im kleinen Rahmen die Vorzüge eines Wintergartens genießen, wenn Sie ein erkerförmiges Blumenfenster bauen. Dabei handelt es sich um einen rundum verglasten Fensterbereich, wo die Pflanzen zwischen den Scheiben stehen. Einen solchen Blumenerker kann man in jede normale Fensteröffnung einbauen, deren Leibung breit genug für ein größeres Pflanzgefäß ist. Besonders geeignet sind Rundbogenfenster und Luken, wie man sie häufig in Treppenhäusern findet. Sie stellen lediglich ein Pflanzgefäß auf die Fensterbank, bringen innen eine Glasscheibe an, und schon haben Sie ein kleines Gewächshaus. Die Innenscheibe wird am besten in einen Rahmen gesetzt, so daß – je nach Befestigungsart – ein Flügel- oder Schiebefenster entsteht, das sich leicht öffnen und schließen läßt. Im Prinzip wird hier ebenso verfahren wie bei einer nachträglichen Doppelverglasung, und unter Umständen können Sie dazu vorgefertigte Rahmenteile aus Kunststoff oder Metall verwenden.

Bau, Wartung und Renovierung

Bau, Wartung und Renovierung

Etwas aufwendiger ist es, wenn man den vorhandenen Fensterrahmen durch ein nach Maß gefertigtes Blumenfenster ersetzt. Es sollte auf der Außenseite eine feststehende Scheibe haben (eventuell mit einem kleinen Ventilator) und auf der Innenseite ein Schiebe- oder Flügelfenster. Man kann auch die Öffnung rundum mit Holz verkleiden und verstellbare Regalbretter anbringen, so daß in der oberen Hälfte kleine Pflanzen stehen können und die untere Hälfte der Stellfläche für größere Pflanzen in Pflanzkübeln frei bleibt.

Wer große, vom Boden bis zur Decke reichende Fensterflächen hat, kann schließlich noch eine außergewöhnliche Wirkung erzielen, wenn er ein ›Pflanzenmobil‹ baut, das etwa wie ein Regal mit einer Glasfront aussieht und auf Rollen dorthin geschoben werden kann, wo es am meisten Sonne bekommt.

In einem ausreichend großen Mobil können hohe Pflanzen wachsen, die es zu einem faszinierenden Blickfang im Raum machen. Nach Sonnenuntergang können Sie es sogar als Raumteiler verwenden.

Ein viktorianischer Blumenerker aus Schmiedeeisen und Glas mit dekorativen Trägern. Wenn das hintere Schiebefenster geschlossen ist, entsteht ein Miniatur-Wintergarten. Die Bepflanzung hängt von der Lage des Fensters ab. Palmen und Drachenbäume wachsen am besten in Südrichtung.

Der Besitzer des gegenüber abgebildeten Arbeitszimmers hat das ursprüngliche Fenster durch ein erkerförmiges ersetzt und damit mehr Platz für Pflanzen geschaffen. Darüber hinaus hat er jetzt eine wunderbare Aussicht auf den Garten.

Heizung, Lüftung und Beleuchtung

Die ideale Temperatur in einem angebauten Gewächshaus oder Wintergarten hängt davon ab, wie man den Raum nutzt. Soll er das ganze Jahr hindurch zur Entspannung oder als Kinderspielzimmer dienen, oder wollen Sie vornehmlich während der wärmeren Monate zusätzliche Wohnfläche schaffen, wo man sitzen und sich unterhalten kann? Wollen Sie ihn darüber hinaus als Gewächshaus nutzen, um ganzjährig Topfpflanzen zu halten bzw. im Frühjahr einjährige Pflanzen zu ziehen – oder sogar als Treibhaus, in dem unabhängig von der Außentemperatur exotische Pflanzen wachsen können?

Doch nicht nur bei einem hauptsächlich der Pflanzenkultur vorbehaltenen Wintergarten bedarf es besonderer Überlegungen, sondern auch bei einem Wintergarten, der ausschließlich als Wohnbereich vorgesehen ist. Im ersten Fall ist es vor allem wichtig, den Pflanzen eine ideale Umgebung zu schaffen, im zweiten Fall hat die Bequemlichkeit der Bewohner Vorrang.

In Lagen mit etwas Sonne sind Wintergärten, was das entscheidende Problem der Beheizung betrifft, Glashäusern zweifellos weit überlegen. Freistehende Gewächshäuser – heute meist rundum und bis zum Boden verglast – leiden unter jedem eisigen Wind und geben nach Einbruch der Nacht bald die Wärme ab, die sie tagsüber gespeichert haben. Und wer eine Temperatur halten will, die die Kultur eines recht breiten Spektrums an Topfpflanzen ermöglicht, muß unter Umständen mit hohen Heizkosten rechnen. Ein weiteres Problem sind die unvermeidlich auftretenden Außentemperaturschwankungen, und dicht beim Glas stehende Pflanzen werden am deutlichsten darauf reagieren.

Wintergärten und Anlehngewächshäuser sind immerhin auf wenigstens einer Seite vor dem Wind geschützt, und die drastischen Temperaturverlusten ausgesetzte Glasfläche ist kleiner, was die Heizkosten bereits senkt und eine gleichmäßigere Innentemperatur gewährleistet. Doch das sind nicht ihre einzigen Vorteile.

Wintergärten und Wärmespeicherung

Während in einem Gewächshaus nur die Erde Tageswärme speichern kann, dienen in einem Wintergarten mindestens eine Wand und der Boden als ›Wärmespeicher‹. Häufig gibt es darüber hinaus eine Stirnwand und möglicherweise unterhalb des Glases einen Sockel. Wenn Wand oder Sockel aus einem ›dichten‹ Baustoff bestehen – also nicht aus Holz, sondern aus Ziegeln oder Steinen –, können sie bedeutende Mengen an Sonnenwärme aufnehmen, die sie dann in den Nachtstunden nach und nach wieder abgeben. Selbst im Winter und bei trübem Wetter ist dies deutlich zu spüren, und wenn im Frühjahr zur Anzuchtzeit die Tage länger werden, kommt diese Eigenschaft noch stärker zum Tragen.

Hier ist ein großer Wintergarten mit Südlage und Doppelverglasung gezeigt, der zu einem energiesparenden Musterhaus gehört. Beide wurden so geplant, daß die Heizkosten möglichst niedrig liegen. Warme Luft aus dem Wintergarten wird in einen Sonnenkollektor auf dem Dach geleitet und entweder ins Haus geblasen oder mit Hilfe einer Wärmepumpe zur Bereitung von Warmwasser genutzt, das in einen großen Vorratsspeicher im Haus fließt. Mit der gespeicherten Wärme wird das Haus an bewölkten Tagen beheizt. Wenn nicht genügend Sonnenenergie vorhanden ist, liefert ein Feststoffbrenner Wärme. Damit sich der Wintergarten an warmen Tagen nicht überhitzt, sorgt eine Reihe von Klappen für einen ständigen Strom kühler Luft über der Kollektoroberfläche, und Lamellenfenster sorgen Sommer wie Winter für Temperaturausgleich.

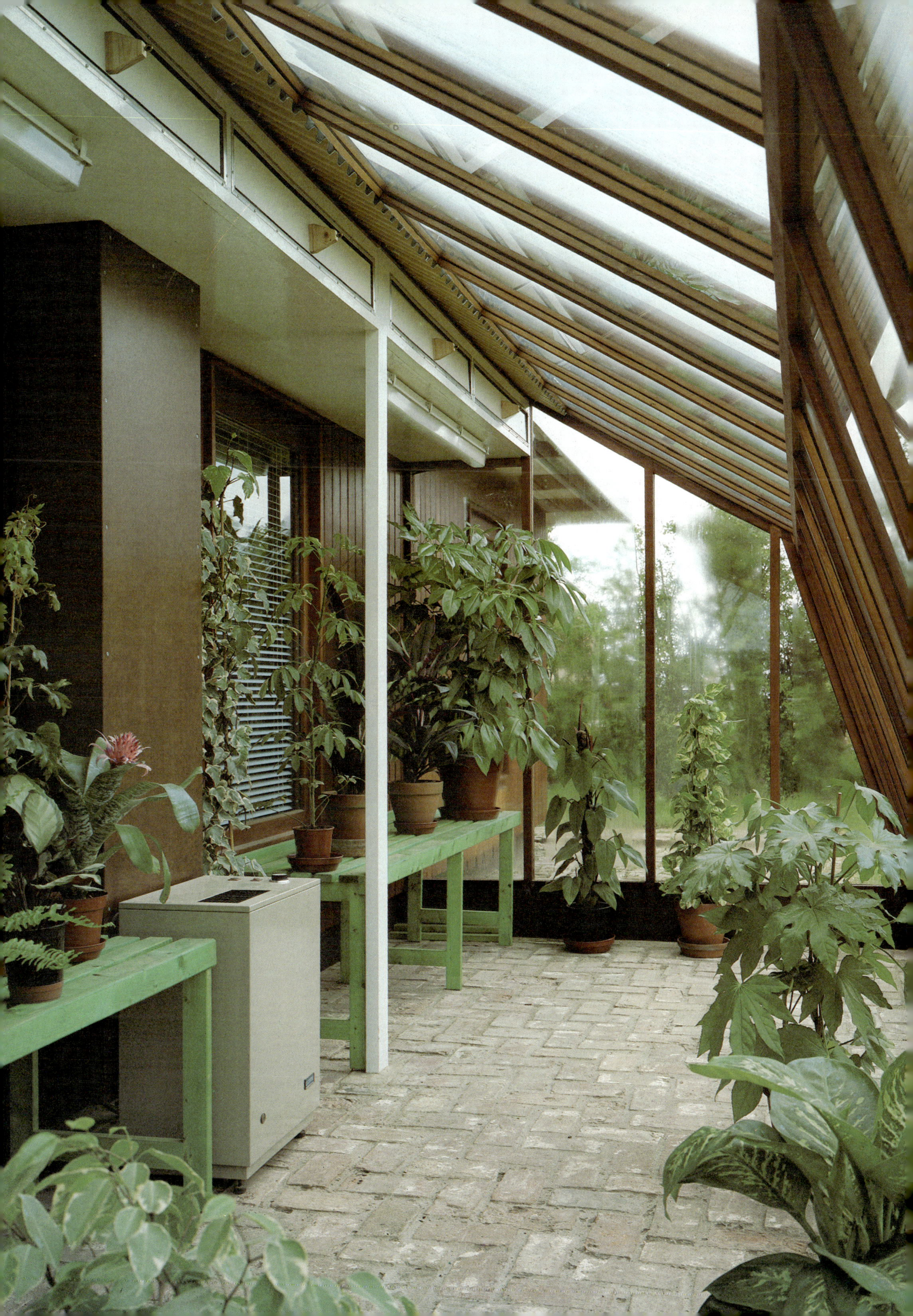

Diese Speicherwirkung ist auch für solche Wintergärten vorteilhaft, die hauptsächlich als Wohnraum genutzt werden. Während der Abendstunden muß weniger geheizt werden, und in der Nacht wirkt die warme und gleichmäßigere Innenatmosphäre Kondensation entgegen.

In günstigen Lagen können Wintergärten als ›passive Solarsysteme‹ genutzt werden, um die Hausheizung zu ergänzen (siehe S. 114), in den USA sind solche Räume sogar steuerbegünstigt. Wenn es Ausrichtung und Neigung des Daches erlauben, lassen sich auch Sonnenkollektoren installieren, um das Haus zu beheizen und das Heißwasser für den Haushalt vorzuwärmen. Da auf der Nordhalbkugel Sonnenkollektoren am wirksamsten sind, wenn sie direkt nach Süden ausgerichtet werden und einen Neigungswinkel von etwa 15 Grad zuzüglich des Breitengrades der jeweiligen Region haben, sollte man sie auf einem Dach mit entsprechender Lage und Neigung anbringen, weil sie dort am wenigsten auffallen. Auf Flachdächern aufgestellte, freistehende Sonnenkollektoren sehen oft häßlich aus und verschandeln die Architektur des Hauses.

Bei Wintergärten mit Nordlage und wenig oder keiner direkten Sonne ist die Wärmespeicherung natürlich auch nicht so groß. Dennoch kann – wie bereits erwähnt – selbst in solchen Wintergärten Wärme gespeichert werden. Doch ganz unabhängig von der Lage gilt als Faustregel, daß dunkle Flächen dazu neigen, Wärme aufzunehmen, und helle Flächen, sie zu reflektieren. Deshalb ist es – was oft geschieht – nicht sinnvoll, eine Rückwand weiß zu streichen, Südwände einmal ausgenommen.

Auch die Form des Wintergartens spielt eine Rolle. Beim einfachsten und gebräuchlichsten Typ des Anlehnbaus, dessen Längsachse parallel zur Hauswand verläuft, ist die wärmespeichernde Fläche am größten. Dagegen werden Wintergärten, die in einem Winkel vom Haus weggehen und nur eine kleine Wandfläche haben, am Abend sehr viel rascher auskühlen. Noch deutlicher ist der Wärmeverlust bei Wintergärten, die darüber hinaus kalten Winden ausgesetzt sind oder bei denen ein großer Teil der Wandfläche aus Türen besteht.

Natürlich werden selbst Wintergärten mit Südlage im Winter nach Einbruch der Dunkelheit nicht immer große Mengen der Tageswärme halten können. Und wenn der Himmel bedeckt und die Außentemperatur niedrig ist, kann es dort sogar um die Mittagszeit empfindlich kalt sein. Daher brauchen alle Anbauten, die auch von Herbst bis Frühjahr bewohnt werden oder nicht winterharte Pflanzen beherbergen, eine zusätzliche Heizung.

Ausbau der Zentralheizung

Am naheliegendsten und einfachsten ist es, ein bestehendes Zentralheizungssystem zu erweitern und einen oder mehrere Heizkörper im Winter-

Ein eleganter Wohnraum aus Fertigteilen mit einem bronzefarben eloxierten Aluminiumrahmen und Doppelverglasung, die vor Wärmeverlust schützt. Die lange Hauswand dient als zusätzlicher Wärmespeicher, für Schatten sorgen Raffrollos.

Heizung, Lüftung und Beleuchtung

garten zu installieren. Verläuft das existierende Rohrleitungssystem nahe genug an der Wand zum Wintergarten, sollte die Installation nicht allzu teuer werden. Auch die Betriebskosten liegen hier deutlich niedriger, als wenn ein neues System, beispielsweise eine Elektroheizung, installiert werden muß.

Da aber Schwierigkeiten auftreten können, sollten Sie auf jeden Fall den Rat eines Fachmanns einholen, um sicherzustellen, daß die vorhandene Feuerungseinrichtung für weitere Heizkörper ausreicht. Der prüfende Heizungsfachmann wird Sie auch bezüglich der Heizkörpergröße beraten können. Aufgrund der durch das Glas bedingten Wärmeverluste müssen sie oft größer sein als in einem vergleichbaren Raum im Haus. Sollte das Glas mit Nachtisolierungen ausgerüstet sein, sind möglicherweise keine größeren Heizkörper erforderlich.

Ein Problem bei einer vorhandenen Zentralheizung kann sein, daß sie durch einen Thermostaten geregelt wird, der sich an einem sorgfältig ausgesuchten Punkt im Haus befindet. Dann kann natürlich die Temperatur im Wintergarten – der vielleicht einem eisigen Ostwind ausgesetzt ist – nicht sehr genau geregelt werden. Darüber hinaus wird die Heizung über Nacht

Obwohl dieses Gewächshaus eine traditionelle Form hat, wurde es – wie der Wintergarten auf der vorigen Seite – nach dem Baukastenprinzip errichtet. Es hat eine Doppelverglasung, automatische Belüftung, eine innenliegende Dachschattierung und viele andere moderne Konstruktionselemente. Da es aber mit der Stirnseite an der Hauswand liegt, kühlt es wahrscheinlich rasch aus.

Heizung, Lüftung und Beleuchtung

möglicherweise durch eine Zeituhr abgeschaltet, was bei einem ausschließlich als Wohnfläche genutzten Wintergarten kein Problem sein mag, sehr wohl aber dort, wo empfindliche Pflanzen wachsen.

Für beide Probleme gibt es verschiedene Lösungsmöglichkeiten (Heizkreise können nachts durch Magnetventile abgesperrt werden), doch auch hier ist wiederum der Rat eines Fachmanns erforderlich.

Eine verhältnismäßig einfache Lösung ist die Installation eines thermostatgeregelten Heizlüfters, der anspringt, sobald nachts die Temperatur im Wintergarten unter einen kritischen Punkt sinkt. Wo er liegt, hängt davon ab, welche Pflanzen gezogen werden. Auf keinen Fall sollten Sie jedoch einfach die Türen zum Wohnzimmer offen lassen. Dadurch würde das Haus merklich auskühlen, ohne daß gleichzeitig die Temperatur im Wintergarten ansteigt und empfindliche Pflanzen geschützt sind.

Ein Klempner oder Heizungsinstallateur wird – wenn man ihm die Entscheidung überläßt – neue Heizkörper vermutlich an der Hauswand anbringen, denn von seinem Standpunkt aus gesehen ist dies der vernünftigste Platz. Anders sieht dies jedoch möglicherweise aus der Sicht der Pflanzenkultur aus. Ausschlaggebend ist auch, ob das Glas bis zum Boden reicht oder an der Front ein niedriger Sockel geplant ist – vielleicht mit Stellmöglichkeiten für Topfpflanzen und einer darüberliegenden Arbeitsfläche, wo ausgesät werden kann. In diesem Fall können niedrige, an der Außenwand unter den Stellagen angebrachte Heizkörper für die Pflanzen sehr vorteilhaft sein. Ferner wirken sie dem durch das kalte Glas bedingten Absinken der Luft entgegen. Wer einen Wintergarten hat, der bis in Bodenhöhe verglast ist, wird dagegen kaum Heizkörper direkt vor der durchsichtigen Außenwand aufstellen wollen. Aber möglicherweise haben Sie für Ihre Pflanzen ja ohnehin einen anderen Platz vorgesehen – etwa auf dem Boden oder an der Rückwand –, und dies ist sicherlich dort der Fall, wo man ästhetischen Gesichtspunkten gegenüber funktionellen den Vorrang geben kann.

Das bisher Gesagte setzt voraus, daß Sie Fußleistenheizkörper oder gewöhnliche Flächenheizkörper installieren wollen, wie sie auch anderswo im Haus verwendet werden. Besser beraten sind Sie jedoch mit einem Gebläse-Konvektor, bei dem ein Elektroventilator die erwärmte Luft im Wintergarten verteilt. Ein oder mehrere Heizkörper dieser Art sorgen für eine sehr viel bessere Wärmeverteilung und tragen auch dazu bei, daß sich an Stellen, die weiter von der Heizung entfernt liegen, keine kalte Luft sammeln kann. In einem rechteckigen Wintergarten wird ein Gebläse-Konvektor vermutlich am besten an einer der Schmalseiten installiert, so daß er die Warmluft über die Glasfläche mit der größten Länge bläst. In großen Anbauten, in denen zwei oder mehr Heizkörper erforderlich sind, ist dies jedoch nicht sinnvoll. Im übrigen sei an dieser Stelle erwähnt, daß schon ein

Heizung, Lüftung und Beleuchtung

kleiner Gaslufheizer genügend Wärme erzeugt, um ein 3,5 x 4,25 m großes Gewächshaus zu heizen.

Gebläse-Konvektoren sind kleiner als normale Heizkörper, beanspruchen weniger Wandfläche und sind dort besonders gut geeignet, wo sich andernfalls Möbel nur schlecht aufstellen ließen. Gewöhnlich befestigt man sie verhältnismäßig weit unten, es gibt jedoch auch Deckenluftheizer, die oberhalb Kopfhöhe angebracht werden. Zwar arbeitet der Gebläsemotor nicht geräuschlos, doch wird man ihn nach einiger Zeit kaum noch wahrnehmen. Wenn im Sommer die Heizung abgeschaltet ist, kann das Gebläse auch separat angestellt werden, um den Luftaustausch im Wintergarten zu verbessern.

Wenn Sie keine Zentralheizung haben oder sich ein vorhandenes System nicht erweitern läßt, gibt es eine ganze Reihe anderer Beheizungsmöglichkeiten. Dabei muß noch einmal bemerkt werden, daß der Besitzer eines Wintergartens gegenüber seinem Nachbarn mit einem Gewächshaus deutlich im Vorteil ist, denn ihm bleiben die Kosten und Ausschachtarbeiten erspart, die für einen Strom- und/oder Gasanschluß für ein freistehendes Gewächshaus – beides Arbeiten für Fachleute – erforderlich sind. Auch beim Wintergarten werden Sie Handwerker bestellen müssen, doch ist hier die Entfernung minimal, und es müssen weder Wege noch Auffahrten oder Rasenflächen aufgerissen werden.

Kann oder will man zur Beheizung des Wintergartens nicht das Zentralheizungssystem erweitern, muß man die Wahl zwischen Strom, Gas, Festbrennstoff oder Petroleum treffen. Von diesen Energieträgern ist Elektrizität sicher die beste Lösung, wenn auch die teuerste. Einer ihrer größten Vorteile ist, daß sie weder die Luftfeuchtigkeit erhöht noch zu starker Kondenswasserbildung führt, wie es bei Gas- und Petroleumgeräten der Fall ist. Sie bietet sich für eine vollautomatische Steuerung an, ist sauber und rauchfrei und praktisch hundertprozentig effizient. Die Betriebskosten liegen erheblich höher als bei anderen Brennstoffen, doch hat sich die Differenz in den letzten Jahren verringert, da auch die Gaspreise gestiegen sind. Dennoch ist eine Elektroheizung teuer.

Elektroheizung

Es gibt zwei Haupttypen von Elektrogeräten, die sich für diesen Zweck eignen – Rohrheizkörper und Heizlüfter. Rohrheizkörper sind etwas teurer und machen eine feste Anbringung erforderlich, die aber auch ein Laie vornehmen kann. Die Leitungen für den Anschluß sollten jedoch von einem Fachmann verlegt werden.

Rohrheizkörper bestehen aus einfachen elektrischen Heizwendeln, die von schützenden Metallröhren umgeben sind und einen Anschlußwert zwischen 250 und 400 Watt haben. Sie werden einzeln oder zu mehreren waagrecht mit Halterungen am Fuß der Wand angebracht und eventuell mit Schutzgittern versehen – ein absolutes Muß, falls sich in dem Raum auch Kinder aufhalten.

Rohrheizkörper erwärmen den Raum nach dem Anschalten rasch und – sofern sie richtig plaziert wurden – auch gleichmäßig. Sie eignen sich ideal für Thermostatregelung – die für einen kostengünstigen Betrieb unbedingt erforderlich ist – und können darüber hinaus tagsüber mit einer Zeitschaltuhr betrieben werden, sofern im Wintergarten keine empfindlichen Pflanzen wachsen. Oder man stellt die Schaltuhr so ein, daß der Wintergarten während der Nacht beheizt wird, wenn ihn die Zentralheizung des Hauses nicht mehr wärmt.

Da in Räumen, in denen Pflanzen wachsen, die Luft stets feucht ist, sollte man unbedingt speziell für Gewächshäuser und Wintergärten entwickelte Rohrheizkörper installieren. Sie haben Aluminiumabdeckungen und rosten nicht. Wo mehrere Heizkörper angebracht werden – meist zwei, drei oder vier –, sollte der unterste etwa 25 cm Abstand zum Boden haben. Falls Sie über den Heizkörpern Hängeborde oder Stellagen vorgesehen haben, müssen Sie zwischen diesen und der Wand 15 cm Platz lassen, damit die Luft ungehindert zirkulieren kann. Auf jeden Fall ist es besser, die Rohre möglichst weit zu verteilen, anstatt sie an einer Stelle des Wintergartens übereinander zu montieren, damit sich die Wärme gleichmäßiger verteilt.

Die gängigste Alternative dazu ist ein Heizlüfter, ein vertrautes Haushaltsgerät, das nur eingesteckert werden muß und auch beim Beheizen eines bestimmten Bereichs verwendet werden kann. Viele Heizlüfter haben eingebaute Thermostate, wenngleich sie nicht immer eine gleichmäßige Raumtemperatur halten können. Manche Menschen empfinden auch ihr leises Summen im Hintergrund als störend. Die Betriebskosten entsprechen denen von Rohrheizkörpern, doch treten bei letzteren, da sie fest installiert sind und keine beweglichen Teile haben, seltener Störungen auf.

Wo sehr viele Pflanzen gezogen werden – was eine erhöhte Feuchtigkeit zur Folge hat – ist es wiederum sinnvoll, speziell für Gewächshäuser entwickelte Heizlüfter zu kaufen. Empfehlenswert ist ein Modell, das über mehrere Heizstufen verfügt, beispielsweise 1 kW, 2 kW oder 3 kW. Darüber hinaus ist es von Vorteil, wenn das Gebläse auch unabhängig von den Heizelementen angestellt werden kann, um bei sommerlicher Hitze für Luftumwälzung zu sorgen.

Offenbar ist ein durch einen Heizlüfter erzeugter, ständiger Luftwechsel einer gesunden Pflanzenentwicklung förderlich, vermutlich, weil er die Bildung von Schimmel und anderen Pilzen verhindert, die in warmer, verbrauchter Luft gut gedeihen. Ein weiterer Vorteil eines Heizlüfters ist, daß er den Raum fast sofort erwärmt. Um diese Fähigkeit optimal nutzen zu können, sollten Sie ein Gerät mit einem empfindlichen, zuverlässigen Temperaturregler kaufen oder es mit einem separaten Thermostaten regeln, der im Wintergarten angebracht wird.

Der Thermostat steuert gewöhnlich nur das Heizelement. Motor und Ventilator laufen bei eingeschalteten Geräten immer, wodurch natürlich für eine ständige Luftumwälzung gesorgt ist. Wenn Sie wegen des Stromverbrauchs Bedenken haben, sollten Sie ein Gerät kaufen, bei dem der Thermostat sowohl Heizelement als auch Ventilator ein- und ausschaltet.

Wollen Sie die Wärme nicht auf eine bestimme Stelle konzentrieren, wird der Heizlüfter am Ende des Wintergartens aufgestellt, damit sich der warme Luftstrom über die ganze Länge bewegt. Sollten Sie feststellen, daß sich ein Teil des Raums stärker erwärmt als andere, müssen Sie Ihre Pflanzen entsprechend plazieren.

Bei einem Wintergarten kann auch eine elektrische Fußbodenheizung installiert werden. Hier werden die Heizkabel direkt im Betonfundament verlegt. Sie erwärmen den Raum erstaunlich gleichmäßig, und es geht darüber hinaus natürlich kein Platz durch Heizkörper verloren. Auf Thermostatregelung reagiert die Heizung jedoch nur langsam, und die Betriebskosten können sehr hoch sein. Wer sich dennoch dafür entscheidet (nachdem er die Unterhaltskosten realistisch veranschlagt hat), sollte für die Installation einen Fachmann zu Rate ziehen.

Nachtspeicherheizungen, die meist mit günstigeren Nachttarifen betrieben werden können, sind dann eine Überlegung wert, wenn der Wintergarten nur als Wohnraum dient. Für Räume, in denen die Sonnenwärme gut genutzt werden kann, sind sie jedoch zu wenig anpassungsfähig, während sie andererseits in Perioden verringerter Heizleistung möglicherweise den Bedürfnissen der Pflanzen nicht gerecht werden.

Ferner seien noch – auch wenn es sich hier nicht um eine Raumheizung handelt – elektrische Erdheizkabel erwähnt. In Wintergärten mit verhältnismäßig niedriger oder schwankender Raumtemperatur können sie bei der Vermehrung und in frühen Entwicklungsstadien der Pflanzen lokal für Wärme sorgen. Da sie aber die Kälte der Umgebung nicht vollkommen ausgleichen können, sollte man – um einen möglichst großen Teil der Wärme zu erhalten – Anzuchtbeete mit einem Holzrahmen versehen, der sich mit Glas oder Kunststoff abdecken läßt. Diese Anzuchtkästen können auf ein Tablett oder auf den Boden gestellt werden.

Gasheizung

Zurück zur Raumheizung: Wenn man die Betriebskosten vergleicht, so ist Gas günstiger als Strom. Allgemein liegen die Kosten je erzeugte Wärmeeinheit bei Strom höher als bei Öl und Erdgas. Die Anschaffungskosten für einen Gasradiatoren sind in etwa denen eines elektrischen Heizlüfters vergleichbar, wenngleich der Anschluß an die bestehende Gasversorgung möglicherweise teurer wird als das Verlegen eines zusätzlichen Kabels. Anstelle von Erdgas kann man natürlich auch Propangas in Flaschen verwenden. In diesem Fall müssen zur Installation lediglich Flasche und Gerät durch eine Leitung verbunden werden, doch ist Propangas sehr viel teurer als Erdgas.

Der entscheidendste Nachteil beider Gasarten ist aber, daß bei der Verbrennung eine große Menge Wasserdampf (und Abgase) entstehen. Wenn kein Schornstein vorhanden ist und das Gerät nicht über einen Außenwandkamin verfügt, geht beides in den Wintergarten.

Wer sich für eine Gasheizung entscheidet, sollte beim Kauf des Geräts auf einen guten Wärmeregler achten. Am empfindlichsten sind Elektrothermostate, die in einigem Abstand zur Heizung angebracht werden. Der Stromverbrauch ist minimal, doch es fallen zusätzliche Installationsarbeiten an.

Genauere Einzelheiten über Gasheizungen scheinen indes nicht zu bedeutend zu sein. Propan bietet gegenüber Strom keine entscheidenden Vorteile, während an das Erdgasnetz angeschlossene Haushalte sehr häufig bereits über eine Zentralheizung verfügen, die sich in vielen Fällen zur Beheizung des Wintergartens erweitern läßt. Wo sich dies als nicht durchführbar erweist, sind Elektrogeräte Gasgeräten ohne Kaminanschluß im allgemeinen vorzuziehen. Die Hersteller unterstreichen zwar stets, daß die Anreicherung der Luft mit Kohlendioxid, das bei solchen Gasheizungen entsteht, der Pflanzenentwicklung zugute kommt, doch ist dies – verglichen mit einem erwerbsmäßig genutzten Gewächshaus – bei einem normalen Wintergarten kaum von Bedeutung.

Petroleumheizgeräte

Die gleichen Probleme treten auch bei Petroleumheizgeräten auf, einer weiteren Möglichkeit, um kleine Wintergärten zu beheizen. Hier werden sich große Mengen Kondenswasser bilden, wenngleich die Betriebskosten relativ niedrig sind und die Installation einfach ist. Petroleumöfen mit einem Glühvergaser (blaue Flamme) brennen mit geringer oder keiner Geruchsentwicklung, was sich von Heizgeräten mit einem Dochtbrenner (gelbe Flamme) nicht sagen läßt.

Für einen als Wohnbereich dienenden Wintergarten ist eine Petroleumheizung nicht ideal, denn die Wärme verteilt sich schlecht, und außer in ganz kleinen Räumen wird ein Heizgerät nicht ausreichen. Ein anderer Gesichtspunkt ist die Betriebssicherheit: Das Gerät sollte auf dem Boden festgeschraubt oder mit Bolzen befestigt werden.

Heizung, Lüftung und Beleuchtung

Sinnvoll sind Petroleumheizgeräte in erster Linie als Zusatzgeräte, wenn es einmal besonders kalt wird oder man im Frühjahr Pflanzen ziehen will. Leider muß sowohl bei Petroleum- als auch bei Gasheizungen für Lüftung gesorgt werden, um Kondensation und Abgasen entgegenzuwirken, wodurch die Effizienz beider Systeme beeinträchtigt wird.

Warmwasserheizung

Früher verwendete man zum Beheizen von Wintergärten und Gewächshäusern hauptsächlich mit festen Brennstoffen befeuerte Heizkessel, die in Rohren Heißwasser zirkulieren ließen. Sie sind heute relativ ungebräuchlich, doch es gibt immer noch kleine Heizkessel zu kaufen, die speziell für diese Zwecke entwickelt wurden. Sie werden außerhalb des Wintergartens aufgestellt, und an einer oder mehreren Wänden des Wintergartens verlaufen Vor- und Rücklaufrohre von meist 10 cm Durchmesser.

Die Anschaffungskosten sind höher als bei anderen Heizsystemen, die Betriebskosten entsprechen etwa denen von Petroleumgeräten. Hauptvorteile sind die gleichmäßige Erwärmung und die Tatsache, daß kein Wasserdampf abgegeben wird. Grundlegender Nachteil ist, daß man sich regelmäßig um das Feuer kümmern muß. Darüber hinaus wird der recht auffällige Heizkessel vom Wohnzimmer aus zu sehen sein.

Heute haben Festbrennstofföfen – vor allem aufgrund der anfallenden Arbeit – ihre einstige Beliebtheit eingebüßt. Außerdem können Schwierigkeiten auftreten, wenn man übers Wochenende verreisen möchte. Beide Probleme sind aber beseitigt, wenn man statt dessen einen Petroleumheizkessel installiert. Auch hier werden an den Wänden angebrachte Warmwasserrohre erwärmt, doch steht der Kessel im Wintergarten. Wer ihn lieber im Freien aufstellen möchte, muß einen Schutzmantel darumbauen.

Die Verbrennungsgase werden durch einen Schornstein abgeführt, daher gibt es keine Kondensationsprobleme wie bei freistehenden Petroleumgeräten. Wo der Kessel mit einem separaten Brennstofftank verbunden ist, wird der Brenner über einen langen Zeitraum gespeist. Dennoch eignen sich Heizungen dieses Typs nur für Wintergärten, die hauptsächlich der Pflanzenkultur dienen. Für kleine Anbauten, die in erster Linie den Wohnbereich erweitern, eignen sie sich nicht.

Elektroinstallationen (nur durch Elektriker)

Die Vorteile einer Elektroheizung wurden bereits erwähnt (bedenken Sie aber auch eventuelle Nachteile, falls in Ihrer Gegend häufig Stromausfälle auftreten), und diese Form der Energie ist darüber hinaus für die Beleuchtung und Belüftung erforderlich.

Dieses einfachverglaste Anlehngewächshaus wurde 1901 in England errichtet. Im Winter wird es über die Zentralheizung des Hauses beheizt. Da es frostfrei ist, eignet es sich für die Kultur zahlreicher Pflanzen.

Heizung, Lüftung und Beleuchtung

Wo der Wintergarten einfach als zusätzlicher Wohnraum genutzt wird, kann man normale Lampen, Steckdosen und Schalter verwenden. Aber wie bereits erwähnt wurde, kommt es dort, wo Pflanzen wachsen, unweigerlich zu einer erhöhten Luftfeuchtigkeit, und in manchen Wintergärten ist das Ausmaß der Bewässerung sogar mit der eines Gewächshauses vergleichbar. Unter diesen Voraussetzungen müssen spezielle Lampen, Leitungen und Steckdosen verwendet werden. Es gibt diesbezüglich besondere TÜV-Vorschriften, und Sie sollten Ihrem Elektriker erklären, für welchen Zweck die Teile vorgesehen sind.

Bei Wintergärten, die hauptsächlich der Pflanzenkultur dienen, werden im Idealfall alle Geräte an eine für Gewächshäuser übliche Schalttafel angeschlossen. Sie ist fest mit der Anschlußleitung verbunden und besitzt einen Hauptschalter, schaltbare Steckdosen sowie Sicherungsschalter für Beleuchtungs- und Rohrheizungsstromkreise. Alle inneren Anschlüsse sind verdrahtet, so daß nur noch die Verbindungen zum Hauptanschluß (und zu den vorbereiteten Licht- und Heizungsanschlüssen) notwendig sind. Solche Tafeln gibt es komplett mit Halterungen, um sie gegebenenfalls an den Rahmenprofilen anzubringen.

Der Stromkreis sollte durch einen Fehlstromschutzschalter, auch Fi-Schalter genannt, geschützt werden. Er ist der Sicherheit außerordentlich dienlich, denn er schaltet den Strom innerhalb von Bruchteilen einer Sekunde ab, wenn es zu einer Berührungsspannung kommt. Selbst ein Stromschlag von einer Hauptleitung kann so kaum gefährlich werden.

In einem Wintergarten, der als normaler Wohnbereich dient, müssen Sie selbst entscheiden, wieviele Lichtanschlüsse und Steckdosen Sie voraussichtlich benötigen und wo sie angebracht werden sollen. Deshalb muß auch die Art der Beheizung feststehen, bevor Sie mit der Arbeit beginnen. Aber da man die Nutzung eines Raums nicht immer im voraus endgültig festlegen kann, sollte bei der Verteilung der Steckdosen lieber großzügig verfahren werden. Ein oder zwei zusätzliche Steckdosen fallen zu diesem Zeitpunkt kaum ins Gewicht, eine nachträgliche Installation kann dagegen erhebliche Kosten und Probleme verursachen. Aus diesem Grund ist auch Zweifach-Steckdosen der Vorzug zu geben, damit dort zwei Geräte gleichzeitig angeschlossen werden können.

Wenn feststeht, wo Sie elektrische Geräte aufstellen wollen, bringen Sie die Steckdosen so an, daß sich auch höherstehende Geräte problemlos anschließen lassen. Anschlußkabel für einen Anzuchtkasten in Arbeitshöhe, ein Beet mit Bodenheizung, einzelne Punktstrahler oder einen hochliegenden Ventilator sind weniger störend, wenn sich die Steckdose möglichst nahe beim Gerät befindet.

Luftfeuchtigkeit und Kondenswasserbildung

Wintergärten mit einer Doppelverglasung haben unter anderem den Vorteil, daß sich kein Schwitzwasser bildet, doch liegen die Anschaffungskosten mindestens ein Drittel höher als bei Einfachverglasung.

Doch selbst bei einfachverglasten Bauten sollte die Kondensation kein wesentliches Problem darstellen, sofern nicht eine sehr große Zahl Pflanzen gehalten wird. In diesem Fall entsteht durch die Erdfeuchte und die Verdunstung der Pflanzen erhöhte Luftfeuchtigkeit. Während der wärmeren Monate, in denen gut gelüftet wird, ist dies nicht spürbar, doch wenn in der kälteren Jahreszeit Innen- und Außentemperatur absinken und nur wenig gelüftet werden kann, beschlägt das Glas. Um übermäßiger Kondensation wirksam begegnen zu können, muß man die Ursachen kennen. Stellen Sie sich die Luft im Wintergarten vielleicht einmal als Schwamm vor, der nur so lange Wasser aufnehmen kann, bis ein bestimmter Sättigungsgrad erreicht ist. Warme Luft kann mehr Feuchtigkeit halten als kalte Luft, und deshalb leidet ein gut geheizter Raum weniger – oder gar nicht – unter Kondensation als ein schlecht geheizter. Auch eine gute Isolation verringert die Kondenswasserbildung.

In jedem Fall gibt aber die Luft in dem Moment, wo sie abkühlt, einen Teil ihrer Feuchtigkeit ab. Dies wird beispielsweise an einem Glas Eiswasser, an dem sich die umgebende Luft abkühlt, in Form von Tropfen sichtbar. Das gleiche geschieht bei Fensterglas, wo die Außenluft zunächst das Glas abkühlt und dieses wiederum die Innenluft, die mit dem Glas in Kontakt kommt. Der »Schwamm« kann nun nicht mehr so viel Feuchtigkeit halten und gibt einen Teil ab.

In einem als Wohnraum dienenden Wintergarten ist die Luftfeuchtigkeit jedoch selten so hoch, weil vermutlich einerseits nur wenige Pflanzen vorhanden sind und andererseits gut geheizt wird. Nur wo Gas- oder Petroleumheizgeräte installiert wurden, kann es zu ernsthaften Schwierigkeiten kommen.

In welchem Umfang Kondenswasser aber auch auftreten mag, das Problem läßt sich durch Lüftung und Wärmezufuhr beheben. Durch Lüftung findet ein Luftaustausch statt, und überschüssige Feuchtigkeit wird abtransportiert. Durch Wärme kann die Luft mehr Feuchtigkeit aufnehmen, außerdem gleicht sie die abkühlende Wirkung der Lüftung aus.

Kondenswasser kann sich auch in doppeltverglasten Wintergärten bilden, wenn nicht am Glas, so doch – sofern vorhanden – an einer kalten Außenwand. Dieses Problem läßt sich durch Isolieren der Wand beheben, beispielsweise mit Polystyrolschaumbahnen, die anschließend übertapeziert werden. Hier sollte man sich genau über die örtlichen Brandschutzbestimmungen informieren, da das Material unter Umständen feuergefährlich ist.

Heizung, Lüftung und Beleuchtung

Bei einem kalten Fußboden kann sich auch auf dem Teppich Kondenswasser bilden. Wer keine größeren baulichen Veränderungen vornehmen will, sollte am besten einen wärmeren Bodenbelag verwenden und – insbesondere während Kälteperioden – besser heizen und lüften.

Wenn es in einem neuen Wintergarten anfangs zu starker Kondenswasserbildung kommt, ist dies kein Grund zur Beunruhigung, denn meist ist das auf das Trocknen des Betonstrichs zurückzuführen. Die Trocknung kann – je nach Witterung – mehrere Wochen in Anspruch nehmen, und es ist unbedingt darauf zu achten, daß der Bodenbelag – also Fliesen, Kunststoffbahnen oder Teppich – erst verlegt wird, wenn der Estrich trocken ist. Als Faustregel gilt: 6 mm Estrich brauchen zum Trocknen eine Woche, und da die meisten Estriche etwa 5 cm dick sind, müssen sie volle zwei Monate trocknen können.

Auch wenn hohe Luftfeuchtigkeit, die zu Kondenswasserbildung führt,

Im Jahre 1903 entstand dieser große, in Privatbesitz befindliche Wintergarten, in dem fast ausschließlich verschiedene wärme- und feuchtigkeitsliebende Farne wuchsen. Er wurde über Warmwasserrohre beheizt, die an einen Feststoffbrenner angeschlossen waren.

Heizung, Lüftung und Beleuchtung

ein häufig auftretendes Problem ist, so macht doch vielen Wintergartenbesitzern, die eine große Bandbreite an Topfpflanzen ziehen, häufig das genaue Gegenteil Schwierigkeiten. Verschiedene Pflanzen sind auf eine hohe Luftfeuchtigkeit angewiesen und kümmern in warmer, trockener Umgebung, wie man sie heute in den meisten Wohnzimmern vorfindet, dahin. Darüber hinaus gibt es auch Zimmerpflanzen, deren Bedarf an Luftfeuchtigkeit mit der Temperatur steigt und die bei größerer Wärme und wenig Luftfeuchtigkeit im schlimmsten Fall sogar eingehen.

Am einfachsten läßt sich die Luftfeuchtigkeit mit einem gewöhnlichen Luftbefeuchter erhöhen. Es sind verschiedene Fabrikate im Handel, und ihr besonderer Vorteil ist, daß sie das Stäuben mit einem Sprayer – in normalen Wohnzimmern eine unangenehme Arbeit – weitgehend oder ganz überflüssig machen.

Wo nur ein paar kleine Pflanzen vorhanden sind, lohnt sich die Anschaffung eines Luftbefeuchters nicht. Statt dessen sollte man sie in mit nassem Kies gefüllte Untersetzer stellen; man kann sie aber auch in größere Töpfe setzen und die Zwischenräume mit feuchtem Torf auffüllen. In beiden Fällen muß dem Medium, das die Feuchtigkeit hält, regelmäßig neues Wasser zugeführt werden.

Lüftung

Wie wir bereits gesehen haben, ist Lüftung notwendig, damit die Luft während der kälteren Monate nicht zu feucht und schlecht wird. Nach Winterende ist Belüftung dann noch wichtiger, wenn der Wintergarten nicht zum Backofen werden soll. Wird nicht in irgendeiner Form für ausreichenden Luftaustausch gesorgt, kann die Temperatur an einem Sommermorgen innerhalb kürzester Zeit drastisch ansteigen.

Alle Wintergärten haben in den Wänden und im Dach Lüftungsklappen, die geöffnet werden können. Wenn der Wintergarten vor dem Wohnzimmer angebaut wurde und damit die Fenster des Raums in ihn münden, muß die Belüftung des Wintergartens den örtlichen Bauvorschriften entsprechen. Da diese Vorschriften aber nicht einheitlich sind, lassen sich über die erforderliche Fläche keine genauen Angaben machen. Erkundigen Sie sich daher bei der zuständigen Behörde. Die meiste Zeit werden diese Lüftungsvorrichtungen zweifellos gar nicht genutzt, aber es gibt bestimmt auch Tage, da man für jeden nur möglichen Luftzug dankbar ist.

Das Problem liegt vielmehr in der Regulierung der Luftzufuhr. In den meisten Fällen haben Wintergärten Dachklappen, die festgestellt werden können, oder aber Lamellenfenster. Beide funktionieren so lange wunderbar, wie jemand da ist, der sie öffnet und schließt, wenngleich man sie aufgrund der raschen Erwärmung des Wintergartens häufiger kontrollieren

Heizung, Lüftung und Beleuchtung

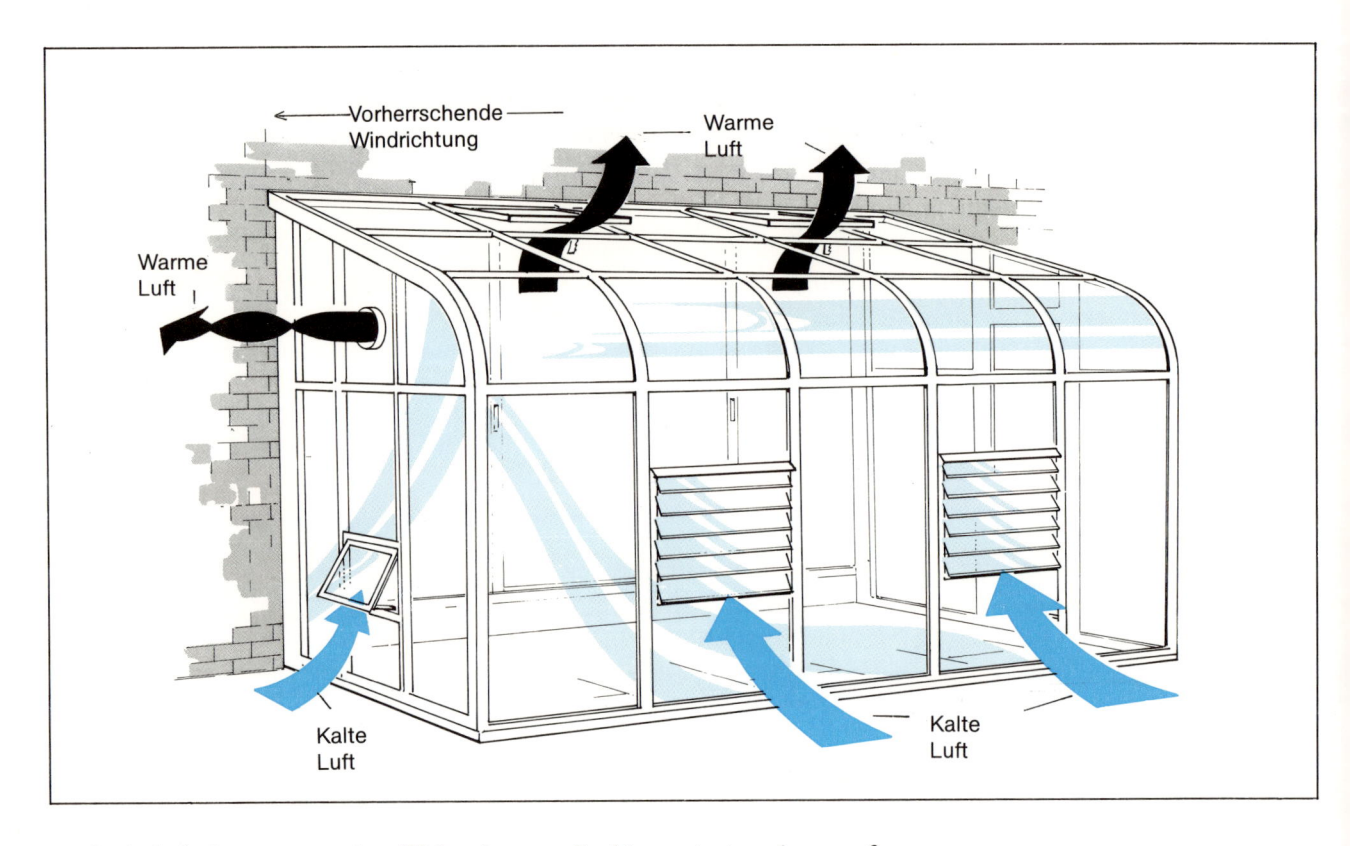

muß als bei einem normalen Wohnzimmer. Probleme treten dann auf, wenn man – sei es für einen Tag oder einen ganzen Urlaub – den Wintergarten unbeaufsichtigt lassen muß. Sind die Fenster geschlossen, kann es im Innern so heiß werden, daß die Pflanzen eingehen, läßt man sie offen, kühlt der Wintergarten vielleicht aus, und womöglich regnet es auch noch hinein. Es ist daher ein automatisches System erforderlich, das von allein sofort auf alle Wetteränderungen reagiert.

Man kann hier zwischen zwei Möglichkeiten wählen. Zum einen gibt es mechanisch arbeitende Fensteröffner, die man hauptsächlich für Gewächshäuser verwendet, zum anderen thermostatgesteuerte Absauggebläse, die die Lüftungsklappen ersetzen. Beides hat seine Vor- und Nachteile.

Die Funktionsweise automatischer Fensteröffner beruht darauf, daß sich in einem Zylinder eine wärmeempfindliche Substanz ausdehnt bzw. zusammenzieht. Diese Öffner sind verhältnismäßig preiswert, verursachen keine Betriebskosten, lassen sich leicht einbauen, benötigen keinen Stromanschluß und arbeiten geräuschlos. Man kann sie an beliebig vielen Dachfenstern und Lüftungsklappen anbringen, die sich fortan selbständig öffnen und schließen. Auch für Lamellenfenster gibt es entsprechende Modelle.

Dennoch haben sie auch den einen oder anderen Nachteil. Bei einem Wintergarten mit Südlage möchten Sie vielleicht die Möglichkeit haben,

Der Luftaustausch in einem typischen, gut gelüfteten Anlehngewächshaus. Von der Sonne erwärmte Luft steigt hoch und entweicht durch Lüftungsklappen im Dach. Bei nassem Wetter kann ein Ventilator, der an der der vorherrschenden Windrichtung abgewandten Seite liegen sollte, eingeschaltet werden. Die warme Luft wird durch kühle Luft ersetzt, die durch tiefliegende Lamellenfenster an der Front oder das Seitenfenster eingesogen wird.

selbst zu lüften, doch ein Gesichtspunkt, der viel stärker ins Gewicht fällt, ist, daß diese Öffner in erster Linie für Gewächshäuser entwickelt wurden und die sehr viel schwereren, manchmal über 10 kg schweren Dachklappen bestimmter Wintergartentypen gar nicht öffnen können.

Aber lassen Sie sich dadurch nicht entmutigen. Die Konstruktion von Dachfenstern ist sehr unterschiedlich, und viele sind nicht schwerer als die Dachlüftungen freistehender Gewächshäuser. Sie müssen sich daher beim Hersteller erkundigen, ob seine Lüftungsautomatik für Ihren Wintergartentyp geeignet ist.

Die Alternative ist ein elektrisches Absauggebläse, das trotz seines erheblich höheren Preises deutliche Vorteile hat. Vorausgesetzt, es ist groß genug, senkt es die Temperatur fast augenblicklich, und es muß auch nicht abgeschaltet werden, wenn Sie in Urlaub fahren. Außerdem beseitigt es feuchte, muffige Luft sehr viel schneller als ein Oberlicht.

Eine optimale Nutzung ist jedoch nur mit einer Thermostatregelung möglich. Das Gebläse kann in eine der Seitenwände (Glas oder Ziegel) eingebaut werden, es gibt aber auch Modelle, die sich im Dach einsetzen lassen. Als Vorsichtsmaßnahme gegen Fallwinde können automatische Schließvorrichtungen angebracht werden, die in manchen Fällen bereits im Gebläse integriert sind. Ferner gibt es Regler, um die Richtung des Luft-

Zwei Belüftungssysteme für Anlehngewächshäuser: Links ein Dachfenster mit Öffnungsautomatik, die auf eine bestimmte Temperatur eingestellt werden kann und das Fenster öffnet und schließt, oben ein in einer Seitenwand befindliches Lamellenfenster.

stroms zu ändern und unterschiedliche Geschwindigkeiten einzustellen.

Manche Hersteller geben in ihren Prospekten eine einfache Formel an, damit der Kunde die richtige Gebläsegröße feststellen kann. Sie wird aufgrund des Raumvolumens (Länge x Breite x Höhe) und der erforderlichen Luftwechselrate ermittelt. Wenn auch für Wintergärten meist keine speziellen Angaben gemacht werden, so ist es doch ratsam, von einer höheren Rate als bei einem Wohnzimmer – hier werden pro Stunde drei Luftwechsel empfohlen – auszugehen.

Da in Wintergärten die Temperatur relativ rasch steigt und fällt, muß eine schnelle und wirksame Lüftungskontrolle möglich sein.

Als Ersatz – oder als Ergänzung – für ein Absauggebläse eignet sich auch ein Deckenventilator. Zwar kann er keine überhitzte Luft abführen, doch sorgt er für Luftbewegung und unterstützt die Wirkung von Fenstern und Lüftungsklappen. Dies macht sich besonders an schwülen Sommertagen bemerkbar. Wenn man einen solchen Ventilator anbringt, sollten die Flügel mindestens 90 cm Abstand zu festen Flächen haben, weil sonst die Luft nicht frei zirkulieren kann. In den meisten Fällen läßt sich der Ventilator so einstellen, daß die Luft entweder nach oben oder nach unten strömt, und Sie sollten ausprobieren, was wirkungsvoller ist.

Sonnenschutz

Lüftung allein reicht nicht aus, damit ein Wintergarten während heißer Sommertage kühl bleibt. Von Nordlagen einmal abgesehen, ist in irgendeiner Form Schattierung notwendig, die auch die Blendwirkung reduziert. Hier gibt es eine ganze Reihe von Möglichkeiten.

Das einfachste Mittel sind Schattierfarben, die auf der Außenseite des Glases aufgetragen werden. Dem Regen halten sie stand, doch zu Saisonende lassen sie sich leicht entfernen. Diese Farben sind in erster Linie für Gewächshäuser gedacht, und da sie decken, eignen sie sich für Wintergärten im allgemeinen nicht. Sinnvoll ist die Verwendung einer solchen Schattierfarbe jedoch dort, wo beispielsweise nur eine kleine Fläche an der Stirnseite direkter Sonne ausgesetzt ist. Hauptvorteil der Schattierfarben ist ihr günstiger Preis.

Die meisten Wintergartenbesitzer werden jedoch verstellbare Rollos der einen oder anderen Art vorziehen, die man je nach Bedarf außen bequem herablassen oder hochziehen kann. Es gibt hier eine große Zahl an Fabrikaten und Typen aus unterschiedlichen Materialien, die sowohl innen als auch außen angebracht werden können, letzteres ist jedoch gebräuchlicher.

Außenrollos aus Rohr oder Latten sind am wirksamsten, denn sie halten das Glas selbst kühl, und da sie auf den Glasprofilen oder speziellen Metallschienen aufliegen, kann die Luft zwischen Rollo und Glas frei zirkulieren.

Heizung, Lüftung und Beleuchtung

Ein Anlehngewächshaus auf dem Dach eines Stadthauses. An sonnigen Tagen spenden von Hand betätigte außenliegende Lattenrollos Schatten.

Nach Ansicht vieler Wintergartenbesitzer steht dem jedoch entgegen, daß sie recht plump aussehen und darüber hinaus Wind und Wetter ausgesetzt sind. Und natürlich muß man sich – auch wenn man sie nur geringfügig verstellen will – jedesmal nach draußen begeben.

Innenliegende Rollos halten die Wärme zwar nicht ganz so gut ab, sind aber bequemer zu handhaben und wirken nicht störend. Meist handelt es sich um Schnapprollos, die sich – wenn sie nicht gebraucht werden – fest und problemlos aufrollen. Im übrigen reduzieren im Innern angebrachte Stoffrollos den Wärmeverlust, wenn man sie in kalten Winternächten herunterzieht. Bis zu einem gewissen Grad gilt dies auch für außenliegende Lattenrollos, aber hier ist die Wirkung weniger deutlich zu spüren. Innenrollos lassen sich auch für Stirnseiten anfertigen. Außenrollos gibt es nur für Dächer und Längsseiten.

Innenrollos bekommen Sie in vielerlei Materialien und sowohl aus Naturfaser als auch aus Synthetik. (Kunstfasern haben den Vorteil, daß sie nässebeständig sind.) Beides gibt es in zahlreichen Farben, am besten sollte man jedoch eine helle, unaufdringliche Farbe wählen. Zartgrün ist für das Auge besonders wohltuend.

Auch bei Außenrollos hat man die Wahl zwischen Naturmaterialien, wie etwa Holzlatten, oder synthetischen Produkten, zu denen Kunststoffstäbe und Gewebematten aus Polyäthylen gehören. Naturmaterial sieht hübscher aus, doch hängt – in beiden Fällen – die Lebensdauer davon ab, wie man die Rollos behandelt und wie sehr sie Witterungseinflüssen ausgesetzt sind.

Beleuchtung

Konventionelle Wohnzimmerbeleuchtung ist dann ausreichend, wenn der Wintergarten hauptsächlich als Wohnbereich genutzt wird. Viele Besitzer möchten ihm aber mit Hilfe der Beleuchtung etwas Gartenhaftes verleihen und entscheiden sich deshalb oft für gußeiserne Kutschenlaternen-Imitationen. Diese und ähnliche Lampen gibt es in Spezialgeschäften, aber auch in vielen Kaufhäusern. Bedenken Sie jedoch, daß sie als Lese- oder Arbeitslampen nicht ausreichen und daher gegebenenfalls durch eine am First angebrachte Spotschiene ergänzt werden müssen. Punktstrahler lassen sich nach Belieben drehen und können mit einem separaten Schalter ausgeknipst werden, wenn man sie nicht braucht. Oder man stellt ein oder zwei kleine schwenkbare Stehlampen auf, die dort für Licht sorgen, wo es gerade gebraucht wird.

Ergänzend zur funktionellen Beleuchtung können aber auch weitere Leuchten mit rein dekorativer Wirkung aufgestellt werden. Besonders effektvoll ist hier, da der Wintergarten ja ein Gefühl von Natur vermitteln

Am Dach angebrachte Innenrollos aus gazeartigem Stoff sorgen für leichten Schatten. Da die Sonne nur teilweise abgeschirmt wird, entsteht ein warmes, diffuses Licht.

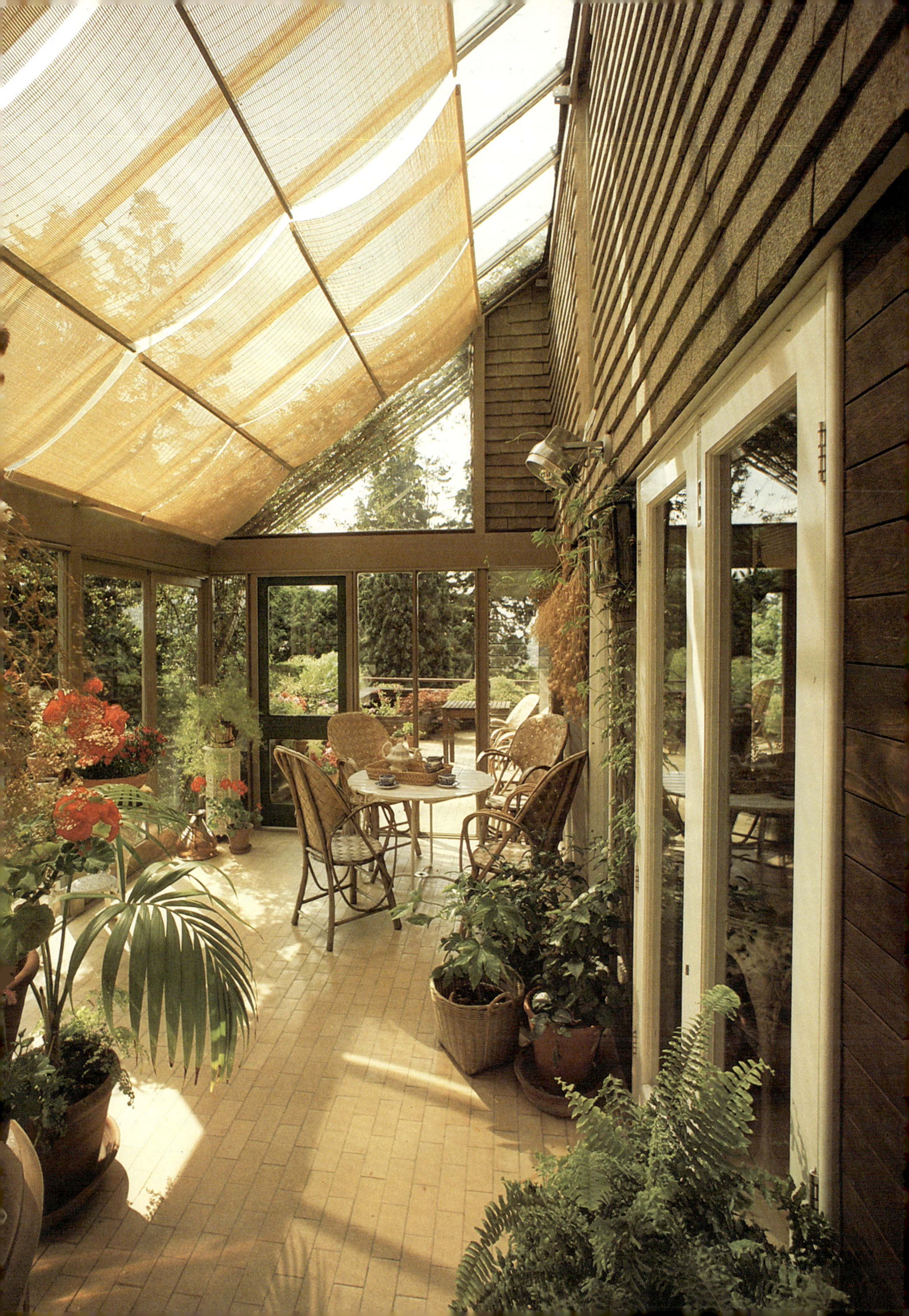

soll, eine niedrig angebrachte Lampe, die eine oder mehrere Pflanzen von unten anstrahlt.

Noch einmal zurück zur funktionellen Beleuchtung, wenn auch zu einer ganz anderen Art. Pflanzenfreunde sollten die Installation einer oder mehrerer Speziallampen in Erwägung ziehen, die das Pflanzenwachstum während des Winters und zu Frühjahrsbeginn fördern, also zu einer Zeit, da das natürliche Licht relativ schlecht ist. Viele meinen, daß Pflanzen nur Wärme, Nährstoffe und Wasser brauchen, um gut zu gedeihen, doch wo nicht genügend Licht vorhanden ist, wird die lebenswichtige Photosynthese gehemmt. (Bei diesem Prozeß wandeln die Pflanzen unter Einwirkung von Licht in der Luft vorhandenes Kohlendioxid und Wasserstoff aus dem Wasser in Zucker um.)

Da dieses Thema recht komplex ist, sollten sich Interessierte ein Fachbuch dazu kaufen. Hier mag die Feststellung genügen, daß es nicht allein damit getan ist, Pflanzen in der Nähe gewöhnlicher Lampen aufzustellen. Hier sind Speziallampen – entweder Warmton-Leuchtstoffröhren oder Quecksilberdampflampen – notwendig. So furchterregend dies auch klingen mag, so sind letztere doch recht klein und unauffällig. Sie haben eine deutliche Wirkung auf die Pflanzenentwicklung – insbesondere bei Sämlingen und Jungpflanzen – und ermöglichen es, auf der beleuchteten Fläche Pflanzen unabhängig von der Jahreszeit zu ziehen. Die Lampen sind überall erhältlich, sollten jedoch von einem Elektriker angebracht werden.

Bewässerung

Eine kleine Gießkanne und eventuell ein 1-Liter-Handsprayer reichen für die Pflege der Zimmerpflanzen in einem vorwiegend als Wohnraum genutzten Wintergarten aus. Wo der Wintergarten hauptsächlich der Pflanzenkultur dient, gibt es andere Möglichkeiten. Herkömmliche Methoden, wie etwa die Bewässerung mit einem Schlauch, sind für einen Raum mit direktem Zugang zum Haus vielleicht nicht gerade empfehlenswert, weil sonst schnell Schmutz und Nässe ins Haus getragen werden.

Für einen Wintergarten eignen sich neben der Gießkanne – die die Bewässerung aber zeitraubend macht – eine Tropf- oder Kapillarbewässerung am besten. Die Tropfbewässerung besteht aus Kunststoffschläuchen oder -rohren mit T-Stücken, von denen wiederum Schläuche zu den einzelnen Pflanzgefäßen führen.

Bei der Kapillarbewässerung saugt die in den Pflanzgefäßen befindliche Erde das Wasser aus einem unter den Töpfen liegenden Medium hoch. Ein wichtiger Vorteil beider Systeme ist, daß sie automatisch arbeiten können, was vor allem während des Urlaubs sehr praktisch ist und auch während der Wachstumsperiode sehr viel Zeit spart. Wie lange die Systeme allein arbei-

Heizung, Lüftung und Beleuchtung

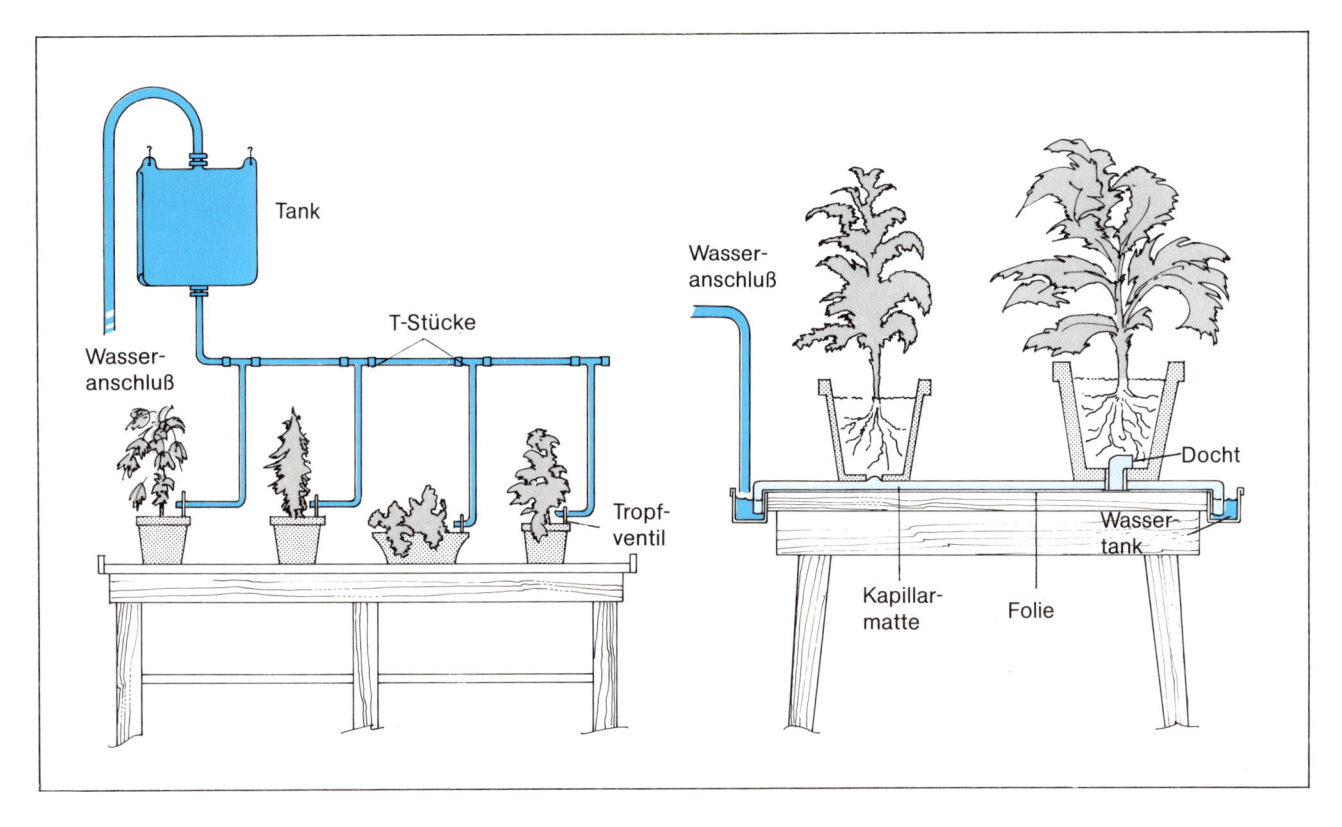

ten, hängt davon ab, ob sie direkt an die Wasserversorgung angeschlossen sind oder über einen Tank gespeist werden. Ein Tank muß immer wieder aufgefüllt werden. Aber zu dieser Arbeit wird sich ein Nachbar während Ihres Urlaubs eher bereit erklären, als jeden Tag von Hand zu gießen.

Tropfbewässerung ist insbesondere für große Töpfe, Kübel, Kultursäcke und ähnliche Behälter empfehlenswert. Für Saatschalen und kleine Töpfchen eignet sie sich nicht, doch kann man sie benutzen, um eine Kapillarmatte feucht zu halten – jenes saugfähige Material, das gewöhnlich als Unterlage für Kapillarbewässerung verwendet wird. Leider funktionieren die Ventile nicht immer so problemlos, wie es die Hersteller behaupten. – Deshalb ist es ratsam, Tropfbewässerungen nur in Wintergärten zu verwende, wo eine kleinere Überschwemmung keine Schäden anrichten kann.

Bei korrekt installierten Kapillarbewässerungen sollte dieses Problem nicht auftreten. Wichtig ist eine ebene Stellfläche (Pflanztisch oder Tablett), die zunächst mit Folie abgedeckt wird, bevor man die Kapillarmatte drauflegt. Wenn man die Matte etwas länger zuschneidet, kann man ein Ende in einen Kübel oder einen ähnlichen Wasserbehälter hängen, der die Matte ständig mit Wasser speist. Beachten Sie aber, daß die Matte das Wasser maximal 5 cm hochziehen kann. Bevor die Töpfe daraufgestellt werden, tränkt man die Matte gründlich mit einer Gießkanne.

Das Problem der Pflanzenbewässerung während der Urlaubszeit läßt sich teilweise auch lösen, ohne daß die Hilfe eines freundlichen Nachbarn in Anspruch genommen werden muß. Oben links: Das Tropfsystem funktioniert aufgrund der Schwerkraft. Hier ist ein Wassertank, in diesem Fall ein Kunststoffbehälter, durch T-Stücke mit dünnen Schläuchen verbunden, an deren Enden Tropfventile sitzen, die die herausfließende Wassermenge regeln. Oben: Das Kapillarsystem funktioniert dagegen ganz anders. Eine Kapillarmatte, die in Gartencentern erhältlich ist, wird mit einer Folienunterlage auf den Pflanztisch gelegt, die Ränder hängen im Wasserspeicher. Die Matte zieht nun wie ein großer Schwamm Wasser aus den Speichern, das wiederum von der in den Töpfen befindlichen Erde aufgesogen wird (siehe Topf links). Bei dickwandigeren Gefäßen wird es notwendig sein, aus dem Mattenmaterial einen „Docht" zu schneiden, damit für einen ausreichenden Kontakt gesorgt ist (Topf rechts).

Vorausgesetzt, die Erde in den Gefäßen hat Kontakt mit der Matte, saugt sie nun bei Bedarf Wasser hoch und bleibt so ständig feucht. Viele Pflanzen gedeihen bei dieser Art der Bewässerung sehr gut, einige, darunter Pelargonien, mögen allerdings soviel Feuchtigkeit nicht. Am besten stehen die Pflanzen in normalen Kunststofftöpfen, da hier die Erde durch die vielen Abzugslöcher guten Kontakt mit der Matte hat. Bei dickwandigeren Tontöpfen schneidet man einen kurzen Docht aus Mattenmaterial und schiebt ihn halb in das Abzugsloch, um einen ständigen Kontakt sicherzustellen. Das heraustehende Ende wird durch einen in die Matte geschnittenen Schlitz gesteckt.

Der Wintergarten als passive Solarnutzung

Der traditionelle Wintergarten weist einige Gestaltungselemente auf, die auch für einen Solarwintergarten oder »Sonnenraum«, der die Sonnenenergie passiv nutzt, charakteristisch sind. Bei einem Solarraum wird aber im Gegensatz zum Wintergarten bereits in der Planung berücksichtigt, daß er die Naturelemente zur Beheizung und Lüftung nutzen kann.

Das Glas

Erster und wichtigster Faktor ist die Lage und Ausrichtung. Da auf der Nordhalbkugel reine Südlagen während der Wintermonate die meiste Sonne erhalten, arbeiten passive Solarsysteme, die genau nach Süden ausgerichtet sind, natürlich am optimalsten. Zumindest sollte die Abweichung nach Osten oder Westen nicht mehr als 30 Grad betragen. Unter diesen Gegebenheiten kann die Sonne im Winter tief in den Raum eindringen und ist möglicherweise während der Sommermonate, wenn sie hoch am Himmel steht, auch leichter abzuschirmen. An einem klaren Wintertag bekommt ein Wintergarten mit Südlage etwa von neun Uhr morgens bis drei Uhr nachmittags Sonne, und damit können bedeutende Mengen an Wärme gewonnen werden.

Wo man einen Sonnenraum an ein bereits existierendes Gebäude anbaut, eignet sich die Südfassade am besten, doch wird dies nicht immer möglich sein. Grundstücksgrenzen, Nachbargebäude und Raumdisposition können einem Solaranbau entgegenstehen. Und selbst dort, wo ein Anbau prinzipiell möglich wäre, können unter Umständen umliegende Gebäude, Bäume oder das Gelände zu viel Schatten erzeugen. In dichtbesiedelten Gebieten können auch zukünftige Bauten den Sonneneinfall behindern. In vielen Fällen läßt sich jedoch ein Solar-Wintergarten oder Sonnenraum anbauen.

Wie immer liegt die Architektur des Wintergartens in den Händen des

Heizung, Lüftung und Beleuchtung

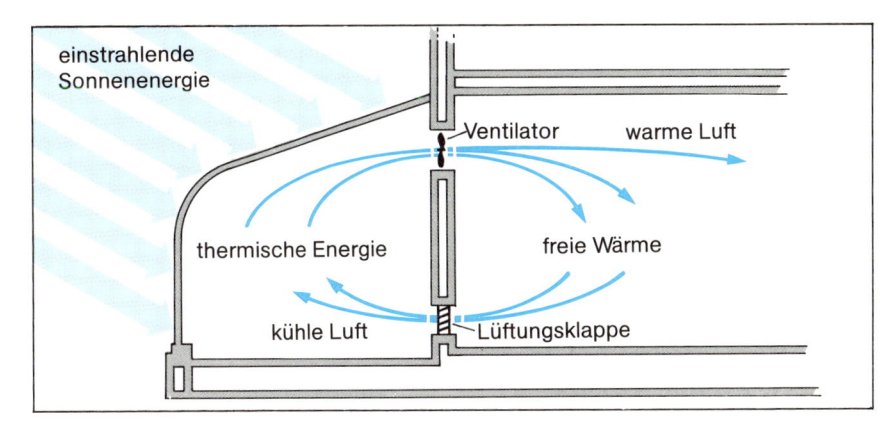

Die warme Luft in einem Wintergarten, die durch die aufheizende Wirkung der Sonnenstrahlen entsteht, kann in den angrenzenden Raum geleitet werden. Wenn man die Zwischentür öffnet, gelangt die warme Luft aufgrund der Konvektion ins Haus, doch ein weit oben angebrachter thermostatgeregelter, einfacher Ventilator und Lüftungsklappen in Bodennähe sorgen für einen wirkungsvolleren Wärmeaustausch.

Architekten, doch sollten bei Auswahl und Plazierung des Glases einige allgemeine Regeln beachtet werden. Von milden Klimalagen einmal abgesehen, sind Doppelverglasung oder Isolierglasfenster der herkömmlichen Einfachverglasung vorzuziehen, um Wärmeverlust und Zug zu reduzieren. Diese Wirkung wird noch erhöht, wenn die Mehrzahl der Fensteröffnungen an die Südseite gelegt wird. Stirnwände sollten dagegen nicht transparent und gut isoliert sein. Bei soliden Dächern eignen sich nach Süden ausgerichtete Oberlichte hervorragend, um zusätzliche Sonnenwärme und Licht hereinzulassen. Wenn Sie jedoch ein Glasdach vorziehen, sollte es einen steilen Winkel haben und nach Süden liegen, weil dann im Winter die Sonne tief eindringen kann, während andererseits die Strahlung der heißen Sommersonne reflektiert wird. Dennoch sind durchgehend verglaste Dächer oft problematisch, da im Sommer zuviel Sonne hindurchfällt und im Winter zuviel Wärme verlorengeht. Dies mag für den Architekten ein Grund sein, sich statt dessen für Dachfenster zu entscheiden, die geöffnet und mit verschiedenen Sonnenschutz- und Isoliervorrichtungen ausgestattet werden können.

Wärmespeicherung

In einem Sonnenraum kann die Wärmespeicherung des traditionellen Wintergartens durch sorgfältige Planung um ein Vielfaches erhöht werden.

Wenn tagsüber die langwelligen Sonnenstrahlen durch das Glas dringen und auf feste Körper bzw. Speichermasse fallen, werden sie in Wärme umgewandelt, die nach Sonnenuntergang langsam wieder abgegeben wird. Die Speichermasse kann Teil des Gebäudes sein – beispielsweise eine Ziegelwand, eine Mauer oder ein Betonboden mit einem Belag aus keramischen Platten oder Schiefer. Wenn sich im Raum keine geeigneten Werkstoffe zur Wärmespeicherung befinden, kann Wasser als Speichermasse dienen. Wasser, das in 200-l-Tonnen, großen Kunststoffkübeln oder kleineren Behältern der Sonne ausgesetzt ist, speichert fünfmal soviel Wärme wie gleich schweres Mauerwerk. In beiden Fällen ist es von der Farbe abhängig, welche Mengen des Sonnenlichts als Wärme gespeichert werden. Bei Schwarz ist die Absorptionsrate am höchsten, doch auch andere dunkle Farben, wie Braun und Tiefrot, sind beinahe ebenso wirkungsvoll.

Wenn sich die Speichermasse vollständig im Raum befindet, wie es bei Wasserbehältern oder einer Innenwand, die zwischen Solarraum und angrenzenden Wohnräumen liegt, der Fall ist, kann sie die Sonnenwärme problemlos speichern und wieder abgeben. Handelt es sich bei dem Wärmespeicher jedoch um eine Außenwand oder eine Plattenrostdecke (ein Boden, der direkt auf der Erde ruht), sollte er an der Außenseite gut gedämmt sein. Wenn dann die gespeicherte Wärme abgegeben wird, strahlt die meiste thermische Energie in die Innenräume und nicht nach außen.

Die Effizienz eines Wärmespeichers hängt von seinem Standort ab. Am optimalsten wird wärmespeicherndes Material genutzt, wenn es über einen längeren Zeitraum direkt der Sonne ausgesetzt ist. Bei einem nach Süden liegenden Wintergarten, der längs an das vorhandene Gebäude angebaut wurde, ist dies kein Problem, in anderen Fällen mag es jedoch sein, daß manche der im Innern befindlichen Flächen keine Sonne bekommen.

Das für eine gute thermische Ausbeute notwendige Volumen des Speichers hängt vom Klima der jeweiligen Region ab und davon, wieviel Sonne er im Winter bekommt. Wo der Boden als Wärmespeicher dient, bewährt sich eine 15–20 cm starke Betonplatte gut. Eine solide, 20–30 cm dicke Mauer zwischen Sonnenraum und angrenzenden Räumen ist ebenfalls eine gute Lösung. Da derartige Wände ihre gespeicherte Wärme sowohl an den Sonnenraum als auch an die angrenzenden Räume abgeben, sind sie besonders für ein sonnenreiches, gemäßigtes Klima geeignet, wo an klaren Tagen mehr Wärme gespeichert wird, als für die Beheizung des Sonnenraums notwendig ist.

Bei einem Wasser-Wärmespeicher reichen pro Quadratmeter Südglasfläche 30–35 l Wasser gewöhnlich aus. Einige der heute angebotenen Behälter können fest installiert werden, kleinere lassen sich dagegen auf der gewünschten Fläche problemlos stapeln. In der Regel sind die Behälter fest verschlossen, damit sich nicht lecken, und das Wasser ist chemisch behandelt, um die Entwicklung von Algen zu verhindern. Meist sind die Behälter schwarz, doch mitunter kann man sie auch in einer beliebigen dunklen Farbe streichen.

Flexible Wärmedämmung

Die gleichen Glasflächen, die untertags die Sonne in den Solarraum eindringen lassen, werden bei Nacht zur Hauptursache für Wärmeverlust, und schnell wird es ungemütlich kühl. Gut abgedichtete, doppeltverglaste Fenster senken den Wärmeverlust zwar, doch sind Isolierabdeckungen für Fenster weitaus wirksamer.

Am schwierigsten ist die Isolation von Dachverglasungen. Herabziehbare Isolierrollos oder Zuschnitte, die genau vor die Dachfenster passen, dienen im Sommer als Schattierung und in kalten Winternächten zur Wärmedämmung. Bei senkrechten Glasflächen gibt es eine noch größere Auswahl aus Möglichkeiten, die sich auch leichter anbringen lassen – Preis und Wirksamkeit sind jedoch unterschiedlich. Hier lohnt es sich, Vor- und Nachteile genau zu prüfen, bevor man eine endgültige Entscheidung trifft.

Wieviel Wärme kann gewonnen werden?

Welche Wärmemengen in einem Sonnenraum eingefangen werden können, hängt von einer Reihe von Faktoren ab. Wichtig sind das herrschende Klima und die Menge der Sonnenstrahlung. Ganz allgemein bestimmt aber die nach Süden liegende Glasfläche, wieviel Sonnenwärme an einem Sonnentag eingefangen werden kann.

In vielen Fällen reicht diese Sonnenenergie gerade aus, um den Raum untertags zu heizen und in der Nacht für mäßige Temperaturen zu sorgen, manchmal ist es aber auch mehr. In diesen Fällen kann man Wärme in andere Räume des Hauses leiten und dort nutzen – und die Heizkosten damit senken. Es gibt hier verschiedene Möglichkeiten.

Die einfachste passive Wärmeübertragung geschieht durch eine Mauer, die zwischen Sonnenraum und benachbarten Räumen liegt. Dieser Typ der Wärmewand funktioniert dort am besten, wo mehrere Räume an die Solarveranda angrenzen. In zweistöckigen Solaranbauten können beide Stockwerke des Hauses von der gespeicherten Sonnenwärme profitieren.

Wo eine Betonplatte oder ein Wasserbehälter zur Wärmespeicherung dienen, kann die Wärme auf andere Weise verteilt werden. Mitunter reichen große Türen zwischen Solarhaus und angrenzenden Räumen aus, wenngleich die Luft hier häufig nicht in ausreichendem Maß zirkuliert. Um eine gleichmäßige Verteilung der Wärme zu gewährleisten, sollten sich in der Wand zwischen Solarhaus und Nachbarräumen oben und unten mit Zugklappen ausgerüstete Ventilationsöffnungen befinden. Sie lassen die kalte Luft am Boden in das Solarhaus fließen, wo sie von der Sonne erwärmt wird, hochsteigt und durch die oberen Öffnungen wieder in die Nachbarräume zurückströmt. Dieser Luftaustausch beruht auf natürlicher Zirkulation, die aber verstärkt werden kann, indem man die Luft durch mechanische Vorrichtungen in verschiedene Teile des Hauses lenkt.

Zu manchen Zeiten verliert der Solarraum aber auch Wärme und entzieht dem Haus dann Energie. Dies kann während anhaltender bedeck-

Heizung, Lüftung und Beleuchtung

In diesem großen amerikanischen Glasanbau befindet sich ein Swimmingpool. Mit seiner Doppelverglasung und den geeigneten Belüftungs- und Regulierungseinrichtungen kann er optimal als passives Solarsystem genutzt werden.

ter Perioden, extremer Kälte und starkem Wind der Fall sein. Am besten wird dann der Solaranbau dicht gemacht. Wer unabhängig von der Witterung sein will, wird ein separat gesteuertes Heizungssystem einbauen. Damit kann nachts für eine mäßige Temperatur und während extrem schlechter Witterungsbedingungen tagsüber für angenehme Temperaturen gesorgt werden.

Leben mit der Sonne

Als private Wintergärten zum erstenmal in Mode kamen, betrachtete man sie als Luxus, als Statussymbol. Auch heute noch ist ein Sonnenraum oder eine Solarveranda am Haus etwas Besonderes und bedeutet eine Steigerung der Wohnqualität insgesamt. Im Winter dehnt der Solaranbau den Innenraum nach außen aus und bietet gleichzeitig Schutz. Im Sommer ermöglicht er, schattiert und offen, einen maximalen Luftaustausch.

Ein Solaranbau wirkt sich auf die Lebensgewohnheiten seiner Bewohner aus: Sie werden sich auf einmal des mit den Jahreszeiten wechselnden Sonnenlaufs bewußt und auch des Geschehens in der Natur – dem Wechsel von Tag zu Nacht und von Jahreszeit zu Jahreszeit. Und so wird der Raum nicht immer gleich aussehen, sondern sich der verändernden Natur anpassen müssen. Dies ist auch der Grund, warum ein echter Solaranbau für die Kultur empfindlicher Pflanzen nicht ideal ist, sondern sich mehr für härtere Gewächse eignet – und vor allem für Menschen, die es als »bewohnbaren Sonnenkollektor« genießen.

Inneneinrichtung

Die Ausstattung von Wintergärten, Gewächshäusern, Gartenräumen oder anderen Glasanbauten muß mit ebensoviel Sorgfalt und Überlegung erfolgen wie jede andere Inneneinrichtung. Diese Räume sollten Stil haben und sich ganz von selbst in das Gesamtbild des Hauses einfügen. In der Regel können Gartenräume fast ebenso abwechslungsreich ausgestaltet und eingerichtet werden wie andere Räume.

Stil und Atmosphäre

Zuerst müssen Sie sich natürlich entscheiden, welchen Charakter Sie Ihrem Wintergarten geben möchten und welche Stimmung dort entstehen soll. Farben sind ein wichtiger Faktor bei der Schaffung der richtigen Atmosphäre, ferner Möbel, Stoffe, Bodenbeläge und die Fensterdekoration. Alles zusammen prägt den individuellen Stil des Raums.

Lassen Sie sich bei der Gestaltung auch von der Architektur des Hauses inspirieren, mag sie romantisch, streng, elegant oder hochmodern sein. Versuchen Sie, diesen Stil aufzunehmen, wenn Sie Dekorationen und Mobiliar aussuchen. Einem schmucklosen, nüchternen Raum werden Sie Charakter verleihen müssen, entscheiden Sie sich also für einen ganz bestimmten Stil, und wählen Sie dementsprechend konsequent Mobiliar, Dekorationen und andere Einrichtungsgegenstände aus.

In vielen Fällen geht der Gartenraum oder Wintergarten von einem Raum des Hauses oder vom Flur ab und schafft einen reizvollen Durchgang zum Garten (sofern Sie zu den Glücklichen zählen, die einen Garten besitzen). Er kann als Wohnzimmer, Sommeraufenthaltsraum, Eß- oder Spielraum und als Gemeinschaftszimmer für die ganze Familie genutzt werden oder als Raum für gärtnerische Tätigkeiten. In jedem Fall diktiert die Art der Nutzung die Inneneinrichtung. So werden in einem Wohnraum-Wintergarten bequeme Sitzgelegenheiten die wichtigsten Ausstattungsstücke sein, in einem Glasanbau mit Morgensonne dagegen wäre dies vielleicht ein Platz zum Frühstücken.

Aber wie man ihn auch nutzt – er sollte nach Möglichkeit durch die Wahl der Farben und/oder die Inneneinrichtung optisch mit Haus oder Wohnung verbunden werden. Versuchen Sie auch im angrenzenden Raum etwas von der Wintergartenatmosphäre nachklingen zu lassen. Falls dieser Raum nicht genügend Licht bekommt, sollte er möglichst hell und mit reflektierenden Flächen gestaltet werden, beispielsweise Spiegeln, glänzenden Oberflächen oder reflektierenden Folien und Glanzlack. Denken Sie aber daran, daß Stützmauern aus Ziegel oder Stein nicht weiß gestrichen werden dürfen, falls sie Wärme speichern sollen.

Das Mobiliar eines Gartenzimmers muß von außen ebenso schön aussehen wie von innen. Am idealsten sind Möbel, die sich für drinnen wie

Die Inneneinrichtung

draußen eignen und während der Sommermonate auf die Terrasse oder in den Garten gestellt werden können. Viele Gartencenter und Gartenmöbelabteilungen bieten hier eine große Auswahl in allen Preislagen, und am besten beginnt man seine Suche dort.

Farben

Die Farbwahl hängt bis zu einem gewissen Grad von der Nutzung des Raums ab. Wo viele Pflanzen wachsen sollen, wählt man natürliche Farben, die ihre Wirkung unterstreichen, beispielsweise grüne, braune und erdfarbene Töne, zu denen man mit Accessoires einige leuchtende Akzente setzt. Vermeiden Sie in solchen Räumen unruhig gemusterte Blumenstoffe und insbesondere Chintz.

In einer modernen Umgebung verwendet man stimulierend wirkende, leuchtende Grundfarben; sollte sie ein wenig Aufheiterung brauchen, sind Pastelltöne angebracht. Was die Wahl der Farben betrifft, so gelten für Wintergärten die gleichen goldenen Regeln wie für jeden anderen Raum: Verwenden Sie für helle, sonnige Räume dämpfende kalte Farben (Blau, Grün, Lila und Grau), und für kühlere Räume aufheiternde, wärmere Töne (Rot, Gelb, Orange, Rosa, Terrakotta und Braun). Setzen Sie bei kalten Farbkombinationen mit einer Kontrastfarbe einen kräftigen Akzent, um sie zu beleben. Dies kann durch Accessoires und Pflanzen geschehen.

In kleinen Räumen verwendet man zartere Farben und einfache Muster und Strukturen. Wer Wohnflächen optisch vergrößern möchte, wählt am besten kühle Farben. Große Räume bieten sich dagegen für leuchtende und kräftige Farben an, und große, auffällige Designs lassen sie kleiner und damit behaglicher und intimer erscheinen.

Bodenbeläge

Aufgrund der erhöhten Luftfeuchtigkeit sowie der notwendigen Pflanzenbewässerung und -pflege erfordern die meisten Wintergärten einen wasserbeständigen Bodenbelag, der sich problemlos säubern läßt. In der Regel sind solche Bodenbeläge relativ hart und unelastisch. Sollte der Wintergarten daher als Erweiterung des Wohnzimmers oder vielleicht als Eßbereich vorgesehen sein, müssen Sie eventuell mit einem weicheren Belag einen Kompromiß eingehen oder den harten Boden mit Schilfteppichen oder kleinen, waschbaren Teppichen abdecken. Auf vielen Bodenbelägen rutscht man, wenn sie naß sind – ein Gesichtspunkt, der vor allem dann nicht übersehen werden darf, wenn sich im Haus kleine Kinder oder ältere Menschen aufhalten und der Wintergarten als Gemeinschaftsraum genutzt wird.

Bei diesem ungewöhnlichen Glasanbau unterstreicht das strahlende Blau die Form der Fenster und den ungewöhnlich gestalteten Durchgang, der ihn mit dem Haus verbindet.

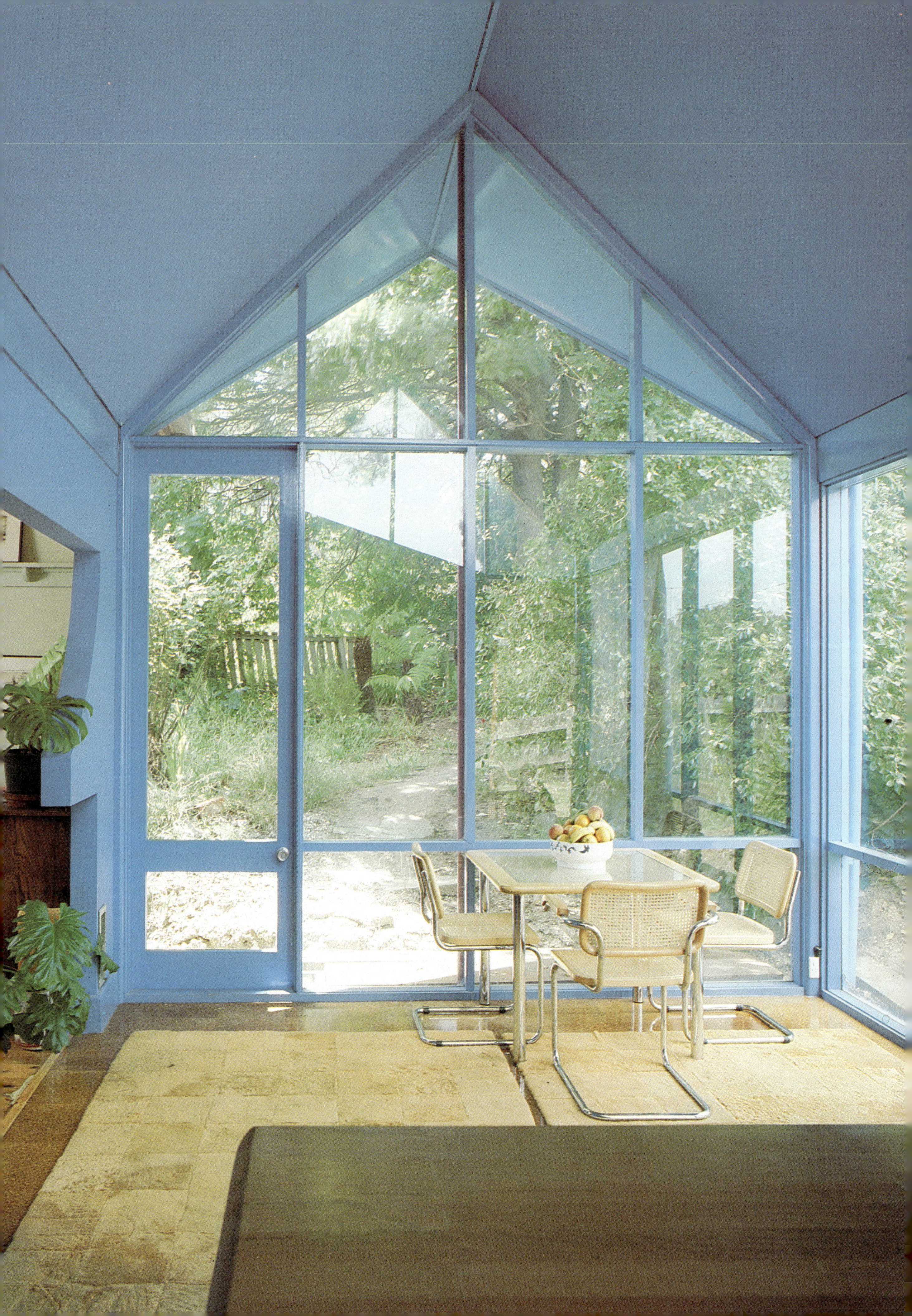

Die Inneneinrichtung

Um den zusätzlichen Raum, der durch den Anbau eines Wintergartens geschaffen wurde, zu betonen, sollte für beide Räume der gleiche Bodenbelag verwendet werden.

In der geeigneten Umgebung kann durchaus auch Kunstrasen, den es als Meterware gibt, als Bodenbelag die Lösung sein.

Wie überall im Haus muß auch hier der Untergrund in einem guten Zustand sein, bevor ein Belag aufgebracht wird – also glatt, eben und trocken. In manchen Fällen sind ein neuer Untergrund oder Estrich und eine Nässesperrschicht erforderlich. Holen Sie aber den Rat eines Fachmanns ein, bevor Sie mit irgendwelchen Bauarbeiten beginnen oder bauliche Veränderungen vornehmen.

Keramische Fliesen und *Platten* gehören zu den praktischsten Bodenbelägen und sind in einer Vielzahl von Formen, Größen, Mustern und Farben erhältlich. Sie sollten aber zur Gesamtgestaltung des Raums passen. Bei der Auswahl der Fliesen ist darauf zu achten, daß es sich um Bodenfliesen und nicht um Wandfliesen handelt (die Fliesen einiger Hersteller eignen sich für beide Zwecke). Und denken Sie daran, daß man auf glasierten Fliesen oft rutscht, wenn sie naß sind.

Wo ein Raum große Glasflächen hat und extremen Temperaturen ausge-

Gefliese Böden haben unter anderem den Vorteil, daß es sie in Ausführungen für jeden Geschmack und Geldbeutel gibt. Hier wurden dreieckige und quadratische Keramikfliesen in drei Farben zu einem wirkungsvollen Muster zusammengesetzt, das gut mit der Einrichtung harmoniert.

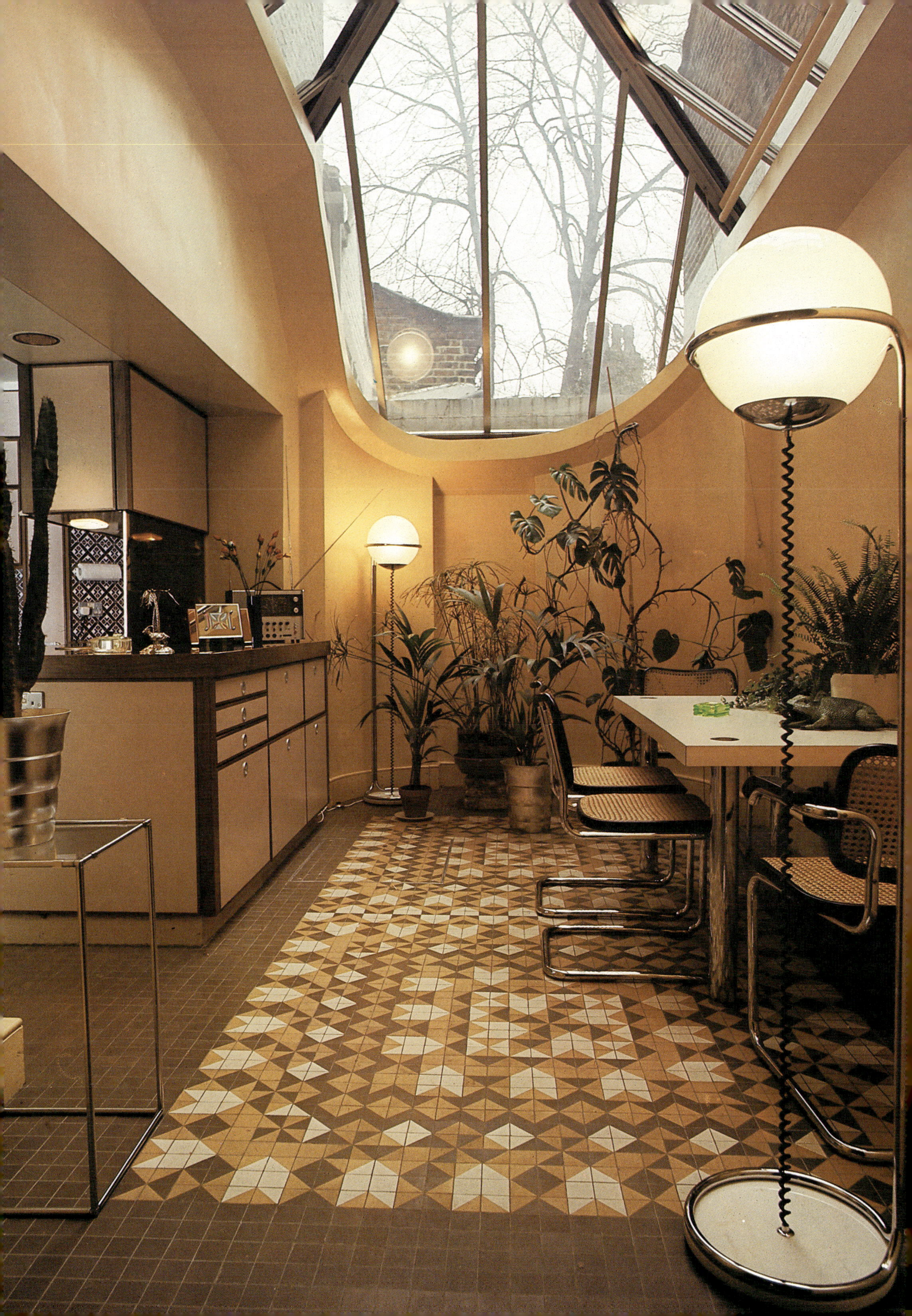

Die Inneneinrichtung

setzt ist, sind möglicherweise frostbeständige Fliesen sinnvoll. Einige Hersteller haben sie im Angebot, andere machen ihre Fliesen frostbeständig, wenn Sie dies bei der Bestellung vereinbaren. Bei Räumen mit vorgelagerten Terrassen können auch für beide Bereiche die gleichen Fliesen verwendet werden. Bedenken Sie aber, daß keramische Beläge mitunter sehr porös sind. Wenn man sie für Innenräume benutzt, sollte man sie daher versiegeln, damit sie sich nicht verfärben. Hersteller oder Zulieferfirma werden Sie in diesem Punkt beraten und die beste Versiegelung empfehlen können.

Natur- und Kunststeinplatten sind dicker, schwerer und meist auch größer. Man bekommt sie in verschiedenen Abmessungen und Formen und in einem recht großen Farbspektrum, etwa in zartem Rosa, Grün, Gold, Beige oder Braun. Wählen Sie eine oder mehrere Farben passend zu Ihrer Raumgestaltung, die die Pflanzen gut zur Geltung kommen lassen sollte. Fliesen können in den unterschiedlichsten Mustern verlegt werden, etwa in Schachbrettmuster, Friesen, Diagonaldesigns, Fischgrätmuster oder Streifen. Auch dieser Bodenbelag kann auf der Terrasse fortgeführt werden, da er von Natur aus frostbeständig ist. Mosaike sind kleinformatige Fliesen, die man in einer Vielfalt von Formen, Farben, Glasuren und Materialien erhält. Mosaike auf Netzen lassen sich einfacher handhaben, erlauben aber keine allzu großen Abweichungen vom ursprünglichen Design. Es gibt auch Firmen, die Dekorsätze entwerfen und an Ort und Stelle verlegen. Dies ist dort eine hübsche Idee, wo ein Wintergarten mit einer ganz besonderen Note entstehen soll, vor allem, wo ein Wasserbecken vorhanden ist.

Viele Hersteller und Lieferfirmen gestalten Bodenbeläge auch individuell. Sie liefern sie für den Fliesenleger durchnumeriert an oder verlegen sie selber. Eventuell können sie durch ein passendes Wandmosaikbild ergänzt werden.

Marmor, ein klassischer Bodenbelag, ist sehr teuer, wirkt aber sehr elegant. Man bekommt ihn in mehreren Naturtönen und zumeist als stark polierte Platten, gelegentlich wird Marmor jedoch erst nach dem Verlegen poliert. Darüber hinaus gibt es auch preiswerte Typen, bei denen es sich um Kunststein handelt. Günstiger ist auch Terrazzo, den man in verschiedenen Strukturen und Farben bekommt. Naß sind diese Beläge jedoch nicht rutschfest. Will man Innen- und Außenraum optisch verbinden, können auch diese Materialen auf der Terrasse verlegt werden.

Klinkerpflaster – ob alte Klinker, neue Klinker oder Dekorklinker – verleihen dem Boden ein sattes, warmes Aussehen und sind gewöhnlich rutschfest. Man kann sie in vielfältigen Mustern verlegen, beispielsweise im Fischgrätmuster, und wenn man Ziegel in zwei oder drei Farben verwendet, entstehen ungewöhnliche Effekte. Auch hier ist es möglich, den Belag auf der Terrasse fortzuführen.

Korkplatten sehen in dieser Umgebung sehr schön aus. Sie sind in golde-

Hier wurden die Topfpflanzen klugerweise auf große Untersetzer gestellt, damit das Parkett keine Wasserflecken bekommt.

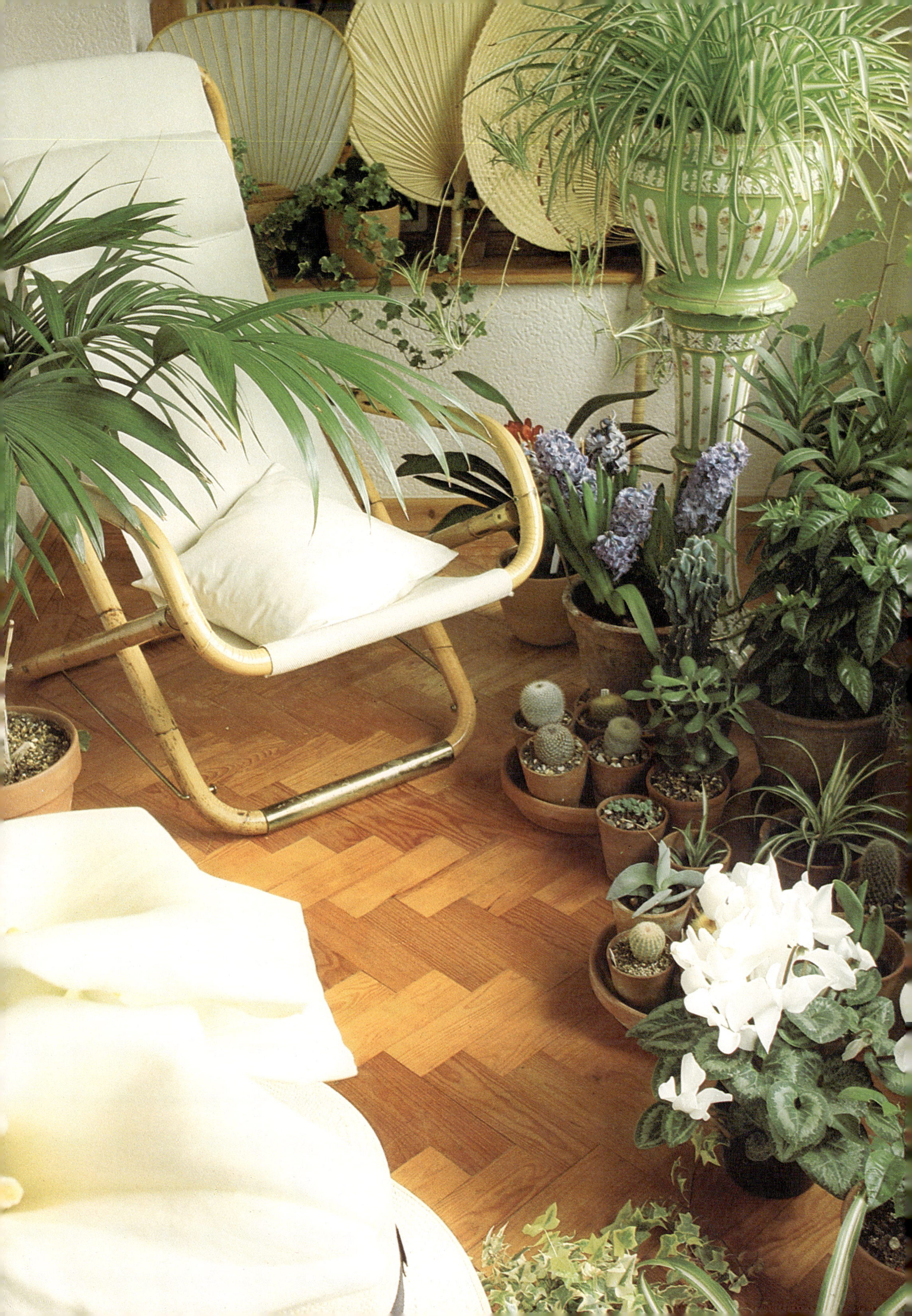

Die Inneneinrichtung

nen und braunen Tönen erhältlich, aber auch farbig. Letztere sind extrem dünn und werden auf einem farbigen Untergrund (Rot, Grün, Blau oder Milchweiß) verlegt, der durch die Korkschicht schimmert. Mit verschiedenfarbigen Platten können originelle Böden entstehen, wenn man eines der bereits erwähnten Muster verlegt.

Korkplatten müssen stets gut versiegelt werden, insbesondere in Räumen, wo der Boden auch einmal naß wird, denn nasser Kork quillt und wölbt sich. Für solche Böden eignen sich bereits versiegelte Korkplatten am besten. Für Außenbereiche ist Kork nicht geeignet.

Holz jeglicher Art – Dielen, Stabparkett, Mosaikparkett, Holzpflaster oder was auch immer – bringt zwar Pflanzen und Laub sehr schön zur Geltung, ist jedoch für eine Fläche, die Nässe und Luftfeuchtigkeit ausgesetzt ist, kein idealer Belag. Sollten Sie sich dennoch für Holz entscheiden, muß es mit einer transparenten Polyurethan-Schicht versiegelt werden. Man bekommt diese Versiegelung in matt, seidenmatt oder glänzend.

Gummi ist ein elastischer und verhältnismäßig weicher Belag, der in verschiedenen Ausführungen angeboten wird: als Platten und Bahnen, mit rutschfesten Oberflächen und in verschiedenen Grundfarben sowie schwarz und marmoriert. Gummibeläge sind im allgemeinen gegen anhaltende Nässe empfindlich und vertragen auch starke Sonneneinwirkung nicht. Deshalb sollten sie unbedingt den Rat eines Fachmanns einholen, bevor Sie sich für Gummi entscheiden. In vielen Fällen wird eine spezielle Nässesperrschicht zwischen Unterboden und Gummibelag erforderlich sein.

Linoleum feiert heute als Bodenbelag ein Comeback, da es sich – im Gegensatz zum weiter unten beschriebenen PVC – um ein organisches Produkt handelt. Es ist in Bahnen oder als Fliesen in unterschiedlichen Stärken und Breiten sowie Abmessungen erhältlich. Neben einer breiten Palette an unifarbenen Qualitäten wird es in marmorierten Musterungen angeboten. Auch hier können mit verschiedenfarbigen Fliesen Muster und Designs gestaltet werden, und natürlich lassen sich Muster in das Linoleum einlegen. Naß kann man darauf ausrutschen, und manche Ausführungen verblassen bei starker Sonneneinwirkung. Lassen Sie sich daher auch hier beraten.

PVC-Beläge gibt es in unterschiedlichen Formen: Erstens mit Schaumstoff oder Filz beschichtete Ware (Cushion Vinyl), die elastisch ist und in Bahnen unterschiedlicher Breite angeboten wird; zweitens als unbeschichtete Bahnen; und drittens in Form von Fliesen, die sowohl aus glattem PVC oder auch beschichtet (Cushion Vinyl) sein können und mitunter selbstklebend sind. Das Angebot an Farben, Musterungen und Prägungen ist breit, und darunter befinden sich auch Ziegel-, Pflaster- und Keramikfliesenimitationen. PVC ist relativ wasserbeständig, sofern es verklebt wurde

Der traditionelle Bodenbelag ist ein dekoratives Gestaltungselement in diesem reizvollen Gartenraum. Er ist zwar teuer, aber auch widerstandsfähig und bleibt viele Jahre schön.

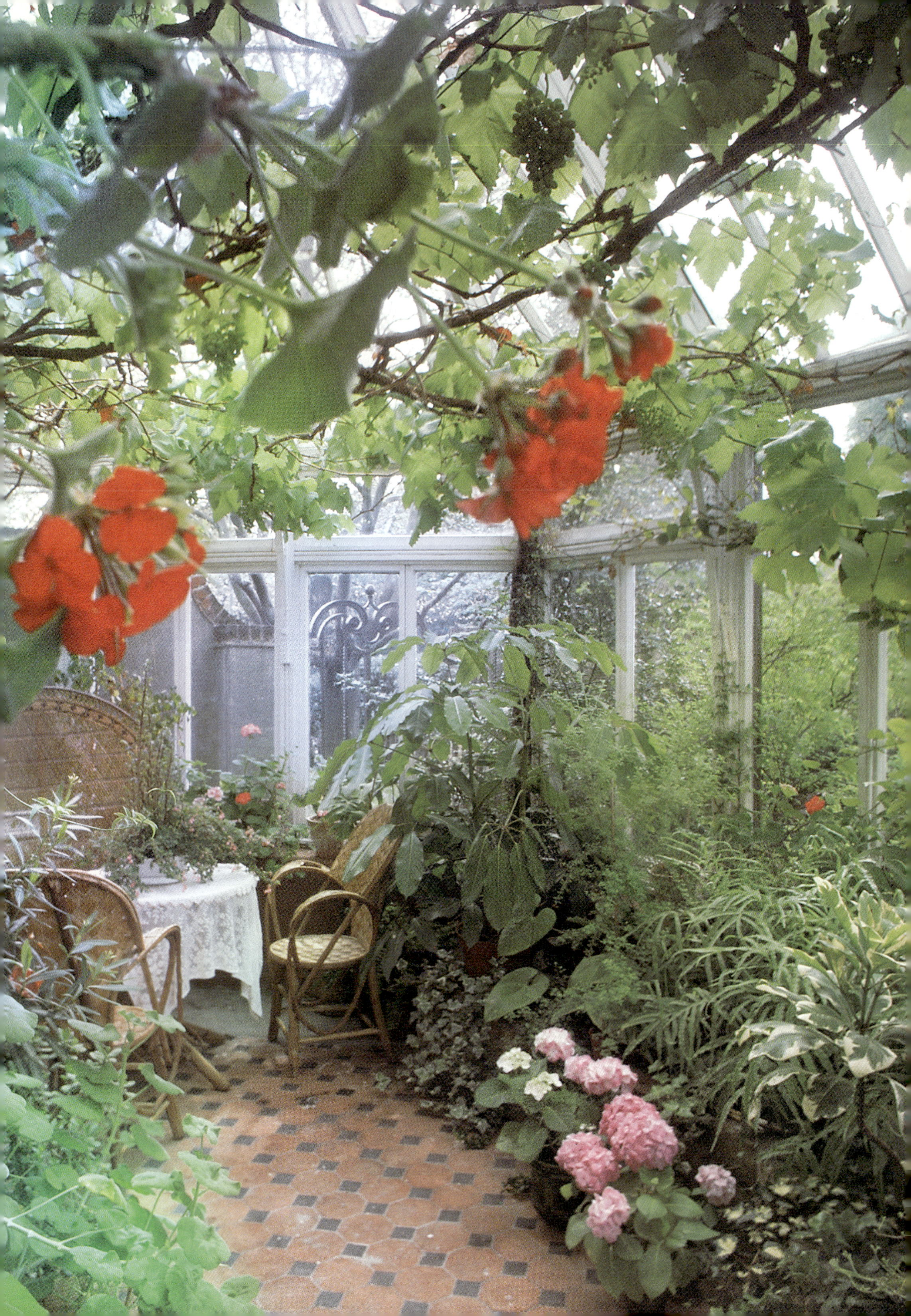

Natürliche Materialien schaffen — insbesondere in Kombination mit Pflanzen — eine angenehme freundliche Atmosphäre. In diesem Wintergarten wurde der Putz von den Wänden entfernt, um das Mauerwerk freizulegen.

und alle Nahtstellen gut abgedichtet sind, und naß ist es verhältnismäßig rutschfest. Ein empfehlenswerter, günstiger, wenn auch synthetischer Belag.

Teppichboden ist in Wintergärten als Belag nicht praktisch, am ehesten eignen sich noch Teppichfliesen – meist eine Art Filz, der Wasser nicht so rasch aufnimmt. Die Fliesen können auch einzeln herausgenommen (und falls notwendig ausgetauscht) werden, um sie zu trocknen oder zu säubern. Sie sind in vielen Farben – und teilweise gemustert – erhältlich sowie in unterschiedlichen Abmessungen, meist als 40 oder 50 cm große Quadrate. Für Küchen gibt es Spezialfliesen, die noch strapazierfähiger und selbst gegen Verfärbungen und Fettspritzer unempfindlich sind. Die Farb- und Musterpalette ist hier jedoch begrenzt.

Teppiche und Matten aus *Binsen, Schilf, Sisal, Kokosfasern* oder sogar *Plastikgewebe* können ebenfalls verwendet werden. Sie bieten sich vor allem zum Abdecken harter Fußböden an. Waschbare Teppiche sind eine weitere Möglichkeit.

Wandgestaltung

In einem Wintergarten oder Gartenzimmer können die Wände ausgefallener und phantasievoller gestaltet werden, und andererseits brauchen sie nicht so perfekt ausgeführt zu sein wie in anderen Räumen des Hauses. Eine naturbelassene Ziegel- oder Steinwand verleiht dem Raum eine weiche, warme Wirkung, die aber auch mit Sparverblendern geschaffen werden kann. Daran kann man (wie an vielen anderen Wänden) Gartenspaliere aus Holz oder Kunststoff anbringen, um Kletterpflanzen hochzuziehen.

Wer eine elegante Atmosphäre anstrebt, kann einen Wandbelag mit Muster wählen. In einem Raum mit hoher Luftfeuchtigkeit ist Tapete aus Papier nicht sehr praktisch, hier bietet sich Vinyl als Material an. Achten Sie darauf, daß die Bahnen auf Stoß und die Ränder gut verklebt werden. Da wahrscheinlich große Glasflächen vorhanden sind, sollten Sie, wenn Sie sich für ein Muster entscheiden, überlegen, ob Sie nicht einen Belag wählen, zu dem es passende Stoffe und Rollos gibt. Suchen Sie Muster und Farben aus, die mit dem für den Raum vorgesehenen Stil harmonieren oder die Architektur des Raums unterstreichen. Weniger geeignet sind seidenartige oder empfindliche Materialien, die in Wohnzimmer passen, kaum aber in einen Wintergarten.

Die Wände können auch einen glänzenden, matten oder seidenmatten Anstrich bekommen, doch sind Gartenräume, wie bereits auf Seite 47 erwähnt, für Wandbilder oder Muster geeignet, die diesen Wohnbereich doppelt so groß erscheinen lassen.

Ähnliche Wirkungen erzielt man mit keramischen Dekorsätzen. Sie können auch eigene Mosaiksteine aus Glas- oder Keramikscherben (wie auch

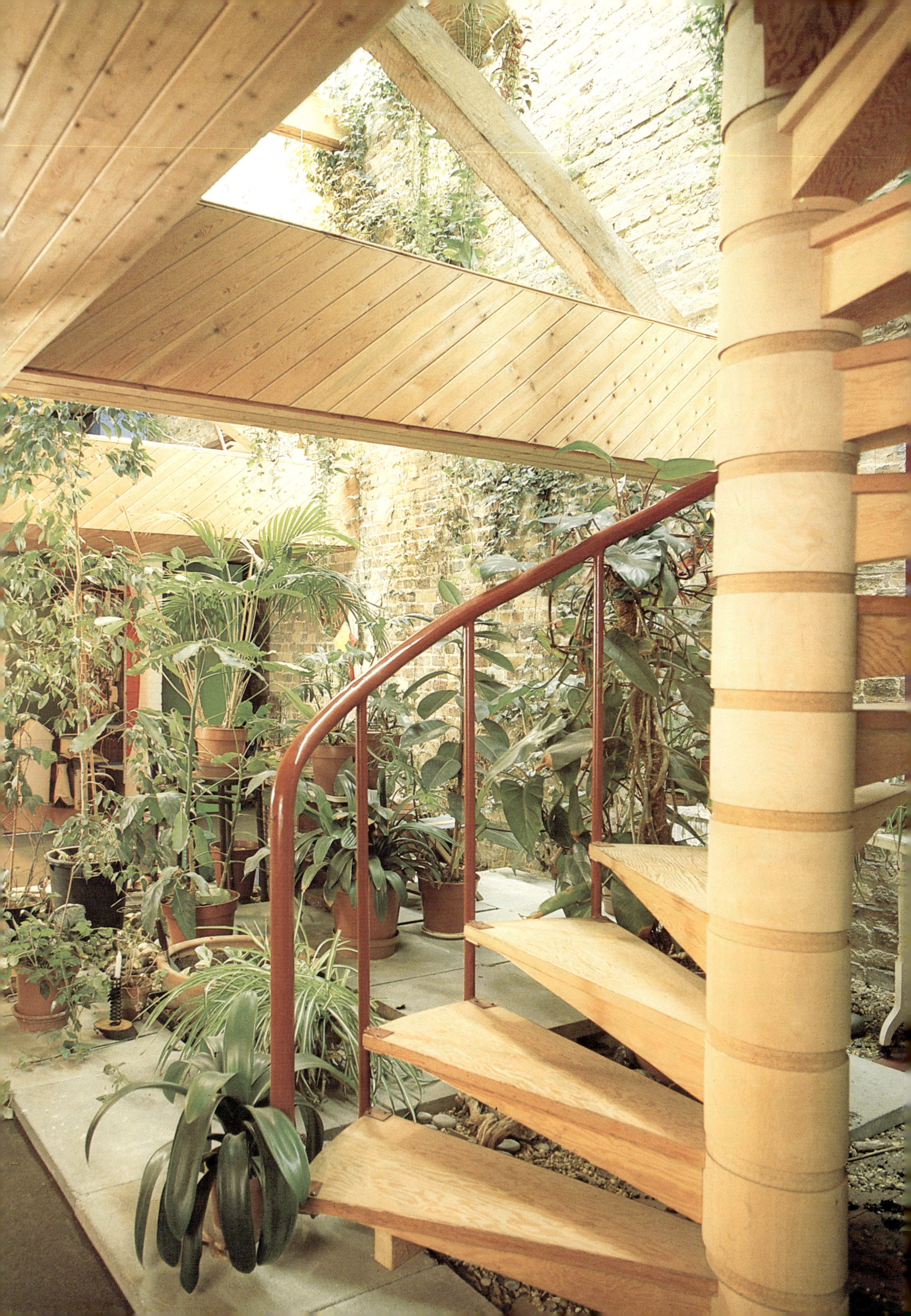

Die Inneneinrichtung

anderen Scherben) schneiden, um Bilder und Muster zu gestalten.

Holzverkleidungen können in einem Wintergarten sehr effektvoll sein. Einfache Nut- und Federbretter lassen sich streichen, beizen oder lackieren beziehungsweise naturbelassen lackieren. Man kann aber auch dekorative Hölzer verwenden und die Oberflächenbehandlung nach Geschmack und Holztyp auswählen. Kork eignet sich ebenfalls als Wandbelag. Die dicken Bahnen oder Fliesen sind eine hervorragende Wärmedämmung, und da das Material weich ist, kann man Pflanzen daran befestigen und in ungewöhnlichen Formen ziehen.

Mobiliar und Ausstattung

Nachdem Sie sich entschieden haben, in welchem Stil Sie Ihren Wintergarten gestalten wollen, sollten Sie nach Möglichkeit auch die Möbel passend dazu aussuchen. In älteren Gebäuden mit reizvollen Bogen- oder Sprossenfenstern und viel weißem Stuck versucht man den gepflegten betulichen Lebensstil einer vergangenen Epoche nachzuempfinden. Weiße Möbel aus Gußeisen oder Aluminiumguß im Geschmack jener Zeit ist bei Tischen und Stühlen eine gute Wahl. Verzichten Sie aber auf Reproduktionen aus Stahlrohr oder Kunststoff, und falls Ihr Geldbeutel schmal ist, sollten Sie sich auf Flohmärkten, bei Trödlern oder in Bauhöfen umsehen. Weißes Glanzlackspray und eine neue Marmor- oder Glasplatte sind gute Hilfen, um einen Raum im Stil des 19. oder 20. Jahrhunderts einzurichten. Stimmen Sie auch Accessoires ab – stellen Sie reizvolle gußeiserne Öfen mit zarten filigranen Verzierungen auf, Deckeltöpfchen aus glänzender Keramik, auffällig dekorierte Pflanzkübel und Ständer und weiße Töpfe oder Terrakottagefäße für Bäume und andere Pflanzen. Alle geben dem Raum den richtigen Akzent.

Stühle und Sitzbänke aus Korbgeflecht oder Bambus mit losen Sitzkissen und passende Tische mit Glas- oder Rohrplatten ergänzen diese Art der Innenausstattung. Korbmöbel können naturfarben, aber auch dunkelbraun oder farbig gebeizt sein, und manche sind auch weiß gestrichen. Natürliche Farben (Braun- und Grüntöne) oder Weiß sind – wo die Wirkung originalgetreu sein soll – geeigneter als leuchtendes Rot, Orange oder Blau. Suchen Sie für die Kissen Stoffe aus, die dem Geschmack der Zeit entsprechen – etwa fließende Jugendstilmuster, hübschen glänzenden Chintz mit Früchten, Blumen oder Vögeln, traditionelle Designs mit rankendem Efeulaub –, und geben Sie wiederum den natürlicher und neutraler wirkenden Tönen den Vorzug. Verzichten Sie auf grelle Grundfarben, moderne Blumendrucke oder geometrische Muster.

Polsterstoffe sollten nicht nur zum Stil der Möbel passen, sondern sie müssen sich auch waschen oder doch zumindest reinigen lassen und

Hochmoderne, technisch anmutende Glasflächen bedürfen einer sachlichen Raumgestaltung, um ihren Charakter zu bewahren. Hier werden sie von in Grundfarben gehaltenen modernen Möbeln, Lamellen-Raumteilern und einer Stahlwendeltreppe in idealer Weise ergänzt.

Die Inneneinrichtung

dürfen nicht ausbleiben. Achten Sie darauf, daß alle Stuhl- und Kissenbezüge Reißverschlüsse, Bänder oder Klettverschlüsse haben, damit man sie problemlos abziehen kann.

Wenn ein Gartenraum eher wie eine Loggia oder Veranda aus den zwanziger oder dreißiger Jahren aussieht, kann man ihn vielleicht mit Paravents und Möbeln aus Bambus oder Rattan im englischen Kolonialstil einrichten. Versuchen Sie, Korbmöbel aus dieser Zeit zu finden, und frischen Sie sie eventuell mit einem Farbanstrich oder Polyurethan-Glanzlack auf. Glastische und weiße Schmiedeeisentische sorgen für eine stilvolle Wirkung, ebenso große, weiche, chintzbezogene Sofas. Die gewünschte Atmosphäre schaffen auch geflochtene Stühle und Zweisitzer und Klapp- oder Regisseurstühle. Verwenden Sie wiederum Stoffe wie Chintz mit stilisierten Blüten, Spaliermustern und Art-déco-Designs oder einfarbiges Leinen.

Supermoderne Anbauten können ›hochtechnisch‹ gestaltet werden, indem man für Pflanztische leuchtend gestrichenes Stahlrohr oder kunststoffummanteltes Rohr verwendet und dazu passende Möbel mit eckigen Formen aussucht. In einem solchen Raum können auffällige Farbkontraste gesetzt werden, beispielsweise beim Bodenbelag, wenn man Fliesen zu schachbrettartigen, diagonalen oder geometrischen Mustern verlegt.

Unterschätzen Sie auch die Wirkung eines Paravents nicht. Mit einer spanischen Wand kann man Flächen optisch teilen oder auch intime Eckchen schaffen, und außerdem sind sie wirkungsvolle Kletterhilfen für Ihre Pflanzen. Es gibt transportable Wandschirme aus Rattan, und auch aus schmiedeeisernen Teilen lassen sich effektvolle Paravents zusammensetzen. Einfache Paravents lassen sich aus Leisten und Gartenspalieren oder Bambusstäben bauen, die man über Kreuz montiert.

Fensterdekoration

Die meisten Wintergärten und Solarräume haben große Fenster mit riesigen Glasflächen. Sie können doppelt oder sogar dreifach verglast sein, um den Wärmeverlust möglichst gering zu halten. Falls Sie sich für eine Doppelverglasung entscheiden, sollten Sie sich vor dem Bestellen überlegen, ob nicht Jalousien, die zwischen den Glasscheiben angebracht werden, sinnvoll wären. Die Bedienung kann manuell oder vollautomatisch über Elektroantrieb geschehen. Übrigens bieten viele Wintergarten-Hersteller Jalousien an, die auf den Stil und die Konstruktion ihrer Modelle abgestimmt sind.

Große Glasflächen erfordern jedenfalls immer eine Schattierungsvorrichtung, damit der Wintergarten sich tagsüber nicht zu stark aufheizt, nachts die Wärme im Raum hält und der notwendige Sichtschutz gegeben ist.

Nicht alle Einrichtungs- und Ausstattungsgegenstände müssen teuer sein: Hübsche Fächer auf einem Fensterbrett spenden den Pflanzen zeitweise Schatten und können, wenn sie nicht gebraucht werden, problemlos wieder entfernt werden.

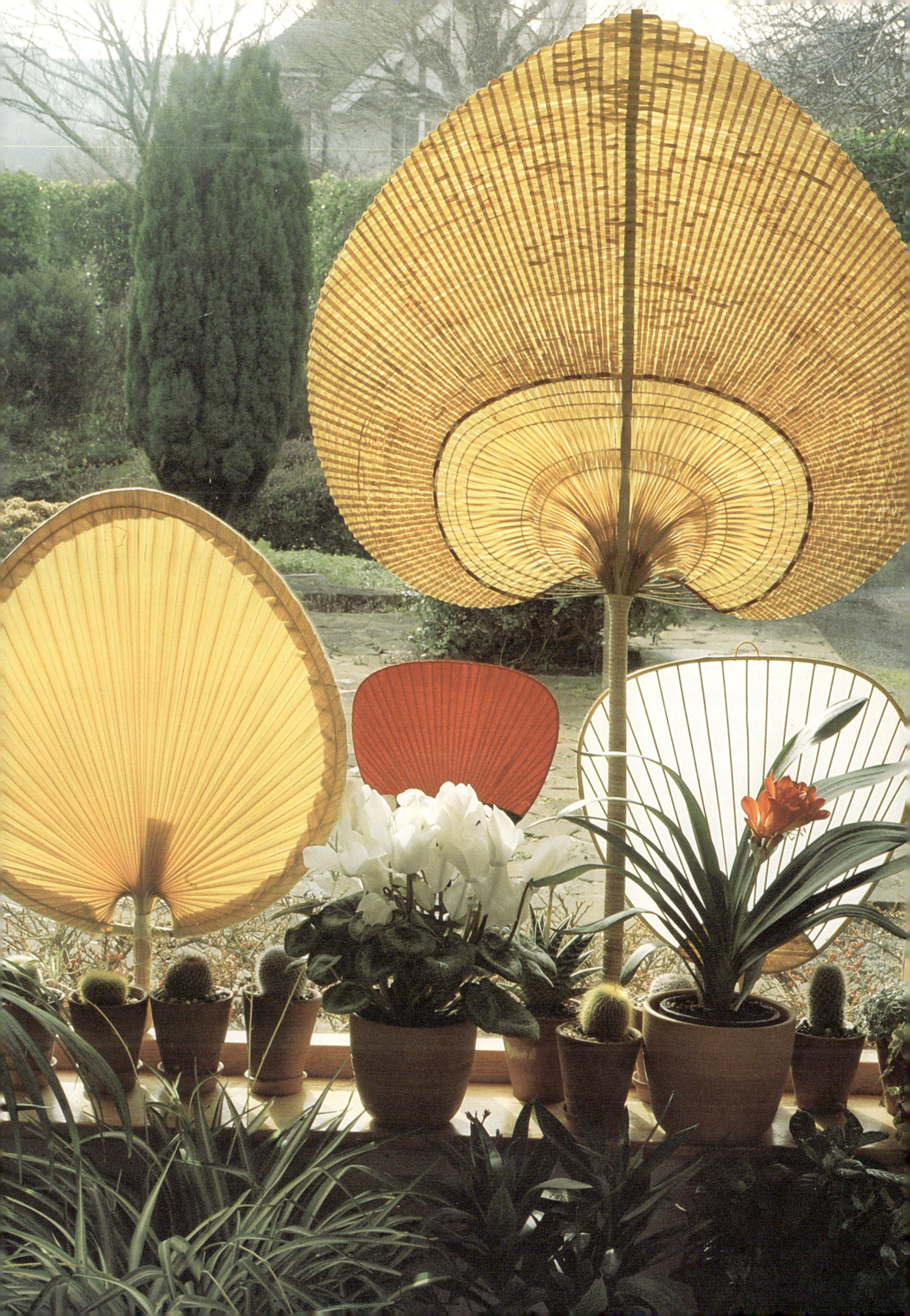

Buntglasfenster verleihen jedem Raum einen Hauch von Luxus. Es lohnt sich, auf Trödelmärkten nach Stücken oder ganzen Fenstern zu suchen, um im Gartenzimmer einen zusätzlichen Blickfang zu schaffen.

Jalousien werden in zahllosen Farben, Mustern, Ausführungen und Größen angeboten. Sie können aus vertikalen oder horizontalen Lamellen bestehen, die meist aus dünnem Metall sind, sie werden aber auch noch aus Holz hergestellt, was unter Umständen gut zu einem Wintergarten mit Holzprofilen paßt. Es gibt auch Spezialausführungen für Fenster mit Winkeln oder Schrägen, was für einen Gartenraum, bei dem das Dach teilweise aus schrägen Glasflächen besteht, besonders praktisch ist. Vertikale Lamellen werden oft aus strukturierten Textilgeweben gemacht und können auch an Schrägfenster angepaßt werden. Viele von ihnen lassen sich zwischen zwei Glasscheiben befestigen und werden im Raum von Hand oder durch eine Fernbedienung betätigt.

Dann gibt es Faltjalousien aus gazeähnlichen Stoffen, die speziell zur Wärmedämmung gedacht sind. Sie reduzieren den Wärmeverlust, verhindern das Ausbleichen von Stoffen und schützen die Pflanzen im Raum vor Sonne. Auch Rollos aus Rattan oder dünnen Holzlatten und altmodische Gewächshausrollos (aus dünnem grünen Rohr) sind recht effektiv.

Stoffrollos machen nüchterne Glasflächen freundlicher, und man bekommt sie in verschiedenen Ausführungen und Farben als Falt- oder Raffrollos. Der Stoff kann passend zu anderen Dekorationen, aber auch in einer Kontrastfarbe ausgewählt werden, und viele dieser Rollos sind aus zartem Leinen- oder Baumwollgewebe.

Sonnensegel bringt man außerhalb an, und sie schützen daher nicht nur die Fenster, sondern auch die Terrasse. Sie bestehen aus festem Textilgewebe und sind in verschiedenen Ausführungen und Größen erhältlich. Ferner bieten sich als Außenschutz Fenster- und Rolläden aus Metall, Holz oder Kunststoff an.

Vorhänge sind auch eine Möglichkeit, doch wirken sie in vielen Fällen – je nach Fenstertyp und Nutzung des Raums – etwas deplaziert. Vom Boden bis zur Decke und von Wand zu Wand reichende Vorhänge sehen vor manchen Terrassentüren hübsch aus, doch werden sie am besten gefüttert, um für eine zusätzliche Wärmedämmung zu sorgen.

Gardinen lassen ein nüchternes Fenster oft freundlicher erscheinen, und hübsch gemusterte Stores sehen in einem altmodischen Wintergarten, der auch als Wohn- und Eßbereich genutzt wird, sehr dekorativ aus. Man kann sie durch Lamellenjalousien ergänzen, damit man sich nachts nicht durch Blicke von draußen gestört fühlt. Halbdurchsichtige Leinen- und Baumwollstoffe können ebenfalls wirkungsvoll sein und sehen schön aus, wenn man sie mit einer gemusterten Bordüre einfaßt.

Buntglas wirkt sehr hübsch, vor allem, wenn die Sonne durchscheint und bunte Muster auf Boden und Wände wirft. In älteren Gebäuden findet man gelegentlich Buntglasfenster und -scheiben, man kann aber auch Glasbilder kaufen und sie innen vor normale Fenster hängen.

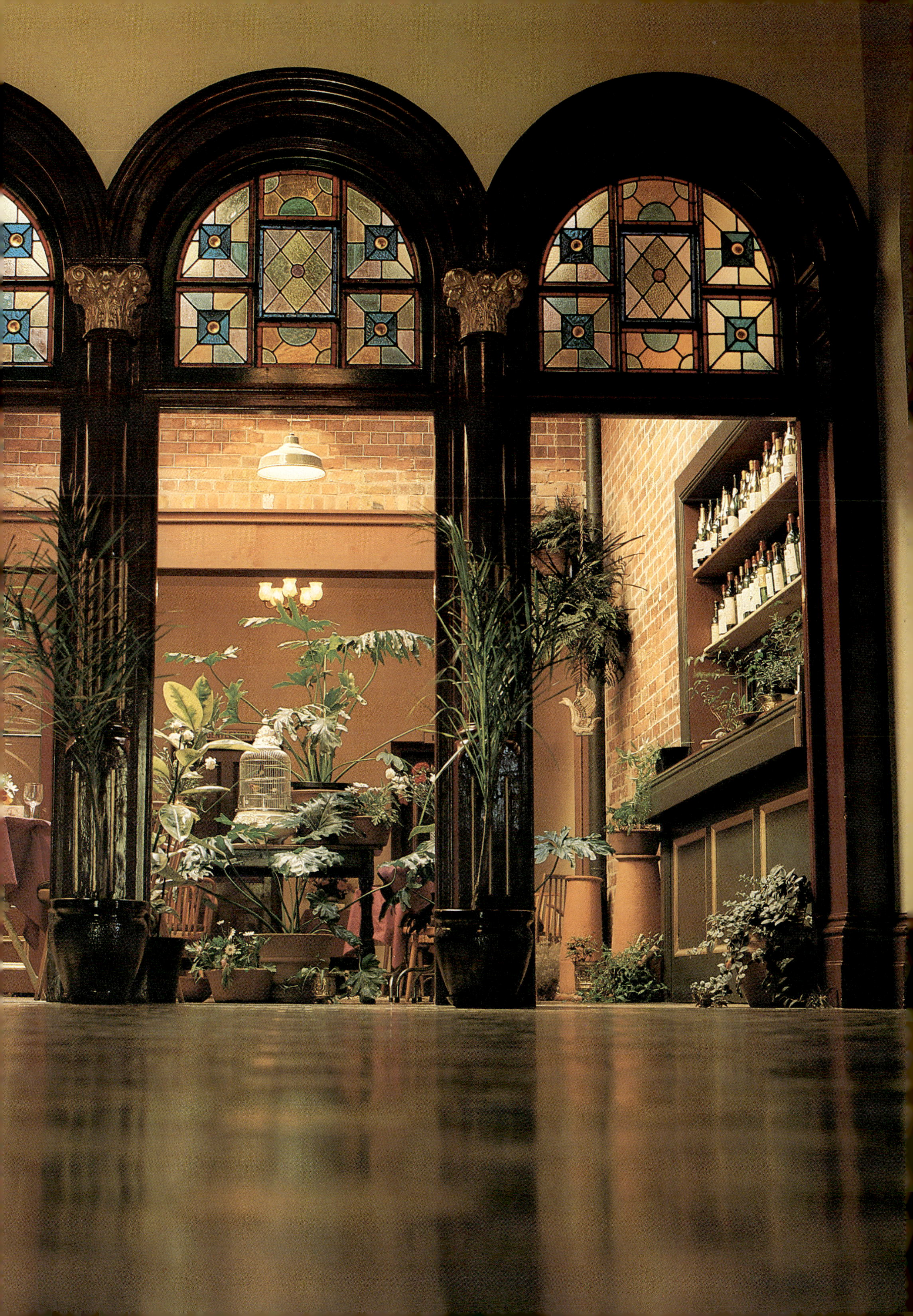

Beleuchtung

Die Beleuchtung Ihres Anbaus oder Gartenraums wird, zumindest bis zu einem gewissen Grad, von seiner Funktion abhängen. Ist er als Eßzimmer oder Wohnbereich vorgesehen, müssen hier die normalerweise für solche Räume verwendeten Lampen gewählt werden. Andienbereich und Eßtisch erfordern eine gute Beleuchtung (beispielsweise eine Zuglampe über der Tischmitte), ansonsten reicht gedämpfte Hintergrundbeleuchtung aus. Wo Sie lesen, nähen oder plaudern wollen, sind geschickt plazierte Tisch- oder Stehlampen empfehlenswert.

Beleuchtungskörper sollten stets auf die Architektur des Raums abgestimmt werden und zur Einrichtung passen. In traditionelleren Wintergärten, die mit Korbmöbeln eingerichtet sind und eventuell auch einen Deckenventilator haben (siehe S. 140), bieten sich verschiedene Lichtquellen an, wie etwa alte Öl- oder Gaslampen, die auch als Imitationen erhältlich sind. Eine ungewöhnliche Tischbeleuchtung wäre auch eine Lampe, wie man sie in Billardzimmern findet.

Versuchen Sie Pflanzen möglichst wirkungsvoll zu beleuchten, so daß üppiges Laub optimal zur Geltung kommt. Farbiges Licht macht die Wirkung noch dramatischer, erkundigen Sie sich jedoch vor dem Kauf, ob dadurch die Pflanzenentwicklung beeinträchtigt werden kann. Sofern möglich, sollten Sie auch Garten oder Terrasse beleuchten, dazu müssen Sie jedoch geeignete Kabel verwenden. Für Becken und Teiche sind auf jeden Fall Spezialkabel notwendig. In diesem Fall sollten Sie die Beleuchtungskörper auch stets von einem Fachman installieren lassen.

Atmosphäre

Nutzen Sie die Beleuchtung Ihres Wintergartens, um Atmosphäre zu schaffen: Lenken Sie die Aufmerksamkeit auf Accessoires; bringen Sie die hervorstechendsten Elemente der Raumgestaltung optimal zur Geltung; heben Sie die interessanten Strukturen einer Stein- oder Ziegelwand hervor, und lassen Sie Nischen, Skulpturen, Becken oder Pflanzengruppen effektvoll zur Wirkung kommen. Auch ein Aquarium kann durch eine geschickte Beleuchtung wie ein Juwel aufleuchten.

Wichtige Accessoires sollte man möglichst wirkungsvoll beleuchten. Dazu eignen sich Punktstrahler, Breitstrahler und auch Strahler, die so angebracht werden, daß das Lichtbündel von unten oder oben strahlt (beispielsweise kann man die Lichtquelle unter einen Glastisch mit einer Pflanzengruppe plazieren). In Wintergärten mit Glasdächern sollte es möglich sein, an der Dachkonstruktion eine Lichtschiene zu befestigen, in die man in regelmäßigen Abständen Spots einhängt. Diese können auf die Gegenstände,

Die Inneneinrichtung

Dieser einladende Eßbereich verdankt seine besondere Atmosphäre den Punktstrahlern, die die Aufmerksamkeit auf bestimmte Flächen lenken. Beachten Sie auch das Linoleum: Geschickt beschnitten und mit kleinen schwarzen dazwischengesetzten Quadraten wirkt es fast wie ein traditionell gefliester Fußboden.

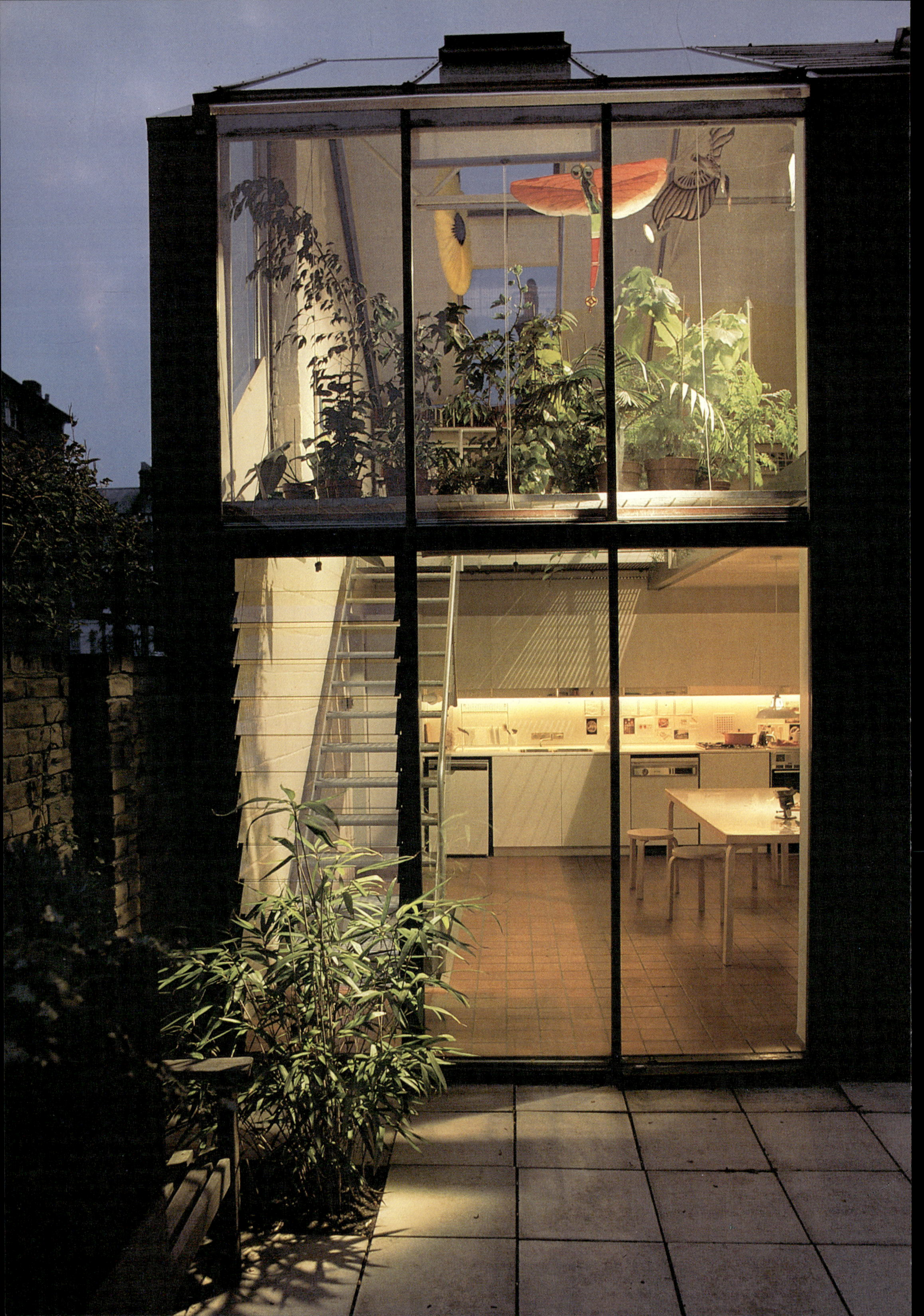

Die Inneneinrichtung

die beleuchtet werden sollen, ausgerichtet werden. Manchmal kann man mit einer Hintergrundbeleuchtung die richtige Stimmung erzielen. Wählen Sie dazu beispielsweise eine Pflanze mit gefiedertem Laub, einen Strauch mit einem besonders schönen Wuchs oder eine interessante Plastik. Wandleuchten in einer passenden Form oder Größe eignen sich gut als Hintergrundbeleuchtung und heben die Struktur der Wand hervor – oder Sie bringen einen Beleuchtungskörper tief unten an der Wand an. Eine weitere Möglichkeit wäre, oben an der Wand ein falsches Sims zu montieren, um Leuchtstoffröhren darunter zu verstecken.

Mit der Beleuchtung kann die ganze Fläche in diffuses Licht oder eine Wand in Farbe getaucht werden, und wer einen wirklich theatralischen Effekt erzielen will, läßt mit Lichtbildern Wolken und Himmel, Sonne, die auf Sand oder Schnee fällt, oder funkelnde Sterne entstehen.

Wo ein Wintergarten große Terrassentüren mit Innenjalousien hat, ist zu überlegen, ob hinter einer Vorhangleiste eine indirekte Beleuchtung angebracht wird, um gleichzeitig die Schiene der Jalousie zu verbergen. Auch wenn Sie auf quer vor einem Fenster angebrachten Konsolen eine Glassammlung aufstellen möchten, können Sie diese wiederum mit Leuchtröhren, die Sie hinter einer Vorhangschiene anbringen, von oben beleuchten.

Feiern Sie eine Party, oder haben Sie zum Abendessen Gäste, bieten sich ganz schlichte Lichtquellen an. Verwenden Sie Öllampen und Windlichter, setzen Sie Kerzen in Glasgefäße oder auf Flaschen, oder hängen Sie Lichterketten in Bäume und Sträucher.

Und denken Sie daran, daß – insbesondere in vollkommen verglasten Anbauten – Lichtquellen, die man von innen nicht sieht, auch von außen nicht häßlich aussehen sollten.

Accessoires

Die Accessoires sind bei der Einrichtung eines Gartenraums ebenso wichtig wie in anderen Wohnbereichen, denn auch sie müssen die allgemeine Stimmung und Raumgestaltung unterstreichen.

Alte Kaminaufsätze (man bekommt sie eventuell in Baumärkten) sind äußerst dekorativ und ideale Pflanzgefäße, ebenso Steinguttöpfe, die ursprünglich einmal zum Einlegen und einsalzen dienten, ›antike‹ Sitzbadewannen und Kupfergefäße. Heute ist darüber hinaus eine unüberschaubare Auswahl an Übertöpfen auf dem Markt, die unter anderem aus Ton, Natur- und Kunststein, Metall, Holz und Kunststoff hergestellt werden. Alle eignen sich sowohl für drinnen als auch für draußen. Bei großen Gefäßen bringen Sie am besten unten Rollen oder Räder an, damit man sie zur Pflege bequem hin und her bewegen oder mit den wechselnden Jahreszeiten an Standorte schieben kann, wo sie gut zur Geltung kommen.

Im ersten Stock dieses modernen Hauses gedeihen die Pflanzen in dem natürlichen Licht, das durch das Glasdach fällt. Nachts werden sie von Punktstrahlern beleuchtet. Die Küche im Erdgeschoß hat eine indirekte Beleuchtung, die sich für einen Arbeitsbereich besser eignet.

Die Inneneinrichtung

Halten Sie auch nach originellen Pflanzgefäßen Ausschau, beispielsweise dekorativen Vogelkäfigen aus Rattan oder Metall, die sehr reizvoll wirken, wenn man sie an die Decke hängt und Hängepflanzen hineinsetzt. Natürlich können Sie auch Vögel darin halten, die möglicherweise ein wesentlicher Bestandteil Ihrer Raumgestaltung sind. Aquarien oder Becken mit Fischen geben diesem Raum ebenfalls eine besondere Note.

Schlichte Stücke aus der Natur können in einem Gartenraum sehr reizvoll wirken – ziehen Sie Pflanzen beispielsweise an einem alten Baumstumpf oder einem Stück Treibholz. Größere Kiesel und Steine oder farbiger, feiner Kies – um die Pflanzen oder Gefäße aufgehäuft oder in den Bodenbelag einbezogen – bringen das Laub der Pflanzen besonders gut zur Geltung.

Auch Plastiken und Töpferwaren sind sehr wirkungsvoll, insbesondere dann, wenn sie richtig beleuchtet werden. Bei der Schaffung von Atmosphäre kommt der Beleuchtung eine entscheidende Rolle zu. Interessante Accessoires sollten besonders hervorgehoben werden.

Wenn Sie einen der älteren eleganteren Wintergärten Ihr eigen nennen, sollten Sie die Installation eines großen, langsam rotierenden Deckenventilators in Erwägung ziehen. Solche Ventilatoren arbeiten zuverlässig und preiswert und geben dem Raum eine exotische Note. Sie werden elektrisch betrieben, sind heute aus lackiertem Metall oder Messing und können an Deckenlichtkabel angeschlossen werden.

Neben den konventionellen Gewächshausstellagen gibt es eine ganze Reihe von ausgefallenen und verschiedenartigen Möglichkeiten, Stellflächen für Pflanzen zu schaffen. Praktisch ist beispielsweise ein Lattenrost auf Böcken, denn er kann bequem umgestellt werden, ebenso Kellerregale aus Metall oder einfache, variable Regalsysteme. Auch Körbe und Gestelle aus Draht, wie sie als Einsätze für Küchenschränke benutzt werden, lassen sich zu Pflanzenhaltern umfunktionieren. In unterschiedlichen Höhen aufgehängte Ampeln sehen ebenfalls sehr reizvoll aus und verleihen dem Raum Dimension.

Becken und Wassergärten

Wenn genügend Platz vorhanden ist, kann auch durch ein Wasserbecken mit einem Springbrunnen oder sogar einem sich über Felsen ergießenden Wasserfall für eine angenehm kühle und entspannende Atmosphäre gesorgt werden. Man kann Fische hineinsetzen oder feuchtigkeitsliebende Pflanzen darumgruppieren, um einen zusätzlichen Blickfang zu schaffen. Wo der Raum knapp ist, sollte man sich dagegen auf ein einfaches kleines Wasserbecken oder einen ganz schlichten Springbrunnen beschränken.

Damit Ihnen die Entscheidung leichter fällt, sollten Sie sich in Bau- und

Altmodische Pflanzenständer wie diese (unten) erfreuen sich heute wieder zunehmender Popularität und sind immer noch auf Flohmärkten und bei Trödlern zu finden. Man kann jedoch auch schon Reproduktionen kaufen.

Eine alte Kirchenbank (rechts) ist ein außergewöhnlicher Pflanzenständer und ein interessantes Gestaltungselement. Viele alte Möbelstücke lassen sich auf diese Weise nutzen. Eventuelle Beschädigungen verschwinden unter dem üppigen Grün der Pflanzen.

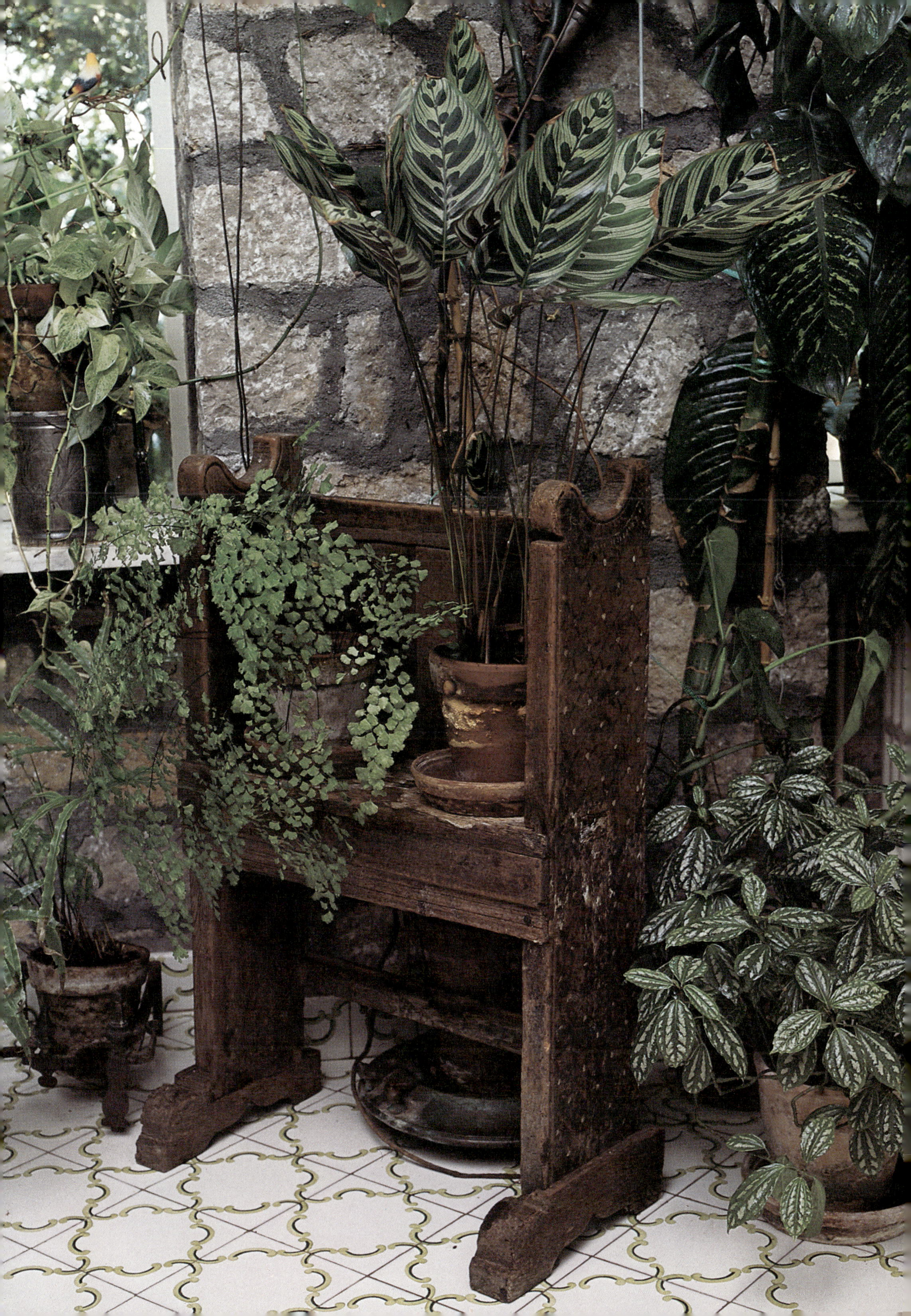

Die Inneneinrichtung

Gartencentern Becken und Springbrunnen ansehen, um sich genau über das Angebot zu orientieren. Becken und Teiche können auf unterschiedliche Weise angelegt werden: Am unproblematischsten sind starre Fertigbecken. Da man sie aber nicht in den Boden einlassen kann, sind sie für Gartenräume nicht unbedingt geeignet, wenngleich man sie auf den Boden stellen und rundum Erde und Steine aufschütten kann. Es gibt jedoch auch Becken, die man auf den Boden stellen kann, und darüber hinaus bieten sich natürlich Kübel aus Holz, Beton und Stein an.

Auf sehr engem Raum können Sie so in einem halben Holzfaß oder in einem der Pflanzkübel, die in den Gartencentern angeboten werden, einen kleinen Teich anlegen. Streichen Sie die Innenseite mit Bitumen, füllen Sie ihn mit Wasser, und setzen Sie einige Fische oder Wasserpflanzen hinein, wie etwa eine Zwerg-Seerose oder Zypergras.

Becken aus glasfaserverstärktem oder hartem Kunststoff sind eine vernünftige Lösung, aber da die meisten wiederum zum Einlassen in den Boden konzipiert sind, müssen Sie eine dekorative Form wählen, die Sie mit Steinen und Pflanzgefäßen umgeben können. Oder benutzen Sie Terrassenteiche aus Beton, Stein oder Hartkunststoff, die freistehend aufgestellt werden können.

Springbrunnen und Wasserfälle sorgen durch die ständige Bewegung für zusätzliches Leben, müssen aber mit einer geeigneten Elektropumpe betrieben werden. Typ und Leistung hängen von der Größe des Teiches ab, deshalb sollten Sie sich beim Kauf beraten lassen. Die Pumpe muß das vorhandene Wasser umwälzen können und eine ausreichende Förderhöhe haben, damit der Springbrunnen einwandfrei arbeitet. Am gebräuchlichsten sind Unterwasserpumpen. Sie sind klein und haben ein Kunststoffgehäuse sowie eine Gummischlauchleitung. In den meisten Gartencentern werden verschiedene Typen und Größen angeboten, und für das Haus ist es besonders wichtig, daß die Pumpe möglichst leise arbeitet.

Springbrunnen mit eingebauten Pumpen sind in Natur- oder Kunststein erhältlich, oft als kleine Figuren oder Wasserspeier. Sie sehen besonders in Wintergärten, wo wenig Platz ist, hübsch aus.

Da Wasser und Elektrizität eine gefährliche Kombination sind, sollten Sie die Pumpe oder den Springbrunnen von einem Fachmann installieren lassen, den Sie gleichzeitig fragen können, wie sich Pflanzen und Wasser am besten beleuchten lassen. Denken Sie daran, daß schön beleuchtete Becken und Springbrunnen immer sehr romantisch wirken.

Dieser Dach-Wintergarten wird auf eine luxuriöse Weise genutzt – er beherbergt einen whirlpool.

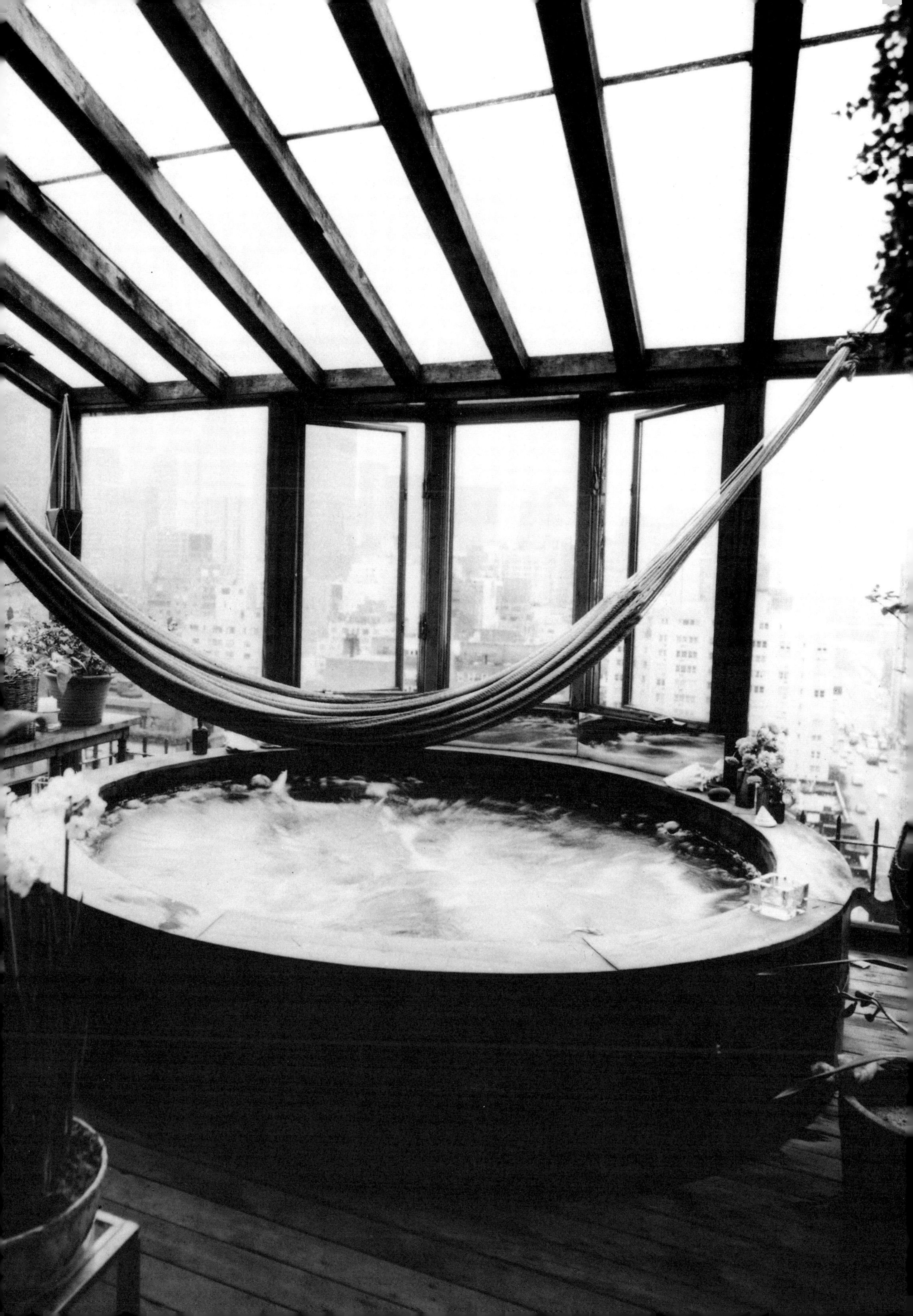

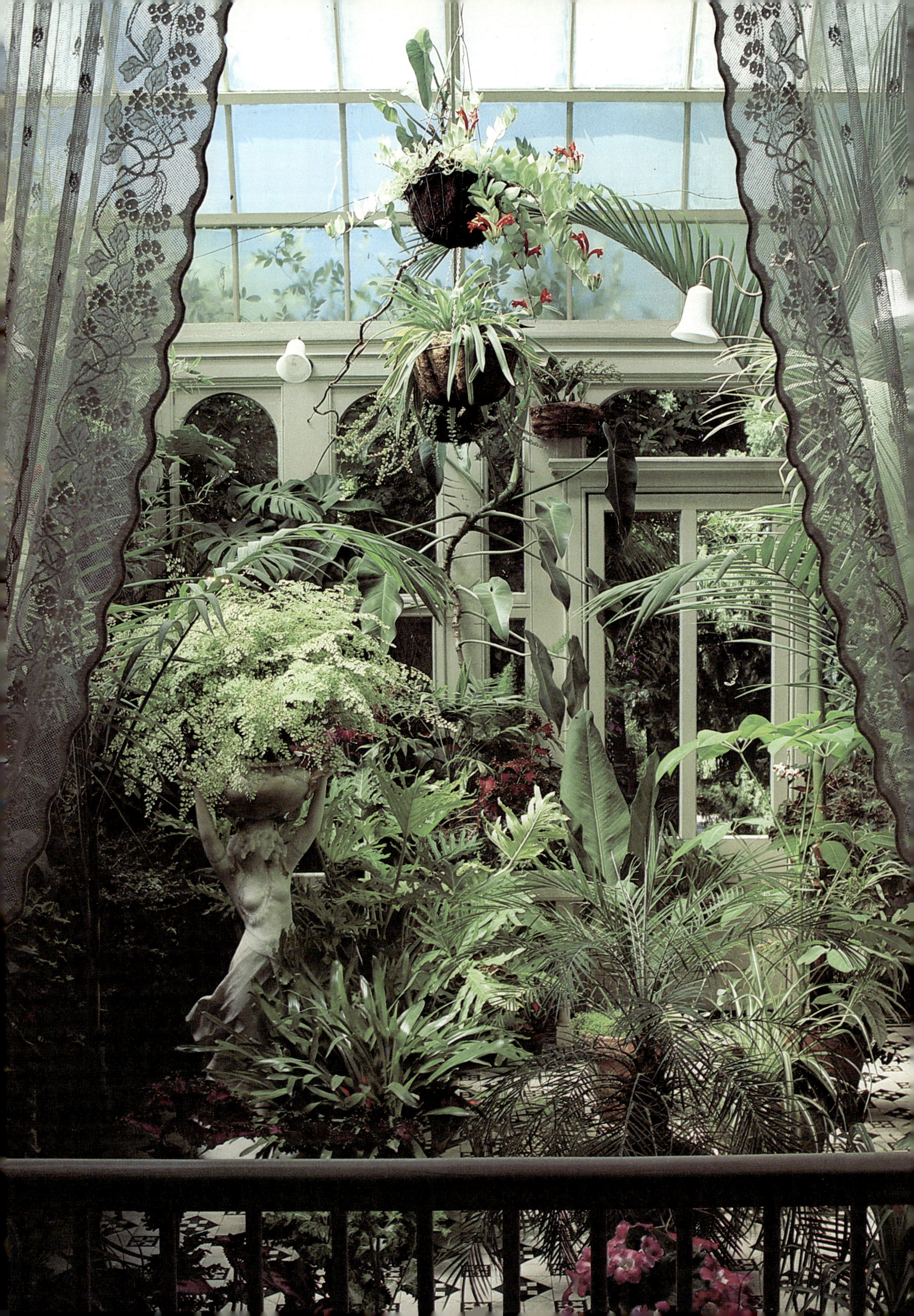

Pflanzen für den Wintergarten

Es gibt Hunderte von Pflanzen, die in geschlossenen Räumen gedeihen, und die nachfolgenden Listen enthalten eine Auswahl der schönsten dieser Gewächse. Die Pflanzen sind in fünf Gruppen unterteilt: In den ersten drei Listen werden Pflanzen für Räume mit unterschiedlich hoher Temperatur und Luftfeuchtigkeit beschrieben, Liste 4 enthält Pflanzen, die sich für Becken und Teiche in Innenräumen eignen, und in der letzten Liste finden Sie Pflanzen, die Sie im Freien um Ihren Wintergarten herum pflanzen können.

Die meisten Zimmerpflanzen sind erstaunlich robust, ganz gleich, ob sie aus dem Urwald oder aus der Wüste stammen. Viele überstehen, zumindest vorübergehend, auch niedrigere Temperaturen, während andere selbst bei recht hohen Temperaturen noch verhältnismäßig gut gedeihen. Aber wenn man einmal von Wasserpflanzen absieht, vertragen nur sehr wenige Gewächse überreichliches Gießen, und die meisten mögen auch Zugluft nicht. Sehr viele benötigen einen gewissen Grad an Luftfeuchtigkeit (die oft um die Pflanzen herum erzeugt werden kann), während Kakteen und Sukkulenten erst unter sehr trockenen Bedingungen gut wachsen. Große Sorgfalt sollten Sie darauf verwenden, daß Heizung, Abdichtung, Belüftung, Luftfeuchtigkeitskontrolle und Beleuchtung in Ordnung sind. Pralle Sonne kann an den unter Glas stehenden Pflanzen schwere Verbrennungen verursachen, daher muß auch für schattenspendende Vorrichtungen gesorgt werden. Aber all dies ist nicht so kompliziert, wie es vielleicht klingen mag. Wenn Sie die Pflegeanleitungen befolgen, sollten Sie bei Ihrer Pflanzenhaltung ebenso erfolgreich sein wie die Besitzer der in diesem Buch abgebildeten Wintergärten. Detailliertere Informationen finden Sie in speziellen Büchern zum Thema Zimmerpflanzen sowie in vielen Gärtnereien, Gartencentern und Blumengeschäften, die ihre Pflanzen oft mit Pflegeanleitungen verkaufen.

Das Pflanzsubstrat, in dem Sie Ihre Pflanzen ziehen, ist ein wichtiger Faktor für ihre Gesundheit. In den Listen sind zwei Grundtypen erwähnt. (Bei den folgenden Mengen handelt es sich um Volumenangaben.) Das Lehmsubstrat wird aus 7 Teilen sterilisiertem Lehm, 3 Teilen Torf und 2 Teilen grobem Sand hergestellt. Auf je 50 l Substrat geben Sie dann 60 g Dünger und 60 g gemahlenen Kalk. Das Torfsubstrat besteht aus gleichen Teilen Torf und grobem Sand (wieder in Volumen gemessen), und auf je 50 l geben Sie 25 g Ammonsalpeter, 10 g Kaliumsulfat (schwefelsaures Kali), 50 g Hornspäne, 20 g Magnesiumkalk, 160 g Kalk und 20 g Superphosphat. Für das Lehmsubstrat können Sie Gartenerde verwenden, doch wenn Sie keine Möglichkeit zum Sterilisieren haben, treten auf diese Weise leicht durch bodenbürtige Schädlinge und Krankheiten bedingte Probleme auf, und Sie haben am Ende kein Geld gespart. Für eine kleine Zahl von Pflanzen ist es besser, die handelsüblichen, für kalkfliehende Pflanzen empfohlenen Fertigsubstrate zu verwenden, während einige andere Gewächse, wie in den Listen erwähnt, mehr Sand benötigen, als in fertigen Erden enthalten ist.

Die Zimmergärtnerei ist eine sehr vergnügliche Beschäftigung und vom Wetter vollkommen unabhängig. Blätter und Blüten aller hier aufgeführten Pflanzen werden selbst dem einfachsten Glasanbau einen besonderen Reiz verleihen. Um Ihnen die Wahl der Pflanzen für Ihren persönlichen Wintergarten oder Gartenraum zu erleichtern, wurden sie in Listen zusammengefaßt, von denen jede einen bestimmten Temperaturbereich und Luftfeuchtigkeitsgrad abdeckt.

Liste 1 (S. 146-158) *Pflanzen für beheizte Wintergärten und Anbauten, die in erster Linie für die Pflanzenhaltung genutzt werden.* Hier haben die Pflanzen Vorrang vor den Menschen. Die relative Luftfeuchtigkeit muß mehr als 70% betragen, und die Temperatur sollte nicht unter 16° C sinken.

Liste 2 (S. 159-173) *Pflanzen für mäßig beheizte Anbauten und Wohnbereiche.* Hier haben Pflanzen und Menschen die gleiche Bedeutung. Die Luftfeuchtigkeit liegt niedriger als bei Liste 1, die Temperatur sollte in der Regel über 10° C gehalten werden.

Liste 3 (S. 173-180) *Pflanzen für gewöhnlich unbeheizte verglaste Anbauten, Wintergärten und Wohnbereiche.* Sie sind für Räume geeignet, in denen die Temperatur auch schon einmal bis auf den Gefrierpunkt sinkt, wo aber während anhaltender Kälteperioden in irgendeiner Form geheizt wird.

Liste 4 (S. 180-182) *Wasserpflanzen für Innenräume.* Die hier aufgeführten Pflanzen sind dekorativ und eignen sich für Becken und Teiche unterschiedlicher Temperaturbereiche.

Liste 5 (s. 182-185) *Freilandpflanzen.* Hier finden Sie winterharte Gewächse, die um Wintergärten und Gartenräume gepflanzt werden können, entweder als Sichtschutz oder um den Blick ins Freie zu verschönern.

Die **fettgedruckten** Zahlen, die im folgenden bei einigen der Pflanzenbeschreibungen erscheinen, verweisen auf die numerierten Illustrationen.

Dieser Wintergarten mit seiner üppigen Begrünung weckt Erinnerungen an Viktorianische Zeiten und zeigt, wie gut Pflanzen gedeihen, wenn Temperatur und Luftfeuchtigkeit stimmen.

Liste 1 Pflanzen für beheizte Wintergärten und verglaste Anbauten, die in erster Linie für die Pflanzenhaltung genutzt werden

Hier haben Pflanzen Vorrang vor den Menschen. Die relative Luftfeuchtigkeit muß mehr als 70% betragen, und die Temperatur sollte nicht unter 16°C sinken.

ACHIMENES (Schiefteller)
Die Schiefteller sind wegen ihres üppigen Blütenflors zu beliebten Zimmerpflanzen geworden. Sie stehen gern warm (Mindesttemperatur 16°C) und feucht, und während Wachstumsperiode und Blüte sollte für hohe Luftfeuchtigkeit an ihrem Standort gesorgt werden. Nach der Blüte läßt man ihre Knollen abtrocknen und überwintert sie für späteren Austrieb bei 10°C. Im Frühjahr topft man sie dann wieder ein. Zu diesem Zeitpunkt kann man die Pflanzen auch durch Teilung der Schuppenknöllchen vermehren. Als Pflanzsubstrat eignet sich am besten reine Torferde. Nachfolgend findet sich eine Auswahl der vielen Arten und Sorten, die alle aus dem tropischen Amerika stammen. *A.erecta (A.coccinea)* entwickelt vom Spätsommer bis Wintermitte scharlachrote Blüten; die kompakte Pflanze wird bis 45 cm hoch. *A.heterophylla* trägt orange- bis scharlachrote Blüten mit einer gelben Kronröhre; wird meist etwa 30 cm hoch, nur die Sorte ›Little Beauty‹ ist niedriger und hat tiefrosa Blüten. Beide Pflanzen blühen im Hochsommer. *A.longiflora* blüht lila bis purpur, oft mit weißer Mitte; Stengel kriechend, bis 30 cm lang; die Pflanze eignet sich ausgezeichnet für Ampeln. Es sind mehrere Sorten im Handel, zu den schönsten gehören ›Alba‹ mit weißen Blüten, gelber Mitte und einer purpurnen Linie auf jedem Lappen, und ›Major‹ mit hellvioletten Blüten von fast 8 cm Durchmesser und einer gelben Kronröhre.

ADIANTUM (Frauenhaarfarn, Venushaar) **Abb. 1**
Es gibt zahlreiche Arten des Frauenhaarfarns, von denen einige anmutige Topfpflanzen ergeben. Man sollte sie an einen warmen Platz stellen (Minimumtemperatur 16°C), aber vor direkter Sonne schützen und feucht, jedoch nicht zu naß halten. Sie werden in ein Torfsubstrat gepflanzt und bei Bedarf durch Teilung vermehrt. *A.raddianum (A. cuneatum)* ist eine kleine Pflanze mit 15–30 cm langen Wedeln. Im Handel ist eine Reihe ausgezeichneter Sorten erhältlich, darunter ›Gry‹, ›Matador‹ und ›Matador Lyon‹ sowie ›Fragrantissimum‹ mit duftendem Laub. Von *A. tenerum* gibt es die wunderschöne Sorte ›Farleyense‹, deren zarte Wedel gekräuselte, sich überlappende, fächerförmige Blättchen haben; da die Wedel bis zu 90 cm lang und 60 cm breit sind, braucht die Pflanze viel Platz.

AECHMEA (Lanzenrosette)
Aechmeen bilden Rosetten aus Blättern, die an das Laub der Ananas erinnern. In der Mitte entwickeln sich auffällig gefärbte Blütenschäfte mit Blüten, die häufig einen farblichen Kontrast zu ihnen bilden. Nach der Blüte gehen die Pflanzen gewöhnlich ein, haben zu diesem Zeitpunkt aber meist als »Kindel« bezeichnete neue Triebe ausgebildet. Sie können abgenommen und in kleinen Töpfen mit Torfsubstrat weitergezogen werden, das feucht, aber nicht zu naß sein sollte. Die Mitte der Blattrosette füllt man mit vorzugsweise weichem Wasser. Auch wenn Aechmeen niedrige Temperaturen vertragen, sind Temperaturen über 16°C doch empfehlenswert. *A.chantinii* wird bis 1 m hoch, die Blätter sind grün und silbern gebändert, Blütenschäfte orangerot mit gelben Blüten. *A.fasciata (Billbergia rhodocyanea)* hat graugrün und silbern gebänderte Blätter und rosa Blütenschäfte mit bläulichen Blüten, die später rot werden; Höhe etwa 60 cm.

AESCHYNANTHUS *(Trichosporum* Sinnblume, Schaupflanze)
Am dankbarsten sind die vielen kriechenden oder hängenden Arten der Sinnblume, die Ampeln ein exotisches Aussehen verleihen, in denen ihre leuchtendroten Blüten besonders gut zur Geltung kommen. Wenngleich sie Temperaturen unter 16°C vertragen, stehen sie doch in einer feuchtwarmen Umgebung am besten. Schützen Sie sie aber vor direkter Sonne. Man pflanzt sie in reines Torfsubstrat, das im Winter gerade feucht gehalten und im Sommer reichlich gewässert wird. Alle hier aufgeführten Arten sind kriechende bzw. hängende Pflanzen und bilden etwa 60 cm lange Triebe mit kaskadenartig herabhängenden Blättern aus. *A.marmoratus (A.zebrinus)* trägt auffallend grüne Blüten mit brauner Zeichnung und wird oft des Laubes wegen gezogen, das dunkelgrün und gelb marmoriert ist. *A.radicans (A. lobbianus)* hat leuchtendrote, an der Basis gelbgefleckte Blüten. *A.speciosus* trägt leuchtend orangefarbene, nach unten in Gelb übergehende Blüten.

AGLAONEMA (Kolbenfaden)
Die festen Blätter dieser immergrünen Pflanze haben gewöhnlich silberne Flecken, die, je nach Art und Sorte, unter-

schiedlich ausfallen. Die Pflanzen wachsen nur langsam. Sie gedeihen auch bei verhältnismäßig schlechten Lichtverhältnissen, und die Temperatur kann bis 13°C absinken. Reine Torfsubstrate eignen sich für den Kolbenfaden am besten. Vor Sonne schützen und für Luftfeuchtigkeit sorgen. *A.commutatum* wird 25-30 cm hoch und hat speerförmige, dunkelgrüne und silberne Blätter. Die von *A.costatum* sind sehr dunkel, mit weißer Mittelrippe und weißen Flecken; Höhe 15 cm. *A.crispum* hat große Blätter mit großen silbergrauen Flecken und wird bis 1,20 cm hoch.

ALLAMANDA (Dschungelglocke, Goldtrompete, Allamande)

Die Dschungelglocke *(A.cathartica)* ist eine immergrüne Kletterpflanze, die in der Natur eine Höhe bis zu 4,5 m erreichen kann. Sowohl die Art als auch ihre Sorten entwickeln im Sommer und Herbst große gelbe Blüten. Man zieht sie einer Rabatte oder in sehr großen Töpfen mit handelsüblicher Lehmerde. Während der Wachstumsperiode muß gedüngt werden. Man läßt sie sehr trocken überwintern und erst im Frühjahr weiterwachsen. Dann wird, sofern notwendig, umgetopft, und auch Stecklinge können jetzt abgenommen werden. Die Pflanze ist vor direkter Sonne zu schützen, die Temperatur darf jedoch nicht unter 13°C sinken. Die Varietät ›Grandiflora‹ hat blaßgelbe Blüten, ›Hendersonii‹ blüht dagegen tief goldgelb.

ANGRAECUM

Diese belaubten tropischen Orchideen – der Gattung gehören über 200 Arten an – entwickeln an anmutig gebogenen Stengeln duftende Blüten. Sie brauchen Wärme und Luftfeuchtigkeit und sollten in Orchideenpflanzgefäßen oder Körben mit einem handelsüblichen Orchideensubstrat gepflanzt werden. Während der Wachstumsperiode werden sie mit einer schwachen Düngerlösung gedüngt, im Winter bleiben sie trockener. Im Frühjahr kann man zur Vermehrung Seitentriebe abnehmen. *A. infundibulare* ist eine kleine kletternde oder kriechende Pflanze von 0,60 bis 1,50 m Höhe mit großen Einzelblüten von 9 cm Durchmesser. Sie sind zartgelb und an der Basis weißgrün. *A. superbum (A. eburneum)* ist sehr wuchsfreudig und wird 1,20 m und höher; die zahlreichen grünweißen Blüten von 10 cm Durchmesser stehen an langen Stengeln.

ANTHURIUM (Flamingoblume, Blütenschweif)

Unter den vielen hundert Arten dieser exotischen Tropenpflanze befinden sich zwei, die heute zu den beliebtesten Zimmerpflanzen zählen. Sie brauchen Wärme und Luftfeuchtigkeit, aber keine direkte Sonne, und sollten in eine Mischung aus gleichen Teilen Sphagnum und Torfsubstrat gesetzt werden. Im Sommer sind sie feucht, aber nicht naß zu halten, überwintert werden sie trockener. Im Winter kann man sie gegebenenfalls auch teilen. *A. andreanum*-Hybriden (Große Flamingoblume) erreichen 45 cm Höhe. Sie tragen das ganze Jahr hindurch glänzende, herzförmige und tieforange bis leuchtend scharlachrot gefärbte Spathen (Blütenscheiden) mit einem gelben Kolben, die sich bis zu einem Monat halten. Ihre Hybriden blühen rosa und weiß. Die Blüten von *A. scherzerianum*-Hybriden (Kleine Flamingoblume) sind glänzend und leuchtend scharlachrot mit einem gedrehten gelben Kolben; die Pflanze wird nur halb so hoch wie die vorige Art.

APHELANDRA (Glanzkölbchen, Aphelandre)

Das Glanzkölbchen *A.squarrosa* hat bezaubernde cremefarben geäderte grüne Blätter und gelbe Blütenstände, die vom Spätsommer bis zum Winter erscheinen. Die Pflanzen können bis 1,20 m hoch werden. Vor Sonne schützen, aber für Wärme und Luftfeuchtigkeit sorgen und in eine handelsübliche Erde pflanzen. Im Frühjahr umtopfen und Stecklinge nehmen. Triebe nach der Blüte auf ein Blattpaar zurückschneiden, damit die Pflanzen buschig bleiben. Die Varietät ›Louisae‹ wächst kompakter.

ARISTOLOCHIA (Pfeifenblume, Osterluzei, Pfeifenwinde)

A.littoralis ist eine eindrucksvolle Kletterpflanze mit großen, seltsamen Blüten. Sie kann bis zu 6 m hoch werden. Die etwa 12 cm großen Blüten sind außen weiß mit purpurfarbenen Streifen, innen weiß mit purpurroten Streifen. Sie brauchen einen warmen, aber vor direkter Sonne geschützten Standort. Als Pflanzsubstrat eignet sich jede gute handelsübliche Erde. Feucht halten.

ASPLENIUM (Nestfarn, Streifenfarn)

Dekorative Farne mit glänzendgrünen Wedeln. Sie werden in Torfsubstrat gezogen und brauchen einen feuchtwarmen Standort, aber auch Schutz vor starker Sonne. Im Frühjahr wird umgetopft und durch Teilung vermehrt. *A.bulbiferum* hat feingeteilte, 60-120 cm lange Wedel. Daran entwickeln sich Jungpflanzen, die sie herunterziehen. Sie können abgenommen und eingepflanzt werden. *A.nidus (A.nidus-avis Nestfarn)* entwickelt verhältnismäßig aufrechte Wedel, die eine federballähnliche Rosette bilden. Sie sind ungeteilt und 60-120 cm lang.

BELOPERONE
Zu dieser Gruppe gehören mehrere schöne Zimmerpflanzen mit sehr unterschiedlichen Blüten. Im Sommer ein wenig vor praller Sonne schützen und in Lehm- oder Torfsubstrat pflanzen. Feucht halten, nach der Blüte jedoch trockener, bis sich neue Triebe entwickeln. Nach der Blüte schneidet man die Pflanzen auch zurück. Im Frühjahr umtopfen und gleichzeitig für einjährig gezogene Pflanzen Stecklinge nehmen. *Beloperone guttata* (Spornbüchschen, Garnelenblume) trägt hängende, längliche Blütenstände; rosa und weiße Blüten sind für diese strauchige Pflanze, die bis zu 90 cm hoch wird, typisch.

BRUNFELSIA (Brunfelsie)
Die wunderschönen Blüten von *B.pauciflora* entwickeln sich fast das ganze Jahr hindurch, sind im Sommer oder Herbst aber am schönsten. Bei der Sorte ›Macrantha‹ sind sie blauviolett und erreichen Durchmesser bis zu 8 cm. Die Pflanze ist immergrün und wird 90 cm und höher. Meist ist sie als *B.calycina* im Handel. In Töpfe mit Torfsubstrat setzen und vor praller Sonne schützen. Im Frühjahr wird umgetopft und durch Stecklinge vermehrt.

CALADIUM (Kaladie, Buntwurz)
Kaladien haben ungewöhnlich gezeichnete und gefärbte Blätter, die oft an langen, biegsamen Stielen stehen. Man pflanzt sie in Torfsubstrat, und wenn die Blätter voll entfaltet sind, wird gut gegossen und alle zwei Wochen gedüngt. Sonst weniger gießen, und im Winter die Knollen trocken lagern. Stets warm halten, auch beim Überwintern sind 13°C erforderlich. Unter der Sammelbezeichnung *C.bicolor* ist eine Anzahl von Hybriden im Handel. Zu ihnen gehören ›Candidum‹ mit großen weißen Blättern und grüner Äderung, ›Frieda Hemple‹ mit roten Blättern, dunkleren Adern und grünem Rand, und ›Seagull‹ mit dunkelgrünen Blättern und weißen Adern. Alle werden 25–35 cm hoch.

CALATHEA (Korbmarante) Abb. 2
Diese wunderschönen Blattpflanzen eignen sich mit grundständigen Blattbüscheln für einen feuchtwarmen Standort. Sie sind vor direkter Sonne zu schützen und in ein Torfsubstrat zu pflanzen, dem ein Drittel grober, scharfer Sand zugesetzt wird. Im Frühjahr umtopfen und durch Teilung vermehren. *C.makoyana* hat cremegrüne Blätter mit zarter, grüner Aderzeichnung und ovalen, grünen Flecken auf der Oberseite bzw. einer ähnlichen karminroten Zeichnung auf der Unterseite. Die Blätter von *C.zebrina* sind samtiggrün, die Oberseite gelblichgrün, die Unterseite purpurn geädert. Beide Pflanzen werden 45–60 cm hoch.

CATTLEYA
Großartige epiphytische Orchideen aus den Tropen, von denen viele große Blüten und riesige Scheinbulben haben. Sie brauchen eine feuchtwarme Umgebung und werden in Orchideenpflanzgefäße oder Körbe mit einem handelsüblichen Orchideensubstrat gepflanzt. Im Frühjahr und Sommer vor Sonne schützen, danach kühler halten und direkt ins Licht stellen. Gegebenenfalls im Frühjahr oder Sommer teilen. Es werden viele Arten und Hybriden angeboten, wie z.B. *Encyclica citrina (C.citrina),* eine Hängepflanze, die am besten in einer Ampel wächst. Sie hat duftende gelbe Blüten, bis zu 25 cm lange Blätter und verträgt auch einen kühleren Standort. *C.dowiana (C. labiata dowiana)* entwickelt nur ein großes Blatt und gelbe Blüten mit einer purpurnen Lippe. Sie wird etwa 30 cm hoch und braucht Wärme. Die Blüten von *C.labiata* sind zartrosa-lila mit karminroter Lippe und gelbem Schlund, Höhe etwa 40 cm. Bei *C.trianaei* reicht die Blütenfarbe von Rosé bis Weiß, die Lippen sind purpurn und der Schlund gelb, Höhe bis 45 cm.

CHAMAEDOREA (Bergpalme)
Von allen Palmenarten ist *C.elegans (Collinia elegans, Neanthe bella* Bergpalme) die wohl beliebteste. Sie hat anmutige Wedel mit überhängenden Blättern, die bei 1,20–1,80 m hohen Pflanzen mit der Zeit 2,40 m Länge erreichen können. Als Jungpflanze kann sie zusammen mit anderen in einen Kübel gepflanzt werden, weil sie in diesem Stadium auch auf eng begrenztem Raum zu leben vermag. An einen warmen, aber vor Sonne geschützten Platz stellen und für Luftfeuchtigkeit sorgen. In Lehm- oder Torfsubstrat ziehen und feucht halten, aber nicht überwässern. Vermehrung erfolgt im Frühjahr durch Aussaat.

CISSUS (Klimme, Zimmerrebe)
Von den phantastischen kletternden oder kriechenden *Cissus*-Arten eignen sich eine ganze Reihe hervorragend als Zimmerpflanzen, darunter auch der wunderschöne *Cissus discolor* (Bunte Klimme). Seine hübschen, samtiggrünen Blätter haben auf der Oberseite eine silberfarbene oder zartrosa Zeichnung, die Unterseiten sind dagegen purpurn gefärbt. Die Pflanze kann bis zu 3 m hoch werden, braucht aber viel Wärme und Luftfeuchtigkeit. In feuchtes Lehm- oder Torfsubstrat setzen. Vermehrt wird im Sommer durch Kopfstecklinge oder Samen.

CLERODENDRUM (Losbaum, Schicksalsbaum)
Diese großartig blühenden Sträucher und Kletterpflanzen bevorzugen eine feuchtwarme Umgebung, sollten aber vor starker Sonne geschützt werden. In eine Rabatte oder große Töpfe mit Lehm- bzw. Torfsubstrat pflanzen. Vermehrung erfolgt im Sommer durch Stecklinge oder im Frühjahr durch Aussaat. *C.paniculatum* ist ein Strauch mit scharlachroten Blütenbüscheln und erreicht 90–120 cm Höhe. *C.thomsoniae*, eine schöne Kletterpflanze mit weißen und karminroten Blüten, kann 3–4 m hoch werden.

CODIAEUM (Kroton, Wunderstrauch)
Zu den schönsten Blattpflanzen gehört sicherlich *C.variegatum pictum*, dessen Blätter eine Vielzahl von Formen, Panaschierungen und Aderzeichnungen in den verschiedensten Färbungen aufweisen. Die Pflanzen werden 90 cm und höher. Sie brauchen Wärme und Luftfeuchtigkeit und können in jeder handelsüblichen Erde wachsen, sollten aber vor direkter Sonne geschützt werden. Im Frühjahr umtopfen und im Frühjahr oder Sommer durch Kopfstecklinge vermehren.

COLUMNEA (Rachenrebe)   **Abb. 3**
Ausgesprochen schöne Ampelpflanzen mit orangefarben bis karminroten Blüten, die bei gutentwickelten Pflanzen wie Flammenzungen erscheinen. Im Sommer brauchen sie Wärme und Luftfeuchtigkeit, aber auch einen Schutz vor direkter Sonne. In einer feuchten, aber nicht zu nassen Mischung aus einem Drittel grobem, scharfem Sand und zwei Dritteln handelsüblichem Torfsubstrat ziehen. Während des Sommers alle zwei Wochen einen Flüssigdünger geben. Vermehrung erfolgt im Frühjahr durch Samen oder im Frühjahr und Sommer durch blütenlose Stecklinge. *C. x banksii* trägt scharlachrote Blüten an 60–70 cm langen Trieben. *C.gloriosa* hat scharlachrote Blüten mit gelbem Schlund, die Triebe sind 90 cm und länger und mit samtigpurpurnen Blättern besetzt, bei der Sorte ›Superba‹ (›Purpurea‹) sind sie noch intensiver gefärbt. Die Triebe von *C.* ›Stavanger‹ sind 60 cm und länger, Blüten leuchtend tiefrot, zur Basis hin in Orange übergehend.

CORDYLINE (Keulenlilie, Kolbenbaum)
C.fruticosa (*Dracaena terminalis*) ist eine exotische Pflanze mit bronzegrünen Blättern, die mit der Zeit 3 m hoch wird. Sie braucht zum Gedeihen einen feuchtwarmen Standort und sollte in großen Töpfen mit einem durchlässigen Lehmsubstrat wachsen, dem man nötigenfalls scharfen Sand zusetzt. Vermehrt wird im Frühjahr durch Aussaat oder im Sommer durch Stecklinge. Im Handel bekommt man mehrere schöne Sorten mit unterschiedlichen Blattfärbungen, darunter ›Tricolor‹, deren Blätter rot, rosa, cremefarben und grün gezeichnet sind.

CROSSANDRA (Crossandre)
Crossandren sind schöne strauchartige Pflanzen mit leuchtendfarbigen Blütenbüscheln, und, wenn sie warm stehen und etwas Luftfeuchtigkeit bekommen, auch sehr gute Topfpflanzen. Sie müssen jedoch vor direkter Sonne geschützt werden. Am besten wachsen sie in Torfsubstrat, gut entwickelte Pflanzen werden während Sommer und Frühherbst regelmäßig gedüngt. Im Frühjahr umtopfen und die Pflanzen um etwa die Hälfte zurückschneiden (hohe, dünne Exemplare noch stärker), damit sie buschig bleiben. Vermehrung erfolgt im Frühjahr und Sommer durch Stecklinge oder im Frühjahr durch Aussaat. *C.infundibuliformis* (*C.undulifolia*) ist eine wunderschöne, bis zu 90 cm hohe Pflanze mit lachsfarbenen bis leuchtend orangefarbenen Blüten. *C.nilotica* ist sehr ähnlich, hat aber flaumigere Blätter und wird nur etwa 60 cm hoch. *C.pungens*, wie *C.nilota*, Blütenköpfe jedoch dichter.

CRYPTANTHUS (Versteckblume, Versteckblüte)
Versteckblumen zieht man hauptsächlich wegen ihrer auffallend gezeichneten und gefärbten Blattrosetten, denn ihre weißen Blüten sind gewöhnlich recht unscheinbar. Sie brauchen Wärme und Luftfeuchtigkeit und sollten in flachen Töpfen oder Schalen wachsen. Man verwendet ein handelsübliches Torfsubstrat. Vermehrung erfolgt durch sogenannte Kindel (Seitensprosse). *C.acaulis* entwickelt kleine grüne Blattrosetten, die bis zu 15 cm Durchmesser haben, und blüht weiß. Die Rosetten von *C.bivittatus* sind bis zu 40 cm breit, die Blätter bräunlichgrün mit kupferrosa Streifen. *C.bromelioides* wächst aufrechter, hat bis zu 35 cm Durchmesser und auffällig gefärbte Blätter; bei der Kultursorte ›Tricolor‹ sind die Blätter grün und cremefarben gestreift und rosa gerändert. *C.zonatus* ist ebenfalls sehr auffällig gefärbt, die Blätter haben graue und bronzegrüne Querbänder, Länge bis 25 cm.

CTENANTHE
Die büschelige, ausdauernde *C.oppenheimiana* ›Tricolor‹ ist eine sehr grafisch gezeichnete Blattpflanze. Die Blätter haben ein auffälliges creme- und dunkelgrünes Fischgrätenmuster und sind auf der Oberseite cremefarben, auf der Unterseite rot gefleckt. Die Pflanze kann im Laufe der Zeit eine Höhe von ca. 1,80 m erreichen. Für Wärme und Luftfeuchtigkeit sorgen und vor direkter Sonne schützen. In Töp-

fen mit einem Torfsubstrat ziehen, dem ein Drittel grober, scharfer Sand zugesetzt wird. Im Frühjahr umtopfen und gleichzeitig durch Teilung vermehren.

DENDROBIUM (Traubenorchidee)
Von den zahlreichen Kultursorten der Dendrobie gedeihen die meisten auch bei niedrigen Temperaturen. Die bekannteste und beliebteste ist jedoch die tropische Orchidee *D.phalaenopsis (D. phalaenopsis* Lila Orchidee), die Wärme und Luftfeuchtigkeit braucht. Sie hat große, sproßartige Scheinbulben und bis zu 9 cm große Blüten in Rosa-, Lila- und Purpurtönen mit einem dunkleren Schlund; die Stengel sind 30 cm lang. Orchideen sind in ein handelsübliches Orchideensubstrat zu setzen. Umgetopft wird nach der Blüte oder wenn neue Wurzeln erscheinen. Gleichzeitig kann durch Teilung vermehrt werden.

DIEFFENBACHIA (Dieffenbachie)
Wunderschöne, aber giftige Blattpflanzen, deren große Blätter weiß und gelb gezeichnet sind. Sie werden in Töpfe mit Torfsubstrat gepflanzt. Für Wärme und Luftfeuchtigkeit sorgen, im Sommer vor Sonne schützen. Umgetopft wird im Frühjahr. Im Frühsommer durch etwa 8 cm lange Stammstücke vermehren. Gutwachsende Pflanzen werden im Sommer alle zwei Wochen gedüngt. Bei *D.maculata (D.picta)* weisen die Blätter zahlreiche weiße Flecken auf, die Adern stehen grün heraus; Länge 25 cm, Pflanzenhöhe 1,20 m; bei der Sorte ›Rudolph Roehrs‹ sind die Blätter fast vollkommen gelb und haben grüne Adern.

DIZYGOTHECA (Fingeraralie)
Im Jugendstadium ist *D.elegantissima* eine anmutige Topfpflanze von etwa 1,20 m Höhe, die später allerdings zu einem kleinen Baum heranwächst. Die langstieligen Blätter sind in lange gezähnte Teilblättchen geteilt und von sattkupferner Färbung. In Torfsubstrat setzen, im Sommer vor Sonne schützen und für ein wenig Luftfeuchtigkeit sorgen. Im Frühjahr umtopfen und durch Aussaat vermehren.

DRACAENA (Drachenbaum, Drachenlilie, Drazäne)
Schöne Pflanzen für die Zimmerkultur mit auffällig gestreiften oder gezeichneten Blättern. Die meisten Drachenbäume überleben auch Minimumtemperaturen von 13°C, zum Gedeihen sollten sie aber Wärme und Luftfeuchtigkeit haben. Im Sommer vor Sonne schützen. Man pflanzt sie in Torf- oder Lehmsubstrate und topft sie am besten im Frühjahr um. Vermehrung erfolgt im Frühjahr durch Aussaat oder im Frühjahr und Sommer durch Stecklinge. *D.deremensis* hat grüne, bis zu 45 cm lange Blätter, die Sorte ›Bausei‹ kurze Blätter mit einem weißen Mittelstreifen; sie wird mit der Zeit 5 m hoch. *D.fragrans* ›Massangeana‹ hat breite Blätter mit einem gelben Mittelstreifen, die Pflanze kann bis zu 6 m hoch werden. *D.sanderiana* entfaltet schmale, graugrüne und weißgeränderte Blätter und kann bis zu 2 m Höhe erreichen.

EPIDENDRUM
Diese interessanten Orchideen weisen sehr unterschiedliche Blütenformen und Blütenfarben auf. Die Blüten sind nicht unbedingt groß, doch oft von leuchtender Färbung. Sie brauchen eine feuchtwarme Umgebung und sollten in Orchideenpflanzgefäßen mit einem handelsüblichen Orchideensubstrat wachsen. Im Frühjahr und Sommer vor starker Sonne schützen. Die Pflanzen können nötigenfalls im Frühjahr oder Sommer geteilt werden. Es sind zahlreiche *Epidendrum*-Arten im Handel, von denen hier nur einige erwähnt werden können. *E.ciliare* hat bizarre Blüten mit langen zartgrünen Kronblättern und einer gefransten blaßblauen bis weißen Lippe, die Blütenstengel sind 25 cm lang. *E.cochleatum* trägt Blüten mit blaßgrünen Kronblättern und einer gelben, violettschwarz gestreiften muschelförmigen Lippe. Die Blüten stehen auf dem Kopf, da ihre Stiele verdreht sind, die ihrerseits an 30–45 cm langen Stengeln wachsen. *E.ibaguense (E.radicans),* Blüten rot, orange oder gelb; *E.stamfordianum* hat duftende gelbe und weiße Blüten mit purpurroten Flecken und belaubten Stengeln, wird bis 90 cm lang.

EUPHORBIA (Wolfsmilch)
Die strauchigen Euphorbien brauchen im Sommer Wärme und Luftfeuchtigkeit, aber auch eine gute Lüftung. Dies gilt insbesondere für die beliebte Poinsettie (Weihnachtsstern), die andernfalls keine schöne Färbung bekommt. In Lehm- oder Torfsubstrat pflanzen und Töpfe an einen hellen Platz stellen. Nach der Blüte trocken halten. Im Frühjahr werden die Stengel auf 10–15 cm zurückgenommen, eine Woche später beginnt man erneut mit dem Gießen. Wachsen die Pflanzen wieder, kann man sie umtopfen und Stecklinge nehmen. *E.fulgens* ist ein sehr hübscher Strauch mit 1,20–1,80 m Endhöhe und überhängenden Zweigen, die manchmal unter scharlachorangefarbenen Blüten verschwinden. Man kann ihn einjährig behandeln und jedes Frühjahr neu aus Stecklingen ziehen. *E.milii (E.splendens* Christusdorn) wird 30 bis 60 cm hoch, hat dornenbesetzte Stengel und leuchtendrote Blüten. *E. pulcherrima* (Weihnachtsstern) ist mit roten, rosa und weißen Hochblättern im Handel.

FICUS (Feige, Gummibaum)
Attraktive immergrüne Blattpflanzen von unterschiedlicher Wuchsform. Sie stehen gern feuchtwarm und brauchen im Sommer leichten Schatten. Man zieht sie je nach Art in Töpfen oder Ampeln mit Torfsubstrat. Während des Sommers alle zwei Wochen düngen. *F.benjamina* (Birkenfeige, Juniorfeige) hat anmutige überhängende Zweige und wird schließlich ein Baum von 1,80 m Höhe. *F.elastica* (Gummibaum) wird 1,20 m hoch und in mehreren beliebten Sorten angeboten: ›Decora‹, Blätter breit, glänzendgrün, Unterseiten rötlich, 25 cm und länger, erreicht schließlich Baumgröße; ›Doescheri‹, Blätter grün, grau und weiß gescheckt, mitunter auch rosa angehaucht; ›Variegata‹, Blätter cremefarben mit grüner Zeichnung. *F.pumila* (Kletterfeige) ist kleinblättrig, verträgt kühlere Standorte und wird an Stützen kletternd bis 1,50 m hoch, kriechend bleibt sie aber sehr viel kleiner. *F.sagittata (F.radicans)* hat kriechende Triebe, kleine, speerförmige Blätter, eignet sich gut für Ampeln, insbesondere die Sorte ›Variegata‹ mit ihren graugrünen und cremefarbenen Blättern; Höhe 8-10 cm.

GARDENIA (Gardenie)
Die wunderschöne *G.jasminoides* ist ein immergrüner Strauch mit wächsernem Laub und wird wegen ihrer bezaubernden, schneeweißen, duftenden Blüten gezogen. Sie kann 1,80 m hoch werden, in Töpfen erreicht sie diese Höhe jedoch nicht. In Töpfe mit Torfsubstrat pflanzen und für Wärme und Luftfeuchtigkeit sorgen. Vor starker Sonne schützen. Im Sommer wird alle zwei Wochen gedüngt. Im Frühjahr topft man um und kann Stecklinge nehmen. Pflanzen nach der Blüte zurückschneiden, damit sie buschig bleiben. Die Sorte ›Fortunei‹ hat gefüllte weiße Blüten, die später in Cremeweiß übergehen.

GUZMANIA (Guzmanie)
Guzmanien haben schöne, meist grüne Blattrosetten, die in der Mitte leuchtend gefärbt sind. Sie brauchen eine feuchtwarme Umgebung und müssen im Sommer vor starker Sonne geschützt werden. In eine Mischung aus gleichen Teilen Torfsubstrat und Sphagnum pflanzen. Die Mitte der Rosetten muß – außer im Winter – stets mit Wasser gefüllt sein. Im Frühjahr und Sommer umtopfen und durch Kindel vermehren. *G.lingulata* hat schmale, bis 45 cm lange Blätter und einen etwa 30 cm hohen, leuchtendroten Blütenstand, der sich mehrere Wochen hält. *G.sanguinea*, Blätter etwa 30 cm lang, die mittleren sind während der Blüte leuchtendrot, die kleinen Blüten gelb bis weiß.

HIPPEASTRUM (Amaryllis, Ritterstern)
Herrlich blühende Zwiebelblumen, deren Blüten auf kräftigen Schäften stehen und sich gut von den breiten, riemenförmigen, überhängenden Blättern abheben. Die *Hippeastrum*-Hybriden sind beliebte Zimmerpflanzen, die oft unter der Bezeichnung ›Amaryllis‹ angeboten werden. Die Blüten können karmin, rot, scharlach, rosafarben oder weiß sein, manche Sorten haben auch andersfarbige Streifen oder Zeichnungen. Die meisten werden 40-60 cm hoch. In Töpfe mit Lehmsubstrat pflanzen, Zwiebeln aber nur zur Hälfte in die Erde stecken. Während der Wachstumsperiode feucht halten, vollentwickelte Pflanzen alle zwei Wochen düngen. Wenn die Blätter im Spätsommer zu welken beginnen, läßt man sie einziehen. Zwiebeln im Herbst wieder eintopfen, zu diesem Zeitpunkt kann auch durch Nebenzwiebeln vermehrt werden.

HOWEIA (Lord-Howe-Palme, Kentie, Kentiapalme)
Mit ihren langen, anmutig gebogenen Wedeln sind Kentiapalmen dekorative Pflanzen für große Töpfe und Kübel. Obwohl sie in der Natur zu großen Bäumen heranwachsen, bleiben sie im Haus meist unter 3 m. Sie brauchen Wärme und Luftfeuchtigkeit und sollten in einem Lehmsubstrat wachsen. Während der Wachstumsperiode von Frühjahr bis August gut gießen, dann die Wasserzufuhr reduzieren und schließlich fast austrocknen lassen, bevor erneut gegossen wird. Während des Sommers wird alle zwei Wochen gedüngt. Im Frühjahr umtopfen und durch Aussaat vermehren. *H.belmoreana (Kentia belmoreana)* hat überhängende Wedel mit nach oben gerichteten Fiederblättchen. Bei *H.forsteriana (Kentia forsteriana)* sitzen die Fiederblättchen waagrecht oder hängen an aufrechteren Wedeln.

HYMENOCALLIS (Schönhäutchen)
Wunderschöne, weißblühende Zwiebelblumen, die aber nicht immer ohne weiteres erhältlich sind. Es gibt verschiedene Arten und Hybriden, von denen hier zwei beschrieben sind. Die herrlich duftenden Blüten sitzen an einem kräftigen Stiel, die schmalen Blütenblätter sind um eine trichterförmige Blütenröhre angeordnet. Die riemenförmigen Blätter sind lang und gebogen. Sie brauchen Wärme und Luftfeuchtigkeit, vertragen aber keine zu starke Sonne. Wenn sich Blätter entwickelt haben, gut gießen und während der Wachstumsperiode alle zwei Wochen düngen, sonst nur feucht halten. In Lehmsubstrat pflanzen, Zwiebeln jedoch nicht ganz zudecken. Von Spätherbst bis Frühjahr kann man umtopfen und gleichzeitig Brutzwiebeln zur Vermehrung abnehmen. *H.lit-*

toralis (H.americana) entwickelt Blätter, die bis 90 cm lang werden können, und Büschel aus großen Blüten. Bei *H.narcissiflora (Ismene calathina)* sind die Blätter ca. 60 cm lang, die großen Blüten haben einen grünlichen Schlund.

HYPOCYRTA (Kußmäulchen)
Die ungewöhnlichen beutelförmigen orangefarbenen und roten Blüten von *H.glabra* bilden einen schönen Kontrast zu den dunkelgrünen, glänzenden Blättern dieser 25 cm hohen strauchigen Pflanze. Sie braucht Wärme und Luftfeuchtigkeit und im Sommer leichten Schatten. In ein Torfsubstrat pflanzen und abgeblühte Zweige zurückschneiden, damit die Pflanze buschig bleibt. Vermehrung erfolgt im Sommer durch Triebstecklinge.

IRESINE
Attraktive Pflanzen für die Zimmerkultur mit starkfarbigem Laub, die im Sommer auch nach draußen in ein Beet gesetzt werden können. In ein Lehmsubstrat pflanzen, das im Winter fast trocken gehalten werden muß. Die uninteressanten Blütenrispen entfernt man, damit die Pflanzen buschig bleiben. Im Frühjahr umtopfen und Stecklinge nehmen. Ins Freie gesetzte Pflanzen sollten im Herbst wieder eingetopft werden. *I.herbstii* hat kastanienrote Blätter mit gelber Äderung, bei der Sorte ›Aurei-reticulata‹ sind sie jedoch grün und gelb geädert; Höhe 45 cm und mehr. *I.lindenii* hat tief blutrote Blüten, bei der Sorte ›Formosa‹ sind sie gelb mit grüner Zeichnung; Höhe etwa 60 cm.

KOHLERIA (Gleichsaum)
Diese Stauden und Sträucher tragen leuchtende Röhrenblüten, müssen feuchtwarm stehen und werden in Lehmsubstrat gepflanzt. Stauden vermehrt man im Frühjahr durch Teilung, Sträucher im Sommer durch Stecklinge. *K.amabilis (Isoloma amabile)* ist eine Staude mit tief rosafarbenen, purpurrot gepunkteten Blüten und dunkelgrünen Blättern; Höhe 60 cm. *K.eriantha (Isoloma erianthum)*, ein Strauch mit gelbgepunkteten roten Blüten, die er bereits im Jugendstadium trägt, seine Endhöhe beträgt jedoch 1,20 m.

LAELIA (Laelie, Jungfernstendel)
Wunderhübsche Orchideen für einen feuchtwarmen Standort. Sie werden in Orchideenpflanzgefäße oder Körbe mit einem handelsüblichen Orchideensubstrat gesetzt. Im Frühjahr und Sommer vor starker Sonne schützen, zu dieser Zeit kann auch durch Teilung vermehrt werden. *L. anceps,* kleine eiförmige Sproßknollen mit jeweils einem Blatt, Blüten lavendelfarben, Durchmesser 10 cm, mit einer gelbgestreiften, purpurgeränderten Lippe. Es gibt viele Formen mit unterschiedlichen Blütenfarben. *L.purpurata* hat große Sproßknollen von etwa 45 cm Länge, einzelne Blätter, bis zu 20 cm große, duftende Blüten mit weißen bis rosafarbenen Kronblättern, eine dekorative purpurne Lippe und einen gelben Schlund.

LIVISTONA (Livistonie)
Die *L. chinensis* ist eine langlebige Palme, deren Wedel großen geöffneten Fächern ähneln. Zwischen den fingerartigen Blattfiedern hängen fadendünne Fasern herab, die untere Hälfte jedes Stiels ist mit dicken Stacheln bedeckt. Man pflanzt sie in ein handelsübliches Torfsubstrat und düngt fest angewurzelte Pflanzen vom Frühjahr bis zum Herbst allmonatlich (frisch eingetopfte Pflanzen dürfen erst im folgenden Frühjahr wieder gedüngt werden).

LYCASTE
Die Orchideen mit eiförmigen Scheinbulben und tiefgrünen, gefälteten Blättern tragen bezaubernde Blüten. In Töpfe oder Körbe mit einem handelsüblichen Orchideensubstrat setzen. Belaubte Pflanzen feucht halten, nach dem Laubfall fast trocken. Während des Sommers gelegentlich düngen und vor starker Sonne schützen, aber für gute Lüftung sorgen. Im Frühjahr umtopfen und durch Teilung vermehren. *L.aromatica* setzt gelbe Blüten an, die Blätter werden bis 50 cm lang. *L.virginalis* zeigt unterschiedliche Blüten, vorwiegend in Reinweiß, Rosé, Rosa, Purpur oder Karmin; die Blätter werden 60 cm und größer.

MANDEVILLA
Diese Kletterpflanzen treiben ausgesprochen schöne Blüten und müssen bei Zimmerkultur in große Gefäße oder eine Rabatte gesetzt werden, wenn sie gut gedeihen sollen. Für Wärme und Luftfeuchtigkeit sorgen, möglichst aber auch für gute Lüftung, und vor starker Sonne schützen. In einem Lehmsubstrat ziehen und im Sommer alle zwei Wochen düngen. Vermehrung erfolgt im Sommer durch Stecklinge und im Frühjahr durch Aussaat. *M.laxa (M.suaveolens)* entwickelt wunderschöne, duftende Blüten, groß und lilienartig, und herzförmige Blätter; Höhe bis 5 m, wächst am besten in einer Rabatte. *M.splendens (Dipladenia splendens)* zeichnet sich durch schöne, große, rosafarbene Blüten und elliptische Blätter aus und wird bis 3 m hoch; während des Winters stark zurückschneiden.

1 **Adiantum tenerum** *(Frauenhaarfarn, Venushaar)*
2 **Calathea zebrina** *(Korbmarante)*
3 **Columnea** x **banksii** *(Rachenrebe)*
4 **Neoregelia carolinae** ›Tricolor‹ *(Neoregelie)*
5 **Ruellia macrantha**
6 **Sinningia speciosa** var. *(Gloxinien)*

MARANTA (Pfeilwurz) Abb. 14
Von der wirkungsvollen Blattpflanze *M.leuconeura* gibt es mehrere Sorten mit bestechend gezeichneten Blättern. *M.leuconeura* ›Erythroneura‹ hat grüne Blätter mit dunkleren Flecken und roten Adern, *M.l.*›*kerchoviana*‹ hellgrüne Blätter mit dunkelgrünen bis braunen Flecken. *M.l.*›Massangeana‹ ist dunkelgrün mit silbergrauen Adern. Junge Blätter falten sich am Abend oft zusammen. Die Pflanzen gehen in die Breite und wachsen daher vergleichsweise nieder. In Töpfe mit handelsüblicher Erde setzen, während des Sommers feucht halten, düngen und für Schatten sorgen. Im Frühjahr wird umgetopft und geteilt.

MEDINILLA (Medinille)
M.magnifica ist ein außergewöhnlicher, immergrüner Strauch mit herrlichen, herabhängenden rosafarbenen Blütenrispen und großen Blättern. Er braucht Wärme und Luftfeuchtigkeit, große Töpfe oder Kübel mit einem Torfsubstrat und sehr viel Feuchtigkeit. Dennoch dürfen die Pflanzen keinesfalls überwässert werden. Sie können 0,90-2,10 m hoch werden, Vermehrung erfolgt im Frühjahr durch Stecklinge.

MIMOSA (Echte Mimose)
Bei der hier aufgeführten Mimose handelt es sich nicht um die Mimose, die es in den Blumengeschäften gibt und die von dem Baum *Acacia dealbata* stammt, sondern um die kleine strauchige *M.pudica* (Sinnpflanze, Rührmichnichtan), die etwa 90 cm hoch wird. Diese Pflanze ist deshalb so attraktiv, weil sie ihre Fiederblättchen zusammenfaltet, wenn man sie berührt, wodurch auch ihre volkstümlichen Namen entstanden. Doch selbst ohne diese Eigenschaft macht ihr dekoratives Laub sie zu einer anmutigen Blattpflanze, die meist einjährig gezogen wird. In eine handelsübliche Blumenerde setzen; Vermehrung erfolgt im Frühjahr durch Aussaat.

MONSTERA (Fensterblatt)
M.deliciosa gehört zu den größten unter den beliebtesten Zimmerpflanzen, und in einem Wintergarten oder einem Gartenraum fühlt sie sich am wohlsten. Die dunkelgrünen Blätter bilden große Löcher aus, und bei ausreichend Wärme und Licht wachsen die Pflanzen rasch. Man kann sie auf 2-3 m Höhe begrenzen, andernfalls werden sie jedoch 6-7,5 m hoch. In eine Torferde setzen, feucht halten und von Frühjahr bis Herbst regelmäßig düngen. Die Pflanzen müssen gestützt werden, am besten ist ein Moosstab geeignet, da sich die Luftwurzeln in ihn hineinbohren können. Er wird durch Besprühen feucht gehalten. Im Frühjahr oder Sommer umtopfen, Vermehrung erfolgt im Sommer durch Kopfstecklinge mit einem Blatt.

MUSA (Banane)
Die im Obsthandel angebotenen Bananen stammen meist von Pflanzen, die für die Zimmerkultur zu groß sind, aber es gibt auch einige kleinere Sorten, die in großen Gefäßen außerordentlich dekorativ wirken. Sie haben die für Bananen typischen Blätter und brauchen eine feuchtwarme Umgebung und im Sommer leichten Schatten. Man pflanzt sie in ein Lehmsubstrat und topft sie im Spätfrühjahr oder Frühsommer um. Gleichzeitig können zur Vermehrung Ableger genommen werden, man kann jedoch auch im Frühjahr aussäen. *M.acuminata* ›Dwarf Cavendish‹ wird 2,10-2,40 m hoch. *M.uranoscopus* hat scharlachrote Blütenteile und erreicht 90-150 cm Höhe.

NEOREGELIA (Neoregelie) Abb. 4
Einige Arten der Neoregelie zählen zu den farbenprächtigsten Ananasgewächsen. Sie bilden Blattrosetten, deren Mitte stets mit Wasser gefüllt sein sollte. Man setzt sie in kleine Töpfe mit Torfsubstrat, das man mäßig feucht hält. Die Pflanzen gehen nach der Blüte meist ein, haben zu diesem Zeitpunkt aber neue Triebe ausgebildet, die abgenommen und eingepflanzt werden können. Bei *N. carolinae* (*N. marechalii*), färbt sich die Mitte der Rosette rot und bildet einen schönen Kontrast zu den dunkelgrünen, ca. 40 cm langen Blättern; bei der Sorte ›Tricolor‹ sind sie cremefarben gestreift.

NIDULARIUM (Nestbromelie, Nestananas)
Wunderschön gefärbte Bromelien mit Blattrosetten, in deren Mitte Wasser stehen sollte. In kleinen Töpfen mit Torfsubstrat ziehen und gerade feucht halten. Nach der Blüte gehen die Pflanzen meist ein, haben in der Regel aber Kindel ausgebildet, aus denen man neue Pflanzen ziehen kann. *N.fulgens* (*N.pictum*) hat 30 cm lange grüne Blätter mit dunkleren Flecken und einer leuchtendrot gefärbten Mitte. Bei *N.innocentii* erscheinen die 30 cm langen grünen Blätter mit einem Purpurhauch und einer roten Mitte; die Art *N.lineatum* dagegen hat grüne Blätter mit weißen Streifen und eine rotgrüne Mitte.

ONCIDIUM
Diese schönen Orchideen weisen viele verschiedene Blütenformen und -farben auf. Man setzt sie in Orchideenpflanzgefäße oder Körbe mit einem handelsüblichen Orchideensubstrat. Im Frühjahr und Sommer vor Sonne schützen, sonst

aber hell stellen. Gegebenenfalls im Frühjahr oder Sommer teilen. *O. flexuosum* entwickelt große Mengen kleiner braungestreifter gelber Blüten, die an 60-90 cm langen Stielen tanzen. *O. papilio* hat wundervolle Blüten, deren obere drei Blütenblätter lang und rötlich sind, die unteren gelbrot gestreift. Sie stehen an 60-120 cm langen Stengeln.

PAPHIOPEDILUM (Venusschuh)
Großblumige Orchideen, deren Blüten das typische aufrechte Kelchblatt, zwei seitliche Kronblätter und eine schuhförmig ausgebildete Lippe aufweisen. Die Blüten sind meist auch unterschiedlich gefärbt oder gezeichnet. Die Blätter sind riemenförmig, Scheinbulben gibt es nicht. Von Frühjahr bis Herbst für Luftfeuchtigkeit sorgen und vor Sonne schützen. In Töpfen mit einem handelsüblichen Orchideensubstrat ziehen und dieses Substrat feucht halten. Während der Wachstumsperiode wird alle zwei Wochen die Hälfte der normalen Düngermenge gegeben. Im Frühjahr umtopfen und Pflanzen bei Bedarf durch Teilung vermehren. *P.callosum* bringt Blüten in Grün, Rosa und Rotbraun mit weißer, grüner oder purpurner Aderzeichnung hervor, der Blütenschaft ist 30 cm lang, die Blätter sind schwärzlich getupft. *P.insigne* trägt grünlichgelbe Blüten mit brauner Zeichnung und gelblichgrünen, braunrot getupften Adern, der Blütenschaft ist 30 cm lang. (Diese Art verträgt auch niedrigere Temperaturen bis zu 10°C.) Es sind aber auch zahlreiche andere Arten im Handel.

PEPEROMIA (Peperomie, Pfeffergesicht, Elefantenkraut)
Schöne Zimmerpflanzen mit dekorativen Blättern, die Wärme und Luftfeuchtigkeit brauchen, aber vor starker Sonne geschützt werden müssen. In Töpfe mit einer handelsübli-Erde setzen, der man möglichst ein Drittel Sphagnum zugeben sollte. Feucht halten, nur im Winter beinahe trocken werden lassen. In jedem Frühjahr oder Sommer umtopfen, zu diesem Zeitpunkt können die Pflanzen auch durch Teilung oder Stecklinge vermehrt werden. *P.argyreia (P.sandersii)* hat grüne, zwischen den Adern silbergraue Blätter; die Pflanze ist kompakt und wird bis 25 cm hoch. *C.caperata* (Steppdeckenpeperomie) hat dunkelgrüne Blätter mit tiefliegenden Adern und ist von kompaktem Wuchs; Höhe 15 cm. Bei *P.abtusifolia* sind sie groß und 10-15 cm lang, grün und glänzend oder wie bei der Sorte ›Variegata‹ cremefarben, deren Blätter später aber bunt und schließlich ganz grün werden; Höhe 25 cm und mehr. *P.obtusifolia* ist von kompaktem Wuchs, bis 15 cm hoch, die Blätter sind grün, bei der Sorte ›Variegata‹ grüngerändert mit graugrüner Mitte.

PHALAENOPSIS (Malaienblume)
Wunderschön blühende Orchideen, die keine Scheinbulben, sondern dicke Sprosse haben, aus denen nur wenige Blätter wachsen. Sie müssen feuchtwarm, aber leicht schattig stehen. In Körbe mit einem handelsüblichen Orchideensubstrat setzen und stets feucht halten. Von Frühjahr bis Herbst wird gelegentlich gedüngt. Da die Wurzeln nicht gern gestört werden, sollte man nur umtopfen, wenn es wirklich notwendig ist, und dabei kann man die Pflanzen auch teilen. Vermehrung ist auch durch Jungpflanzen möglich, die sich mitunter an den Blütentrieben bilden. *P.amabilis* hat weiße Blütenblätter mit einer gelben, rotgesprenkelten Mitte; die Blütenschäfte sind bis 60 cm lang, die Blätter bis 25 cm. *P.lueddemanniana* trägt duftende, weiß/purpur/magentarot gestreifte Blüten an 30 cm langen Trieben, die Blätter sind blaßgrün, 30 cm.

PHILODENDRON (Baumfreund)
Die großblättrigen, zum Teil kletternden Blattpflanzen tragen oft bestechend schön gefärbtes Laub. In große Töpfe oder eine Rabatte mit Torfsubstrat pflanzen. Gut gießen, feuchtwarm stellen und im Sommer für Schatten sorgen. Die Pflanzen müssen gestützt werden, kletternde Arten beispielsweise mit einem Moosstab. Im Frühjahr umtopfen, im Sommer durch Stecklinge vermehren. Bei *P.domesticum (P.hastatum)* sind die Blätter groß, bis zu 60 cm lang und 30 cm breit, in Töpfen oft kleiner; die Pflanze wächst in Pflanzgefäßen bis zu 1,50 m Höhe. *P. melanochrysum (P. andreanum)*, Blätter groß, bis 75 cm lang und 30 cm breit (in Töpfen kleiner), dunkel schwarzgrün, samtigglänzend; die Pflanze klettert in Töpfen bis 1,80 m. Von *P.scandens* (Kletter-Philo) gibt es die beliebteste Unterart *P.scandens ssp. oxycardium (P.cordatum, P.oxycardium)* mit glänzendgrünen Blättern, die bis 30 cm lang und 25 cm breit werden; die Pflanze erreicht in Töpfen bis 3 m Höhe.

PILEA (Kanonierblume)   **Abb. 16**
Die kleine immergrüne Pflanze trägt anmutiges Laub. In Töpfe mit Torfsubstrat pflanzen, für Luftfeuchtigkeit sorgen und im Sommer vor Sonne schützen. Im Frühjahr umtopfen und durch Stecklinge vermehren, letzteres ist auch im Sommer möglich. *P.cadierei* ist von buschigem Wuchs, die Blätter sind auffällig gezeichnet, mit silbrigen Flecken zwischen den Adern; Höhe bis 30 cm. *P.microphylla (P.muscosa)*, eine kurzlebige, strauchige Pflanze, wird bis 30 cm hoch, die Blätter sind klein und moosgrün, die Blüten unscheinbar, geben aber große Blütenstaubwolken ab. *P.repens*, Zwergform, ausla-

dender Wuchs, Blätter strukturiert, Oberseiten bronzefarben, Unterseiten purpur.

PLATYCERIUM (Geweihfarn, Elchgeweih)
Der prächtige Farn *P.bifurcatum (P.alcicorne)* hat zwei Blatttypen: runde Schuppenblätter, die sich um die Stütze legen, auf der die Pflanze wächst, und fertile Geweihblätter, die geteilt sind und aufrecht wachsen oder auch überhängen können; Höhe der Pflanze 45-75 cm. In Ampeln setzen oder auf Borke befestigen, als Pflanzsubstrat eine Mischung aus gleichen Teilen Sphagnum und Torferde verwenden bzw. bei Borke die Wurzeln mit einem Erdballen umgeben und mit Draht anbringen. Von Frühjahr bis Herbst gut wässern, im Winter trockener halten. Im Frühjahr umtopfen und zur Vermehrung Jungpflanzen abnehmen.

PLUMBAGO (Bleiwurz) Abb. 17
P.auriculata (P.capensis Kapländische Bleiwurz) ist ein schöherrlichem rosaroten Blütenflor, den man bei entsprechendem Rückschnitt zu einem 60-90 cm hohen Busch ziehen kann. Er hat immergrüne, 10 cm lange Blätter, und um ihn buschig zu halten, schneidet man ihn jedes Frühjahr auf 15 cm zurück. In Töpfe mit Lehmsubstrat setzen und während des Sommers alle zwei Wochen düngen, im Winter trockener halten. Vermehrung erfolgt beim Rückschnitt durch Stecklinge.

RHIPSALIDOPSIS (Osterkaktus)
Herrliche unkomplizierte und blühwillige epiphytische Kakteen, die am besten bei 16°C gedeihen, aber auch niedrigere Temperaturen recht gut vertragen. Sie bilden lange Triebe mit flachen, blätterähnlichen Gliedern aus, an denen sich die Blüten entwickeln. In Töpfen mit Rhododendronerde ziehen oder in einem Substrat, das möglichst wenig Kalk enthält. Gut gießen, die Erde zwischen dem Wässern aber beinahe austrocknen lassen und während des Sommers alle zwei Wochen düngen. Im Frühjahr umtopfen. Vermehrung erfolgt im Sommer durch Stecklinge. Pro Topf nimmt man zwei bis drei Stecklinge mit je zwei bis drei Gliedern. *R.gaertneri (Schlumbergera gaertneri)* hat leuchtendrote Blüten, 5-8 cm lange Glieder und wird bis 30 cm hoch.

RHOEO
R.spathacea (R.discolor) ist eine besonders schöne Blattpflanze mit einer dichten Blattrosette, in die sich weiße Blüten schmiegen. Die fleischigen, bis zu 30 cm langen Blätter sind auf den Oberseiten glänzendgrün und den Unterseiten purpurn, die Sorte ›Variegata‹ hat gelbliche Streifen. In eine handelsübliche Erde setzen, im Frühjahr umtopfen und durch Aussaat vermehren oder im Sommer Stecklinge nehmen.

RUELLIA Abb. 5
Schöne immergrüne Pflanzen mit bezaubernden Blüten und Blättern. Die Blüten erscheinen im Winter. Man pflanzt sie in Töpfe mit Torfsubstrat; sie brauchen einen warmen, vor direkter Sonne geschützten Platz. Im Frühjahr topft man um und vermehrt durch Stecklinge oder Aussaat. *R.macrantha* hat große, rosafarbene Trompetenblüten und erreicht, wenn der Strauch nicht zurückgeschnitten wird, 1,80 m Höhe. *R.portellae* (bzw. *Dipteracanthus portellae*) mit violettrosa Blüten kann ein- oder mehrjährig gezogen werden, Höhe 25-30 cm.

SAINTPAULIA (Usambaraveilchen)
S.ionantha (Usambaraveilchen), die Blattrosetten und dazu farblich kontrastierende, bezaubernde Blüten entwickelt, ist eine sehr beliebte, wenn auch manchmal dahinsiechende Zimmerpflanze. Ihre Blätter sind fleischig und zumeist dunkelgrün, es gibt jedoch auch einige bunte Sorten, die Farben der Blüten reichen von Violett, Blau, Karmin und Rosa bis Weiß, manche haben darüber hinaus auch Ränder in einer anderen Farbe oder sind gezeichnet. Die bodenständigen Blattrosetten werden meist 10-12 cm hoch. In Töpfe mit Torfsubstrat pflanzen und feucht halten, aber stehende Nässe vermeiden und - außer im Winter - alle zwei Wochen düngen. Die Erde zwischen dem Wässern trocken werden lassen. Warm halten und vor Zugluft schützen, am besten ist eine Mindesttemperatur von 16°C, die Pflanzen wachsen aber auch bei niedrigeren Temperaturen. Im Frühsommer umtopfen und eventuell teilen oder im Sommer Blattstecklinge nehmen.

SANSEVIERIA (Bogenhanf, Schwiegermutterzunge)
S.trifasciata ist eine sehr beliebte Zimmerpflanze, die am besten warm steht, wenngleich sie auch kühlere Standorte verträgt. Die steifen Blätter haben hellgrüne, dunkelgrüne und silbriggrüne Bänder und werden 0,60-1,20 m hoch. Die Sorte ›Laurentii‹ ist zudem noch gelb gerändert. Die Sorte ›Hahnii‹ hat kurze Blätter (bis 30 cm) und bildet Rosetten. In eine handelsübliche Erde pflanzen und feucht halten, aber nicht überwässern. Während der Wachstumsperiode alle zwei Wochen düngen. Sansevierien wachsen sehr langsam und müssen erst umgetopft werden, wenn die Töpfe zu klein geworden sind.

Umgetopft wird am besten im Frühjahr, wo man die Pflanzen gleichzeitig teilen kann.

SCHEFFLERA (Strahlenaralie, Schefflere)
Diese Blattpflanzen brauchen viel Platz, wachsen aber oft langsam und entwickeln sich mit etwas Wärme und Luftfeuchtigkeit am besten. In eine handelsübliche Erde pflanzen und feucht halten, im Winter jedoch trockener. Während des Sommers wird alle zwei Wochen gedüngt. Im Frühjahr topft man um und kann aus Samen neue Pflanzen ziehen, oder man nimmt im Sommer Stecklinge. Die Blätter der *Brassaia actinophylla (S.actinophylla)* setzen sich aus zahlreichen Einzelblättchen zusammen, welche strahlenförmig von einem mittleren Stiel ausgehen und bis 30 cm lang werden. In Töpfen oder Kübeln erreicht der Strauch bis 2,40 m Höhe. *S.digitata* trägt sieben- oder mehrteilige, von einem Mittelstiel ausgehende Blätter; der Strauch wird in Töpfen und Kübeln bis 2,10 m hoch.

SCHLUMBERGERA (Weihnachtskaktus)
Schöne epiphytische Kakteen, die im Winter blühen. Am besten gedeihen sie in einer warmen Umgebung, vertragen aber auch niedrigere Temperaturen verhältnismäßig gut. Sie haben blattähnliche lange Triebe aus flachen Gliedern, an denen sich die Blüten entwickeln. In Töpfe mit Rhododendronerde oder einem anderen kalkarmen Substrat pflanzen. Feucht halten, Erde zwischen dem Wässern aber beinahe austrocknen lassen, während des Sommers alle zwei Wochen düngen. Umgetopft wird im Frühjahr. Im Sommer können Stecklinge mit zwei bis drei Gliedern genommen werden, von denen man jeweils zwei oder drei in einen Topf setzt. *S.x.buckleyi (S.bridgesii)*, der oft unter der Bezeichnung der nachfolgenden Art verkauft wird, hat kirsch- bis magentarote Blüten, 2–5 cm lange Glieder und überhängende Triebe von 30 cm Länge und mehr. *S.truncata (Zygocactus truncatus)* ist der bereits genannten Art sehr ähnlich, die Triebglieder sind jedoch gezähnt und die Blüten erscheinen früher.

SCINDAPSUS (Efeutute)
Diese dekorativen, für einen warmen Standort geeigneten Kletterpflanzen erreichen in der Natur bis 12 m Höhe, im Haus werden sie aber nicht so hoch. Für Luftfeuchtigkeit sorgen und im Sommer vor Sonne schützen. In Töpfen mit Torfsubstrat ziehen und feucht halten, aber nicht überwässern. Sie brauchen eine Kletterhilfe, wie beispielsweise einen Moosstab. Umgetopft wird im Frühjahr, Vermehrung erfolgt im Sommer durch Stecklinge. Die glänzenden Blätter von *Epipremium aureum (S.aureus, Rhaphidophera aurea)* sind unregelmäßig hellgrün gezeichnet und gelb marmoriert, in Töpfen wird die Pflanze bis 3 m hoch. Die Sorte ›Marble Queen‹ hat weiße bis cremefarbene, grün und graugrün gezeichnete Blätter. *S.pictus* trägt dunkelgrünes Laub mit graugrüner Zeichnung, Höhe bis 2,40 m; die Sorte ›Argyraeus‹ hat silbergraue Flecken auf den Blättern.

SETCREASEA (Blut-Tradeskantie, Rotblatt)
S.pallida ›Purple Heart‹ *(S.pupurea)* ist eine effektvolle Blattpflanze mit purpurfarbenem Laub, die sich stark ausbreitet und bis zu 40 cm hoch wird. Die 10–15 cm langen Blätter biegen sich an den Rändern nach oben, die purpurrosa Blüten sitzen an purpurfarbenen Stengeln. In eine handelsübliche Erde pflanzen. Im Frühjahr topft man die Pflanzen um und teilt sie, man kann aber auch von Frühjahr bis Herbst Stecklinge nehmen.

SELAGINELLA (Mooskraut, Schuppengrün)
Immergrüne Blattpflanze, die moosartig oder farnartig aussieht und einfach zu halten ist. Man läßt sie in feuchtem Torfsubstrat wachsen, sorgt für Luftfeuchtigkeit und schützt sie vor Zugluft und Sonne. Im Frühjahr umtopfen und durch Teilung vermehren. *S.apoda* ist niederliegend, rasenbildend, Stengel werden 10 cm lang; dicht belaubt, moosartig. *S.lepidophylla* (Auferstehungspflanze), Triebe belaubt, 10 cm lang, büschelig wachsend. Wenn die Pflanzen trocken sind, rollen sie sich zu einer Kugel zusammen, bei Feuchtigkeit rollen sie sich wieder auf.

SINNINGIA (Gloxinie)   **Abb. 6**
Die heutigen Sorten von *S.speciosa* sind prächtige, für die Zimmerkultur geeignete Pflanzen mit wirkungsvollen Blüten und Blättern. Sie brauchen Wärme und müssen vor starker Sonne geschützt werden. In Torfsubstrat setzen und während der Wachstumsperiode feucht halten, aber nicht überwässern und darauf achten, daß kein Wasser auf die Blätter tropft, weil sonst Flecken entstehen. Wenn die Blätter nach der Blüte langsam gelb werden, läßt man sie einziehen und lagert die Knollen bei etwa 13°C. (Im Jahr der Aussaat ziehen sie wahrscheinlich nicht ein, deshalb läßt man sie bis zum folgenden Jahr weiterwachsen.) Im Frühjahr werden die Knollen wieder eingepflanzt. Vermehrung erfolgt durch Teilen der bereits austreibenden Knollen (jedes Stück muß einen Trieb haben). Ausgewachsene Pflanzen (die Wurzeln füllen den Topf aus) werden alle zwei Wochen gedüngt. Das Angebot an Gloxinien ist heute sehr groß, und es kommen

immer neue Züchtungen hinzu, darunter Zwergformen von etwa 15 cm Höhe, andere werden doppelt so hoch. Es gibt einfarbige, geränderte, gestreifte und gepunktete Blüten in Tiefblau, Violett, Rosa, Rot und Weiß, die neueste Entwicklung sind gefülltblühende Hybriden.

SMITHIANTHA (*Naegelia* Tempelglocke)
Sehr hübsche Pflanzen mit fingerhutähnlichen leuchtendfarbigen Blüten und samtigen Blättern. Während Wachstum und Blüte muß man sie warm (16°C) und feucht halten und für Luftfeuchtigkeit sorgen. Wenn die Blätter nach der Blüte eingezogen sind, lagert man die trockenen, ruhenden Rhizome bei etwa 12°C. Im Frühjahr wieder eintopfen, bei dieser Gelegenheit können die Rhizome auch geteilt werden. In Torfsubstrat pflanzen. *S.cinnabarina* hat hellrote, innen gelb bis weiß gestreifte Blüten, die tiefgrünen Blätter sind rot oder purpurn angehaucht; Höhe bis 60 cm. Bei *S.zebrina* sind die Blüten scharlachrot, unten gelbgestreift, der Schlund gelb mit scharlachroten Punkten, die Blätter tiefgrün mit purpurbraunen Adern; Höhe bis 45 cm. S.-Hybriden, die manchmal unter der Bezeichnung *S.x hybrida* geführt werden, bieten eine große Bandbreite an Blütenfarben und Höhen, darunter ›Carmel‹, Blüten weiß mit roten Punkten, Blätter rötlich angehaucht; ›Elke‹, goldene Blüten, olivgrüne Blätter.

SPATHIPHYLLUM (Blattfahne)
Von der Blattfahne gibt es verschiedene Arten und Hybriden, die sich recht ähnlich sind. Sie haben duftende, aronstabähnliche Blüten und immergrünes, dunkles Laub und unterscheiden sich hauptsächlich in der Höhe und Größe der einzelnen Pflanzenteile. Sie brauchen Wärme und Luftfeuchtigkeit und wachsen am besten in Lehmsubstrat, das immer feucht sein sollte. Im Sommer vor Sonne schützen und während dieser Zeit alle zwei Wochen düngen. Im Frühjahr topft man um und kann die Pflanzen teilen. *S.*x. ›Clevelandii‹ entwickelt große Blütenscheiden und Blattspreiten und wird bis 60 cm hoch; *S.floribundum* ›Mauna Loa‹ hat ebenfalls große Blütenscheiden und Blätter, Pflanzenhöhe 45–60 cm. Bei *S.wallisii* sind Blütenscheiden und Blätter kleiner, die Pflanze wird 25–30 cm hoch.

STEPHANOTIS (Kranzschlinge)
Die kletternde *S.floribunda* hat intensiv duftende weiße Blüten und kann in Töpfen 3 m Höhe und mehr erreichen. Die Blätter sind immergrün, dunkel und oval. In Töpfe mit Lehmsubstrat pflanzen und warm halten, während des Sommers gut gießen und alle zwei Wochen düngen, im Winter die Erde gerade feucht halten. Im Frühjahr topft man um und schneidet gleichzeitig lange dünne Triebe zurück. Vermehrung erfolgt im Sommer durch Stecklinge.

TIBOUCHINA (Tibouchine)
Tiefviolette bis purpurne Blüten mit dunklen sichelförmigen Staubgefäßen schmücken *T.urvilleana (T.semidecandra)*. Die Blüten messen ca. 10 cm im Durchmesser, und unter günstigen Bedingungen kann dieser Strauch 4,50 m hoch werden. Man pflanzt ihn in große Töpfe mit Lehmsubstrat oder in eine Rabatte. Er braucht einen warmen Standort und wird während der Wachstumsperiode gut gegossen, von Frühjahr bis Herbst alle zwei Wochen gedüngt. Falls notwendig, werden die Pflanzen im Winter oder Frühjahr zurückgeschnitten. Im Frühjahr umtopfen; Vermehrung erfolgt im Frühjahr oder Sommer durch Stecklinge.

TILLANDSIA (Tillandsie)
Die zwei hier beschriebenen Bromelien sehen sehr unterschiedlich aus, beide brauchen jedoch Wärme, Luftfeuchtigkeit und Schutz vor starker Sonne. *T.flabellata* bildet eine dichte Blattrosette, hat einen verzweigten rötlichen Blütenstand und rötliche Blüten mit violettblauen Hochblättern. In kleinen Töpfen mit gleichen Teilen Sand und Torfsubstrat ziehen, feucht halten und während des Sommers alle zwei Wochen düngen. Im Frühjahr umtopfen. Vermehrt wird im Frühjahr durch Kindel. *T.usneoides* (Spanisches Moos, Louisianamoos) ist eine sonderbare Pflanze mit fadenartigen, graugrünen, etwa 5 cm langen Blättern und drahtigen Stengeln, die im Zimmer bis zu 90 cm Länge erreichen, in der Natur jedoch sehr viel länger werden. Die Pflanze hat keine Wurzeln und hängt von den Zweigen anderer Pflanzen herab. Feuchtigkeit und Nährstoffe werden über die Blätter aufgenommen, die man täglich besprühen und während des Sommers mit Blattdünger versorgen sollte.

ZEBRINA (Zebrakraut)
Z.pendula hat sehr reizvolles Laub, ähnelt in Aussehen und Wuchsform der Tradeskantie und ist gut für Töpfe und Ampeln geeignet. Die typische Form hat grüne Blätter, die oben silbrig und unten purpurn gestreift sind. Bei der Art *Z.purpusii* sind die Oberseiten purpurgrün, die Unterseiten hellpurpur, während ›Quadricolor‹ an den Oberseiten auffällig metallgrün, grün, rosa und rot gestreift ist und purpurne Unterseiten hat. Pflanzen in guter Erde ziehen, im Sommer reichlich gießen und vor starker Sonne schützen. Im Frühjahr umtopfen und durch Stecklinge vermehren.

Liste 2 Pflanzen für mäßig beheizte Wintergärten, verglaste Anbauten und Wohnbereiche

Hier haben Pflanzen und Menschen die gleiche Bedeutung. Die Luftfeuchtigkeit liegt niedriger als bei Liste 1, die Temperatur sollte über 10°C gehalten werden.

ABUTILON (Schönmalve, Samtpappel, Zimmerahorn)
Diese immergrünen Sträucher mit ihren ahornähnlichen Blättern und anmutigen herabhängenden Blüten, pflanzt man am besten in große Töpfe oder Kübel oder in eine Rabatte. In Gefäßen werden sie nicht höher als 1,20 m, sonst erreichen sie bis zu 2,40 m Höhe. Für Pflanzgefäße sind die meisten handelsüblichen Erden geeignet. Im Sommer feucht halten und für gute Lüftung sorgen. Im Frühjahr topft man um und kann gleichzeitig Stecklinge abnehmen, um den Bestand zu vergrößern oder Pflanzen einjährig zu ziehen. Von A.-Hybriden gibt es zahlreiche Sorten, darunter ›Ashford Red‹ mit karminroten Blüten; ›Canary Bird‹, gelb, ins Rot spielend; ›Savitzii‹ blüht rot mit orangefarbenen Adern, die Blätter sind weißgezeichnet, die Pflanze ist niedriger. Bei *A.pictum (A.striatum)* ›Thomsonii‹ sind die Blüten tieforange mit roten Adern, die Blätter dunkelgrün und cremegelb gezeichnet.

AGAVE   Abb. 7
Wenngleich man sie hauptsächlich ihrer reizvollen Blattrosetten wegen zieht, haben Agaven oft auch eindrucksvolle hohe Blütenstände, die sich allerdings in kleineren Gefäßen meist nicht entwickeln. Man pflanzt sie in große Töpfe oder Kübel mit einem durchlässigen Substrat und hält sie von Frühjahr bis Herbst feucht, im Winter aber sehr viel trockener. Bei Wärme und Trockenheit ist für gute Lüftung zu sorgen. Im Frühjahr umtopfen, dabei kann durch Abnehmen von Kindeln vermehrt werden. Bei *A.americana* werden die gezähnten, graugrünen Blätter bis zu 90 cm lang, der Blütenschaft bis 6 m und höher; die Sorte ›Marginata‹ hat gelbliche Blattränder und ›Mediopicta‹ Blätter mit einem gelben breiten Mittelband. *A.filifera* bildet eine dichte Rosette aus 25 bis 30 cm langen grünen Blättern, die Blattränder lösen sich zu weißen Fransen auf; Höhe des Blütenschaftes 1,80 m und mehr.

ALOE (Wundkaktus)
Diese Liliengewächse werden oft ihrer Blattrosetten wegen gezogen, die sie gewöhnlich ausbilden, wenngleich es auch viele andere Formen gibt. Die Blüten sind meist rötlich-orange und stehen an langen Schäften hoch über dem Laub. Man zieht sie in einem durchlässigen Substrat, dem man notfalls etwas scharfen Sand zugibt. Stets feucht halten, für gute Lüftung sorgen und einen hellen Standort wählen. Im Frühjahr umtopfen und gleichzeitig durch Kindel vermehren. *A.aristata* hat eine stammlose, dichte Rosette mit 10 cm langen Blättern und orangeroten Blüten an 30 cm hohen Schäften. Der Stamm von *A.ferox* erreicht schließlich 1,80 m Höhe und mehr, die Pflanze wächst aber sehr langsam; die bis zu 90 cm langen Blätter bilden eine dichte Rosette, die rötlichen Blüten stehen an 90-120 cm hohen Schäften. Wenn die unteren Blätter von *A.variegata* absterben, bildet sich ein bis 15 cm hoher Stamm, die Blätter sind dreieckig, 10-15 cm lang, grün und mit weißen Flecken gebändert, die Blüten erscheinen in kräftigem Rosa und stehen an 30 cm hohen Schäften.

APOROCACTUS (Peitschenkaktus, Schlangenkaktus)
Die langen kriechenden oder hängenden Triebe und tiefrosa Blüten machen den Peitschenkaktus *A.flagelliformis* zu einer phantastischen Ampelpflanze, die zudem noch sehr blühwillig ist. Seine stacheligen Triebe werden bis zu 40 cm lang. Töpfe oder Ampeln mit Torfsubstrat füllen, feucht halten und Pflanzen während des Sommers alle zwei Wochen düngen. Umgetopft wird im Frühjahr, Vermehrung erfolgt im Sommer durch Stecklinge.

ARAUCARIA (Zimmertanne)
Die weichen, hellgrünen Nadeln junger Pflanzen machen *A.heterophylla* zu bezaubernden, anmutigen Gewächsen. Als Topfpflanzen wachsen sie langsam und werden erst nach mehreren Jahren 1,20-1,80 m hoch, wenngleich sie in der Natur schließlich 60 m Höhe erreichen können. In Töpfe und Kübel mit einem handelsüblichen Substrat setzen und nicht überwässern. Für gute Belüftung sorgen und vor Sommersonne schützen. Im Frühjahr und Herbst wird durch Aussaat vermehrt.

ARDISIA (Spitzenblume)
Obwohl *A.crenata* auch duftende, kleine, weiße bis rötliche Blüten entwickelt, zieht man sie doch in erster Linie wegen ihrer leuchtenden, korallenroten Früchte. Es ist ein anmutiger Strauch von 1,20 m Höhe und mehr, an dem sich im Winter die Früchte bilden und viele Monate halten. In Töpfe mit Azaleenerde pflanzen und vor praller Sonne schützen.

Im Frühjahr wird umgetopft und gleichzeitig durch Stecklinge oder Aussaat vermehrt.

ASCLEPIAS (Seidenpflanze)
Viele Seidenpflanzen sind winterhart, aber *A.curassavica* braucht etwas Wärme, um ihre leuchtend orangefarbenen Blüten zu entwickeln. Diese strauchige Pflanze wird 90 cm und höher, kann durch entsprechenden Rückschnitt aber niedrig gehalten werden. In Torfsubstrat pflanzen und feucht halten. Im Frühjahr wird umgetopft und durch Aussaat vermehrt. Die Sorte ›Aurea‹ hat orangegelbe Blüten.

ASPARAGUS (Zierspargel)
Diese Pflanzen bezaubern vor allem durch ihr zartes, federartiges Laub, denn die Blüten duften zwar, doch sind sie sehr unscheinbar. Sie werden in eine handelsübliche Erde gepflanzt und feuchtgehalten, jedoch nicht überwässert. Im Sommer sollten sie nicht in praller Sonne stehen. Im Frühjahr wird umgetopft und gleichzeitig durch Teilung vermehrt. *A.densiflorus* ›Sprengeri‹ *(A.sprengeri)* hat überhängende, bis 90 cm lange Zweige. *A.setaceus (A.plumosus* Federspargel*)* klettert und erreicht schließlich 3 m und mehr. (Junge Pflanzen klettern jedoch nicht.) Bei der Sorte ›Plumosus Nanus‹ handelt es sich um eine Zwergform.

ASPIDISTRA (Schusterpalme, Metzgerpalme, Schildblume)
Eine der robustesten Zimmerpflanzen ist *A.elatior (A.lurida)*, die wegen ihrer grundständigen, langen und gebogenen Blätter gezogen wird. Sie sind dunkelgrün oder, wie bei der Sorte ›Variegata‹, grün mit weißen Streifen. Die Pflanzen werden bis zu 75 cm hoch und am besten in ein Torfsubstrat gepflanzt. Feucht halten, aber nicht überwässern und vor starker Sonne schützen. Vermehrung erfolgt im Frühjahr durch Teilung.

ASTROPHYTUM (Bischofsmütze, Sternkaktus)
Kakteen mit kurzen säulenförmigen oder kugeligen Körpern und leuchtenden Blüten, einige sind auch dekorativ gerippt. In eine Mischung aus gleichen Teilen Lehmsubstrat und grobem, scharfem Sand setzen. Im Frühjahr umtopfen und durch Aussaat vermehren. *A.capricorne* (Steinbock-Kaktus) ist im Jugendstadium kugelig, wird später aber säulenförmig, Höhe bis 20 cm. Seine acht Rippen sind mit weißen, sternartigen Schuppen und gedrehten braunen Dornen besetzt. Der säulenförmige Körper von *A.ornatum* ist im Jugendstadium kurz, später verlängert er sich bis auf 30 cm; er hat acht Rippen mit weißlichen Flecken und gelblichbraunen Dornen.

BEGONIA
Es gibt sehr viele schöne Begonien, die sich für die Zimmerhaltung eignen. Manche zieht man ausschließlich des Laubes wegen, andere aufgrund ihrer phantastischen Blüten, einige auch wegen beidem. Begonien können Knollen, Rhizome oder Faserwurzeln entwickeln. Man pflanzt sie in Torfsubstrat. Während des Sommers sind sie vor Sonne zu schützen und alle zwei Wochen zu düngen. Alle Arten werden im Frühjahr und Sommer durch Blatt- oder Triebstecklinge vermehrt, Knollen- und Rhizombegonien im Frühjahr auch durch Teilung oder zu Frühjahrsbeginn durch Aussaat. *Semperflorens*-Begonien gibt es in vielen Züchtungen mit weißen, roten, rosa und orangefarbenen Blüten, die Blätter sind meist grün, mitunter auch glänzendbraun; dichter Busch mit Faserwurzeln, Höhe 10–45 cm. Knollenbegonien-Hybriden umfassen verschiedene unterschiedliche Gruppen mit leuchtenden Blüten, darunter die kamelienblütigen Begonien mit kräftigen aufrechten Stengeln, die kleinblütigen Begonien, die ähnlich, aber niedriger sind, und die Ampelbegonien mit stark überhängenden Trieben. Kräftige Pflanzen, die bis zu 60 cm hoch werden, viele Kultursorten sind jedoch sehr viel kleiner.

BILLBERGIA (Billbergie)
Bezaubernde Pflanzen mit Blattrosetten und anmutig nikkenden Blüten, die an leicht gebogenen Schäften stehen. Sie lassen sich in einem Torfsubstrat problemlos ziehen, dürfen aber nicht in praller Sonne stehen. Falls notwendig im Frühjahr umtopfen und gleichzeitig durch Teilung vermehren. Wenn die Pflanzen ihre Töpfe ausfüllen, wird einmal monatlich Flüssigdünger gegeben. *B.nutans* (Zimmerhafer) hat grünlichgelbe Blüten mit purpurfarbenen Rändern an rosa Blütenständen, Höhe etwa 45 cm.

BOUGAINVILLEA (Drillingsblume)   Abb. 8
Bougainvilleen sind wunderschön blühende Kletterpflanzen. Die Sorten von *B. x buttiana* blühen karminrot, magenta, rot, rosa und orange bis gelb. In großen Gefäßen erreichen sie 1,50–2,40 m Höhe, in Rabatten 6 m und mehr. Für Pflanzgefäße verwendet man Lehmsubstrat. Bei Wärme für gute Lüftung sorgen und die Pflanzen gut gießen, aber trockener überwintern. In kleinen Gefäßen knipst man die Triebspitzen aus, damit die Pflanzen buschiger werden. Vermehrung erfolgt im Sommer durch Stecklinge.

BOUVARDIA (Bouvardie)
Diese anmutigen Sträucher sind unkompliziert und blühen

in Rot- und Rosatönen. Sie sollten warm, aber nicht in praller Sonne stehen und in ein nährstoffreiches Lehmsubstrat gepflanzt werden. Um gut zu gedeihen, brauchen sie viel Wasser. Bei Jungpflanzen sollte man die Triebspitzen ausknipsen, damit sie buschiger werden. Nachdem sie im Winter abgeblüht sind, hält man die Pflanzen trockener. Falls notwendig im Frühjahr umtopfen, zu diesem Zeitpunkt kann man auch Stecklinge nehmen. *B.x domestica* ist die Bezeichnung für eine Hybridengruppe, die bis zu 60 cm hoch wird; zu ihr gehören beispielsweise ›Mary‹ mit blaßrosa Blüten, ›President Cleveland‹ mit leuchtenden scharlach- bis karminroten Blüten und ›Rosea‹ mit lachsrosa Blüten. *B.ternifolia (B.triphylla)* trägt seine brillanten scharlachroten Blüten vom Sommer an den ganzen Herbst hindurch bis in den Winter und wird bis 1,80 m hoch.

BROWALLIA

Eine der schönsten Zimmerbrowallien ist *B.speciosa* ›Major‹ mit tiefblauen Blüten, die bis zu 1,20 m Höhe erreicht. Am besten zieht man sie jedes Jahr neu aus Samen: Im Frühjahr für eine Sommerblüte und im Herbst für eine Winterblüte. Sobald die Sämlinge groß genug sind, werden sie einzeln in 8-cm-Töpfe mit Erde pikiert und dann bei Bedarf in 15-cm-Töpfe umgesetzt. Wenn die Blütenknospen erscheinen, gibt man alle zwei Wochen einen Flüssigdünger. Manchmal findet man im Handel auch die weißblühende Sorte ›Silver Bells‹.

CALCEOLARIA (Pantoffelblume)

Die heutigen großblumigen *C.*-Hybriden haben leuchtende Blüten in Gelb-, Orange-, Rosa-, Rot- und Karmintönen und sind sehr auffällig gezeichnet und getupft. In Töpfe mit Torfsubstrat pflanzen und jedes Jahr im Spätfrühjahr oder Frühsommer neu aus Samen ziehen. Sie werden, je nach Art, 15–45 cm hoch.

CALLISTEMON (Zylinderputzer) Abb. 9

Hübsche immergrüne Sträucher mit zumeist roten Blütenähren, die an Flaschenbürsten erinnern. Man zieht sie in großen Töpfen, Kübeln oder in einer Rabatte. Nach Möglichkeit sollte man ein kalkfreies Substrat verwenden. Sie brauchen gute Lüftung und einen sonnigen Platz. Im Frühjahr wird umgetopft. Vermehrung erfolgt im Frühjahr durch Samen oder im Sommer durch Stecklinge. *C.citrinus* hat karminrote Blüten und kann 6 m hoch werden. *C.speciosus* entfaltet scharlachrote Blüten, wird bis zu 3 m hoch und eignet sich ausgezeichnet als Zimmerpflanze.

CEROPEGIA (Leuchterblume)

Die herzblättrige Leuchterblume *(C.woodii)* ist eine sehr schöne kriechende Pflanze, die man wegen ihrer anmutigen Blätter und sonderbaren Blüten zieht. Die drahtigen Triebe sind mit zahlreichen herzförmigen, grünen Blättern besetzt, die auf den Oberseiten silbern marmoriert und auf den Unterseiten purpurn sind. Die aufrecht stehenden tiefpurpurnen Blüten haben verdickte Basen und merkwürdig geformte Blütenröhren. Die Triebe können 1,80 m lang werden, und gelegentlich entwickeln sich daran kleine Brutknollen, aus denen neue Pflanzen gezogen werden können. In Ampeln oder Töpfe pflanzen, wo die Triebe kriechen bzw. herabhängen können. Man setzt sie in eine Mischung aus gleichen Teilen Torfsubstrat und grobem, scharfem Sand, die Knollen werden aber nur halb mit Erde bedeckt. Gut gießen, im Winter jedoch nur leicht feucht halten und an einen sonnigen Platz stellen. Im Frühjahr umtopfen und durch Teilung der Knollen oder Aussaat vermehren.

CESTRUM (Hammerstrauch)

Die große Attraktion dieser Sträucher und Kletterpflanzen ist ihr üppiger Blütenflor. Man pflanzt sie in große Töpfe oder Kübel mit einer handelsüblichen Erde oder in eine Rabatte und stützt sie mit Drähten oder Stäben. Im Sommer vor praller Sonne schützen und für gute Lüftung sorgen. Wo der Platz begrenzt ist, schneidet man dreijährige Triebe nach der Blüte im Winter heraus, am schönsten blüht meist zwei- und dreijähriges Holz. Im Frühjahr umtopfen und aussäen oder im Sommer durch Stecklinge vermehren. *C.aurantiacum* (Orangeroter Hammerstrauch) ist halbimmergrün und blüht orangefarben; Höhe 3 m und mehr. *C.elegans (C.purpureum)* zeigt Blüten in Rötlichpurpur bis Karminrot, die Pflanze ist immergrün und wird 3 m und höher.

CHLOROPHYTUM (Grünlilie, Fliegender Holländer, Flinker Heinrich, Brautschleppe)

C.comosum ist eine unkomplizierte Blattpflanze und in ihrer panaschierten Form *C.comosum* ›Vittatum‹ *(C.elatum variegatum)*, deren grüne Blätter von einem weißen Mittelstreifen gezeichnet sind, wahrscheinlich am bekanntesten. Beide Pflanzen haben lange, anmutige, überhängende Blätter, die Büschel von etwa 25 cm Höhe bilden, aus denen sich lange kriechende Blütentriebe entwickeln. Neben den Blüten tragen sie auch kleine Jungpflanzen, aus denen sich wiederum Stengel mit Jungpflanzen entwickeln, bis der Trieb schließlich 1,80 m Länge erreicht und sich mehrfach verzweigt hat. In Ampeln oder Töpfen ziehen (man kann jede handelsübliche

7 *Agave filifera*
8 ***Bougainvillea* x *buttiana*** var. *(Drillingsblume)*
9 ***Callistemon speciosus*** *(Zylinderputzer)*

10 ***Cuphea ignea*** *(Zigarettenblümchen)*
11 ***Echinocactus grusonii*** *(Goldkugelkaktus)*
12 ***Gerbera jamesonii***

Erde verwenden), wo die Triebe kriechen oder herabhängen können. Von Frühjahr bis Herbst umtopfen und gleichzeitig durch Teilung vermehren oder Jungpflanzen mit mehreren Blättern abnehmen und in Erde setzen.

CISSUS (Klimme)
Aufgrund seiner Robustheit hat es *C.antarctica* (Känguruhklimme, Russischer Wein) mit Recht zu großer Popularität gebracht. Die festen, gezähnten Blätter stehen dichtgedrängt an einer Pflanze, die 4,50 m erreichen kann, wenngleich sie im allgemeinen nicht so hoch wird. In eine handelsübliche Erde setzen und für eine Stütze sorgen. Im Frühjahr wird umgetopft. Vermehrung erfolgt im Sommer durch Stecklinge.

CITRUS
Es gibt zwei sehr schöne Citrus-Arten, die sich verhältnismäßig leicht ziehen lassen und dabei wenig Platz beanspruchen. Beides sind immergrüne Sträucher, die in jeder handelsüblichen Erde wachsen können. Stets feucht halten, aber nicht überwässern, und im Sommer für leichten Schatten und gute Lüftung sorgen. Im Frühjahr umtopfen, im Sommer durch Stecklinge mit einem Astring vermehren. *C.limon* ›Meyer‹ ist eine Zwergzitrone von etwa 1,20 m Höhe, die duftende weiße Blüten mit einem Purpurhauch entfaltet, denen unter günstigen Bedingungen glatte, dickschalige Zitronen folgen. Sie benötigen etwa ein Jahr zum Reifen. *C.mitis* (Calamondin-Orange) wird heute als Kreuzung zwischen *C.reticulata*, der Mandarine, und der Gattung *Fortunella* (Kumquat) geführt und ist als x *Citrofortunella mitis* im Handel. Es ist ein kleiner, buschiger Strauch, der bis zu 1,50 m Höhe erreicht und leicht duftende, weiße Blüten hat, denen kleine Orangen folgen.

CLIANTHUS (Ruhmesblume)
Die unkomplizierteste Ruhmesblume *C.puniceus* ist eine bezaubernde strauchige Pflanze mit leuchtendroten Blüten, die einen schönen Kontrast zu den gefiederten, immergrünen Blättern bilden. Als Zimmerpflanze wird sie 1,80–3,60 m hoch. Man zieht sie in einer Rabatte oder in Töpfen mit Lehmsubstrat. Sie eignet sich ausgezeichnet als Kübelpflanze, braucht aber gute Belüftung. Im Frühjahr umtopfen und durch Aussaat vermehren, oder im Spätsommer Stecklinge mit Astringen nehmen.

CLIVIA (Riemenblatt, Clivie)
Ihre lange Blütezeit, die vom Frühjahr bis zum Herbst dauert, macht *C.miniata* zu einer phantastischen Topfpflanze. Die Blüten sind scharlachrot, haben einen gelben Schlund und stehen zu 10-20 aufrecht in Büscheln zusammen. Die dunkelgrünen, überhängenden Blätter werden etwa 45 cm lang. In handelsübliche Erde pflanzen und im Sommer gut gießen, im Winter dagegen fast trocken halten. Falls notwendig, wird im Frühjahr nach der Blüte umgetopft und dabei gegebenenfalls durch Teilung vermehrt. Im Sommer alle zwei Wochen düngen.

COLEUS (Buntnessel, Blumennessel)
C.blumei ist eine unkomplizierte Pflanze mit nesselartigen Blättern, die prächtig gefärbt und an den Rändern manchmal faltig, eingeschnitten oder gewellt sind. Obwohl es sich um ausdauernde Pflanzen handelt, werden sie meist einjährig gezogen und in der Höhe auf 45 cm oder weniger beschränkt. In Töpfen mit Lehmsubstrat ziehen und vor direkter Sonne schützen. Bei Jungpflanzen mehrmals die Triebspitzen ausknipsen, damit sie schön buschig wachsen, größere Pflanzen im Sommer alle zwei Wochen düngen. Pflanzen, die ein zweites Jahr gehalten werden, nimmt man im Winter auf wenige Knospenpaare zurück und topft sie im Frühjahr in ein größeres Gefäß um. Vermehrung erfolgt im Frühjahr durch Aussaat oder Stecklinge, letztere können auch noch im Sommer genommen werden.

CORDYLINE (Keulenlilie, Kolbenbaum)
Cordyline australis ist eine bedingt winterharte Pflanze, die sich aber mit etwas Wärme besser entwickelt. Wenngleich sie in der Natur Baumhöhe erreicht, wird sie als Topfpflanze meist nicht höher als 90–180 cm. Die Blätter sind bis zu 90 cm lang und schwertförmig. Sie sitzen an der Spitze eines dicken Stammes. Die zumeist grünen Blätter können bei manchen Sorten auch einen Bronze- oder Purpurhauch haben. Ein Lehmsubstrat verwenden, im Frühjahr umtopfen und durch Aussaat oder Kopfstecklinge vermehren.

CRASSULA (Dickblatt)
Sukkulente Pflanzen mit hübschen fleischigen Blättern, von denen manche auch schöne Blüten ansetzen. In Pflanzgefäße mit einer Mischung aus zwei Dritteln normaler Blumenerde und einem Drittel grobem, scharfem Sand setzen. Nicht überwässern und bei Sonne für gute Lüftung sorgen. Umgetopft wird im Frühjahr, zu diesem Zeitpunkt kann auch gesät werden. Oder man vermehrt im Frühjahr und Sommer durch Teilung oder Stecklinge. *C.arborescens* (Geldbaum, Elefantenbaum) hat rundliche, graugrüne und rotgeränderte Blät-

ter, blüht in Kultur aber nur selten; Höhe bis 90 cm. Bei *C. ovata* sind die Blätter oval, hellgrün und mitunter rotgerändert, im Sommer erscheinen rosa Blüten; Endhöhe der Pflanze 3 m. *C.perfoliata var. falcata (Rochea falcata* Propellerblatt, Sichel-Dickblatt) unterscheidet sich durch graue, sich überlappende, sichelförmige Blätter und dichte, flache Blütenköpfe aus hellroten Blüten, die im Sommer erscheinen; Höhe 60–75 cm.

CUPHEA (Köcherblümchen, Zigarettenblümchen) **Abb. 10**
Hübsche strauchige oder krautige Pflanzen mit Röhrenblüten, die man in Töpfe mit handelsüblicher Blumenerde setzen kann. Bei Wärme ist für gute Lüftung zu sorgen, umgetopft wird im Frühjahr. Vermehrung erfolgt im Frühjahr durch Aussaat oder Stecklinge, letztere können auch im Sommer genommen werden. Im Frühjahr lange, dünne Triebe älterer Pflanzen stark zurückschneiden und bei jungen Pflanzen die Triebspitzen ausknipsen, damit sie buschiger wachsen. *C.ignea (C.platycentra* Zigarettenblümchen*)* hat wunderschöne scharlachrote Blüten mit einem dunklen Band und einer weißen Zone an der Spitze; Wuchs buschig, Höhe 30 cm und mehr. *C.clavea var. miniata (C.miniata)* entfaltet helle zinnoberrote Blüten an der strauchigen Pflanze; Höhe 60 cm; die Sorte ›Feuerfliege‹ blüht kirschrot und wird nur etwa 40 cm hoch.

CYMBIDIUM (Kahnorchidee, Kahnlippe)
Die auffälligen Blüten dieser büscheligen Orchideen sind heute in einer Vielzahl von Hybriden erhältlich, die aus zahlreichen Arten gezüchtet wurden. Sie haben mehrere überhängende Blätter und sehr kleine Scheinbulben. Die Größe schwankt zwischen 15 und 75 cm. In ein handelsübliches Orchideensubstrat pflanzen, feucht halten und gutwachsende Pflanzen alle zwei Wochen düngen. Wenn sie neue Triebe entwickeln, umtopfen und durch Teilung vermehren. Zu den im Handel befindlichen Hybriden gehören Pflanzen mit Blüten in Rosa, Rot, Gelb, Aprikosenfarben, Grünlichgelb und Weiß, manche sind rosa angehaucht oder oft auch in einer anderen Farbe gezeichnet, gefleckt oder gestreift. Das Angebot erweitert sich ständig.

CYRTOMIUM (Schildfarn, Krummfarn)
C.falcatum ist eine herrliche immergrüne Pflanze mit überhängenden, bis 75 cm langen Wedeln und glänzenden, dunkelgrünen, stechpalmenartigen Fiederblättchen. In Töpfe mit Torfsubstrat pflanzen, dem man etwas scharfen Sand zusetzt. Vor starker Sonne schützen und im Sommer möglichst für etwas Luftfeuchtigkeit sorgen. Im Frühjahr wird umgetopft und durch Teilung vermehrt.

DATURA (Stechapfel)
Die hier beschriebenen ein- oder mehrjährigen Pflanzen sind groß und ausladend und haben riesige Trichterblüten. Man pflanzt sie in große Töpfe mit handelsüblicher Blumenerde oder in eine Rabatte. Im Sommer düngen und für leichten Schatten und gute Lüftung sorgen. Im Frühjahr wird umgetopft und durch Aussaat vermehrt. Bei strauchigen Pflanzen kann die Vermehrung auch von Frühjahr bis Herbst durch Stecklinge erfolgen. Von *D.innoxia* gibt es sowohl eine einjährige als auch eine ausdauernde Form, beide werden mitunter als *D.meteloides* angeboten. Die ausladenden Pflanzen erreichen bis 90 cm Höhe, ihre Blätter sind bis zu 25 cm lang, die duftenden Blüten bis 20 cm. Einjährige Pflanzen blühen meist rosa bis weiß, mehrjährige weiß bis zart lavendelfarben. *D.metel* hat 20 cm große Blätter und 18 cm lange weiße, violette oder gelbe Blüten.

DAVALLIA (Schuppenfarn)
Diese Farne zeichnen sich durch sehr dekorative Wedeln und schuppige, oberirdische Rhizome aus. In Töpfe oder Ampeln mit Torfsubstrat pflanzen und mit Moosstäben stützen. Feucht halten und halbschattig stellen. Im Frühjahr kann man die ganze Pflanze oder die Rhizome teilen. Bei *D.canariensis* erinnern die Wedel an Kerbelblätter, sind jedoch ledrig und bis 45 cm lang; die Rhizome haben braune, haarige Schuppen. *D.mariesii* ist ähnlich, aber kleiner und härter; Wedellänge bis 25 cm.

ECHINOCACTUS (Kugelkaktus) **Abb. 11**
Diese Kakteen haben gerippte kugelige oder säulenförmige Körper und dekorative Dornen. Man pflanzt sie in eine Mischung aus gleichen Teilen Lehmsubstrat und grobem, scharfem Sand. Feucht halten, aber zwischen dem Gießen die Erde stets trocken werden lassen und an einen sonnigen, gut gelüfteten Platz stellen. Im Frühjahr umtopfen und durch Aussaat vermehren. *E.grusonii* (Goldkugelkaktus, Schwiegermutterstuhl) entwickelt in Kultur seine gelben Blüten nur selten; er ist rund, wird bis 90 cm hoch, wächst aber langsam und hat gelbliche Dornen. *E.horizonthalonius* ist sehr blühwillig, entwickelt rosa Blüten und wächst als Kugel oder kurze Säule; Höhe bis 30 cm, Stacheln gelblich bis grau.

ECHINOCEREUS (Igelsäulenkaktus)
Ein sich verzweigender Kaktus mit phantastischen Blüten,

denen stachelige, aber eßbare Früchte folgen. In eine Mischung aus gleichen Teilen Lehmsubstrat und grobem, scharfem Sand setzen. Feucht halten, die Erde zwischen dem Wässern aber stets austrocknen lassen und an einen sonnigen, gut gelüfteten Platz stellen. Im Frühjahr umtopfen und durch Samen vermehren oder im Sommer Stecklinge nehmen. *E.cinerascens* setzt rosapurpurfarbene Blüten an, die Triebe sind gerippt, er wird 20–30 cm lang, die Dornen bleiben klein. Bei *E.pectinatus* sind die Blüten magentarose, der Körper gerippt, er wird bis 30 cm lang, meist aber kürzer, zeigt kleine Dornen; bei der Form *rigidissimus* verdecken die sich bandartig um die Pflanzen ziehenden rötlichen, rosafarbenen, bräunlichen oder weißen Dornen die Rippen.

EPIPHYLLUM (Blattkaktus)
Diese Kakteen werden hauptsächlich wegen der aufregenden Blüten ihrer Hybriden gezogen, die es in vielen wunderschönen Farben gibt. Die Blüten haben bis zu 20 cm Durchmesser, eine Art wird aber auch als Blattpflanze gehalten. Die abgeflachten Triebe (Phyllokladien) werden 60 cm oder länger und hängen über, wenn man sie nicht stützt. In Töpfe mit Torfsubstrat pflanzen, dem man ein Drittel groben Sand zusetzt. Feucht halten, zwischen dem Gießen die Erde aber stets trocken werden lassen, und während des Sommers alle zwei Wochen düngen. Im Frühjahr umtopfen, im Sommer kann durch 10–15 cm lange Triebstecklinge vermehrt werden, die vor dem Einsetzen jedoch erst einige Tage welken sollten. *E.anguligerum* wird hauptsächlich wegen seiner auffallenden abgeflachten Triebe gezogen, deren Ränder beinahe symmetrisch gezackt sind; die papierartigen, weißen Blüten duften intensiv. Aus einer Reihe von Arten und anderen Gattungen wurden einige wunderschöne blühende Hybriden gezüchtet, darunter ›Carl von Nicolai‹, rosa; ›Cooperi‹, weiß, duftend; ›Eastern Gold‹, gelb; ›London Beauty‹, im Frühjahr rot, im Herbst rosa; ›London Glory‹, flammendrot mit magentafarbenem Hauch; ›Padre‹, groß, rosa; ›Reward‹, groß, gelb.

FAUCARIA (Rachenblatt)
Diese gelbblühenden Sukkulenten haben fleischige Blätter, die gezähnt und gepunktet sind und sich an der Spitze nach innen biegen. Man setzt sie in eine durchlässige Erde; im Herbst gut gießen, aber im Winter und zu Frühjahrsbeginn sehr viel trockener halten. Sie brauchen einen sehr hellen Standort. Wenn die Töpfe zu klein werden, umtopfen und teilen oder im Sommer durch Stecklinge vermehren, die man vor dem Einsetzen abtrocknen lassen muß. *F.tigrina* (Tigerrachen, Rachenmaul) hat stark gezähnte Blätter, die eine etwa 5 cm hohe Rosette bilden. *F.tuberculosa* zeigt dunkelgrüne Blätter mit weißen Flecken und mehreren kräftigen Zähnen am Rand; Höhe 7,5 cm.

FEROCACTUS
Diese Kakteen werden wegen ihrer kugeligen oder säulenförmigen und mit spitzen Dornen besetzten Körper gezogen, doch Blüten entwickeln sie in Kultur nur selten. In eine durchlässige Erde setzen, hell stellen und feucht halten, nur trockener überwintern. Im Frühjahr umtopfen und durch Aussaat vermehren. *F.latispinus* (Teufelszunge) ist gerippt und kugelig, wird 30 cm und höher; Dornen spitz, der untere Mitteldorn jeder Areole ist länger und hakenförmig. *F.wislizeni* ist ein gerippter, im Jugendstadium kugeliger, später säulenförmiger Kaktus; Höhe bis 1,80 m, Dornen spitz, mehrere der mittleren Dornen jeder Areole sind hakenförmig.

FREESIA (Freesie, Kapmaiblume)
Die vielfarbigen, intensiv duftenden Blüten von *F.*-Hybriden machen sie zu einer attraktiven Zimmerpflanze. Die langen Blätter sind schmal und etwa 30 cm hoch, die Blütenstiele länger, meist etwa 45 cm. Sie tragen einfache oder gefüllte Blüten in Rosalila, Purpur, Rot, Rosa, Orange, Gelb, Weiß und Creme. Man pflanzt sie in eine durchlässige Erde, und wenn man sie von Herbstmitte bis Wintermitte mehrmals umtopft, entwickeln sie vom Winter bis zum Frühjahr fortlaufend Blüten. Während der Wachstumsperiode feucht halten, und wenn die Blütenschäfte erscheinen, wird alle zwei Wochen gedüngt. Werden die Blätter gelb, läßt man die Pflanzen langsam einziehen. Vermehrung erfolgt im Spätsommer durch Brutknollen oder im Frühjahr durch Aussaat.

GASTERIA (Bitterstrauch)
Sukkulente Blattpflanzen mit dicken Blättern, die meist zweireihig angeordnet sind und dekorative Zeichnungen aufweisen. Die rötlichen Blüten stehen an biegsamen, 30 cm langen Schäften und erscheinen von Frühjahr bis Herbst. In einer durchlässigen Erde ziehen und feucht halten, im Winter sollten die Pflanzen aber sehr viel trockener stehen. Im Frühjahr umtopfen und durch Teilung oder Aussaat vermehren. *G.brevifolia* ist stammlos, die breiten Blätter stehen zweireihig, die Spitzen sind abgerundet, Länge 15 cm, dunkelgrün mit Querbändern aus weißen Flecken. Auch der *G.verrucosa* (Hirschzungenkaktus) ist stammlos, die Blätter sind zweireihig angeordnet, dick und leicht zugespitzt, bis 15 cm lang, sich überlappend und dicht mit erhabenen weißen sogen. Tuberkeln besetzt. Höhe der Pflanze 15 cm.

GERBERA Abb. 12

Phantastische große Korbblüten in Rosa-, Rot-, Orange- und Gelbtönen sind für die modernen Hybriden von *G.jamesonii* typisch, die es einfach und gefüllt blühend gibt. Die Pflanzen sind ausdauernd, haben grundständige Blätter und werden 20–60 cm hoch. In Töpfen mit einer guten Blumenerde ziehen und während des Sommers alle zwei Wochen düngen. Die Sorte ›Happipot‹ wird 20–30 cm hoch, ist als Zimmerpflanze gut geeignet und hat eine lange Blütezeit, benötigt aber mehr Wasser und Dünger als die meisten anderen Kultursorten. Andere Rassen stehen meist im Wintergarten am besten und werden nur während der Blüte ins Haus geholt. Im Frühjahr topft man um und vermehrt durch Teilung.

GREVILLEA

Einige dieser blühenden Sträucher und Bäume werden auch wegen ihres dekorativen, immergrünen Laubs gezogen. In große Kübel oder Töpfe pflanzen und ein kalkfreies Substrat verwenden. Im Frühjahr umtopfen und durch Aussaat vermehren oder im Sommer Stecklinge mit Astringen nehmen. *G.juniperina (G.sulpherea)* ist ein kleiner Strauch mit schmalen, spitzen Blättern und federartigen gelben Blütenbüscheln; Höhe bis 1,80 m. *G.robusta* (Australische Silbereiche) wächst in der Natur als Baum, als Topfpflanze wird sie aber maximal 2,40 m hoch. Man zieht sie wegen ihrer farnartigen Blätter als Blattpflanze. *G.rosmarinifolia*, ein kleiner Strauch mit schmalen, rosmarinähnlichen Blättern, der kurze dichte, roséfarbene Blütenähren entwickelt; Höhe 1,80 m.

HAWORTHIA

Hübsche Blattpflanzen, deren Blätter gewöhnlich in Rosetten stehen und oft weiß gezeichnet sind. Die kleinen grünlichweißen Blüten sind unscheinbar. In eine durchlässige Erde pflanzen, falls notwendig, groben scharfen Sand zusetzen. Feucht halten, sehr hell stellen und für gute Lüftung sorgen. Im Frühjahr umtopfen und durch Teilung vermehren. Die Blätter von *H.attenuata* bilden Rosetten, sind 8 cm lang, zugespitzt und mit weißen Warzen besetzt. Bei *H.fasciata* (Gebänderte Haworthie) sind sie bis zu 4 cm lang, zugespitzt, mit weißen Bändern aus Warzen besetzt und stehen in Rosetten. Bei *H.truncata* stehen die Blätter zweireihig, sind 2 cm lang, nach innen gebogen und fächerförmig, die durchscheinenden Spitzen wirken wie abgeschnitten.

HIBISCUS (Eibisch) Abb. 13

Die großen, schönen Blüten von *H.rosa-sinensis* (Chinesischer Roseneibisch) können sich auch schon an recht kleinen Pflanzen entwickeln. Heute findet man zahlreiche Hybriden im Handel, deren Blütenfarbe von Rosa, Aprikosenfarben, Orange, Rot und Gelb bis zum typischen Karminrot dieser Art reicht. Alle Blüten bilden einen schönen Kontrast zu den dunkelgrünen, glänzenden Blättern, oder, wie es bei der Sorte ›Cooperi‹ der Fall ist, zu panaschiertem Laub. Die Pflanzen werden etwa 1,80–2,40 m hoch. In Töpfe mit Lehmsubstrat setzen und vor starker Sonne schützen. Im Frühjahr umtopfen, Vermehrung erfolgt im Sommer durch Stecklinge.

HYAZINTHUS (Hyazinthe)

Gut bekannt sind die beliebten Sorten von *H.orientalis*, die man treibt, damit sie um die Weihnachtszeit blühen. Die Blüten sind purpur, rot, rosa, gelb, blau und weiß und stehen in schweren Trauben und duften oft intensiv. Die Pflanzen werden 20–25 cm hoch. Anmutiger und einfacher zu treiben ist *H.orientalis var. albulus* mit weißen oder blauen Blüten. Für eine Winterblüte setzt man die Zwiebeln im Spätsommer oder Frühherbst in Töpfe oder Schalen mit Drainagelöchern und einer guten Blumenerde oder in Pflanzgefäße ohne Abzugslöcher und Fasertopf. Die Spitzen der Zwiebeln sollten gerade herausschauen. Die eingetopften Zwiebeln an einen kühlen Platz ins Freie stellen, eventuell eingraben und mit einer Schicht Erde oder Torf abdecken. Wenn sie sich gut bewurzelt haben und die Triebe nach einigen Wochen 5 bis 8 cm lang sind, stellt man die Töpfe an einen kühlen, gut gelüfteten Platz und hält die Erde feucht. Entweder *H. orientalis albulus* ziehen oder für eine frühe Blüte speziell behandelte Zwiebeln kaufen. Wichtig ist, daß die Pflanzen nicht zu warm stehen, weil sonst Entwicklung und folglich auch die Blüte schlecht sind.

IMPATIENS (Balsame, Fleißiges Lieschen)

Unkomplizierte, buschige Pflanzen, die oft unter einem dichten Blütenflor versinken und ausgesprochen schöne Zimmerpflanzen sind. In Töpfe mit handelsüblicher Erde pflanzen, feucht halten und während der Blüte gelegentlich düngen. Alle Arten lassen sich im Frühjahr aus Samen ziehen, ausdauernde Pflanzen auch ganzjährig aus Stecklingen. *I.balsamina* (Gartenbalsamie) ist eine bedingt winterharte Einjahrespflanze mit einfachen oder gefüllten Blüten in Rosa, Rot oder Weiß; Höhe meist 45 cm und mehr, die Sorte ›Tom Thumb‹ wird jedoch nur 20 bis 25 cm hoch. *I.walleriana (I.-holstii, I.sultanii* Fleißiges Lieschen*)*, eine nur bedingt winterharte, ausdauernde Pflanze, die oft einjährig gezogen wird. Hervorragend geeignet als Zimmerpflanze, bietet sie eine große Bandbreite an Blütenfarben, einfach und gefüllt blühend, manchmal mit auffälliger roter, rosa-, orange- oder fliederfarbener Zeichnung; die zahlreichen Züchtungen werden zwischen 15 und 45 cm hoch.

IPOMOEA (Prunkwinde, Trichterwinde)
Diese Schlingpflanzen tragen wunderhübsche, wenn auch kurzlebige Blüten, die sich über einen langen Zeitraum entwickeln. In Töpfen mit handelsüblicher Erde ziehen oder in eine Rabatte setzen. Sobald sich Blüten zeigen, alle zwei Wochen düngen und gegebenenfalls stützen. Im Frühjahr aussäen, Samen am besten zunächst in lauwarmem Wasser quellen lassen. *I.acuminata (I.learii)* ist ausdauernd, wird bis 6 m hoch, die Blüten erscheinen rötlichblau und verfärben sich später karminrosa. *I.nil*, ein- oder mehrjährig, Höhe 3 m, Blüten purpur, rosa, blau oder, wie bei der Sorte ›Scarlett O'Hara‹, karminrot. *I.tricolor (I. rubrocarulea)*, ausdauernd, Höhe 2 bis 3 m, mit einer Anzahl schöner Sorten, darunter ›Flying Saucers‹, Blüten blauweiß gestreift; ›Heavenly Blue‹, tief himmelblau; ›Pearly Gates‹, weiß.

KALANCHOE
Einige dieser verschiedenartigen Sukkulenten werden wegen ihrer leuchtenden Blüten, andere als Blattpflanzen und wieder andere als Kuriositäten, die an den Blatträndern Jungpflanzen enwickeln, gezogen. In eine durchlässige Erde pflanzen, der man, falls notwendig, scharfen Sand zusetzt. Feucht halten, aber trockener überwintern. Im Frühjahr umtopfen und durch Aussaat vermehren oder im Sommer durch Stecklinge und Jungpflanzen. *K.blossfeldiana* (Flammendes Käthchen) hat glänzendgrüne Blätter und leuchtendgelbe, rote oder orangefarbene Blüten; Höhe 20–30 cm. Bei *K. daigremontiana (Bryophyllum daigremontianum* Brutblatt*)* sind die Blätter graugrün und braungefleckt, mit zahlreichen Jungpflanzen an den Rändern; Höhe 60 bis 90 cm. *K.tomentosa (K.pilosa)*, Blätter länglich, abgerundet, mit silbrigem Filz überzogen, an den Spitzen braungerändert; wird mit der Zeit 25 cm und höher, wächst aber langsam. *K.tubiflora (Bryophyllum tubiflorum,* Röhrenblütiges Brutblatt*)* hat seltsame, zylindrische Blätter mit grauen Tupfen und Jungpflanzen an den Spitzen, über denen Büschel aus lachsfarbenen bis orangeroten Blüten hängen; Höhe der Pflanze bis 90 cm.

LAGERSTROEMIA (Kräuselmyrte)
L.indica (Lagerstroemie) ist ein wunderschön blühender Strauch, der in der Natur 6 m hoch wird, in Kultur aber sehr viel kleiner bleibt, wenn er jährlich zurückgeschnitten oder als Zwergform gezogen wird. Die Blüten sehen aus, als seien sie aus Kreppapier, die Blütenblätter sind gestielt und weiß, rosa oder karminrot gefärbt, die ligusterähnlichen Blätter sommergrün. In Töpfe oder Kübel mit einem Lehmsubstrat oder in eine Rabatte pflanzen. Während der Wachstumsperiode feucht halten und im Sommer und Herbst alle zwei Wochen düngen. Im Frühjahr umtopfen und durch Aussaat vermehren oder im Sommer Stecklinge nehmen. Wenn man manche Arten früh genug aussät, blühen sie noch im gleichen Jahr. Bei älteren Pflanzen kann man im Frühjahr das letztjährige Holz auf die Hälfte (oder weniger) zurücknehmen.

LITHOPS (Lebende Steine, Hottentottenpopo)
Merkwürdige Pflanzen mit zwei zusammengewachsenen Blättern, die nur oben einen Spalt haben, in dem große gelbe oder weiße Blüten erscheinen. In der Natur befindet sich der größte Teil der verwachsenen Blattkörper im Boden. Die Pflanzen breiten sich eher seitlich aus als vertikal und bilden Rasen. In eine Mischung aus gleichen Teilen handelsüblicher Blumenerde und grobem, scharfem Sand setzen. Vom Spätfrühjahr bis zum Herbst gerade feucht halten, anschließend trocken. Umgetopft wird erst nach einigen Jahren im Frühling. Vermehrung erfolgt im Frühjahr oder Sommer durch Teilung. *L.bella* wird bis 2,5 cm breit und hoch, ist jedoch rasenbildend; die Blätter sind gelblichbraun mit dunklerer, grünlicher Zeichnung, die Blüten weiß. *L.lesliei* wird bis 5 cm hoch und fast ebenso breit, ist einzeln wachsend oder rasenbildend, purpurgrün mit grüner und rostfarbener Zeichnung, die Blüten sind gelb.

LOBIVIA
Die kleinen Kakteen haben kurze zylindrische oder kugelige Körper und leuchtende Blüten. Sie werden in eine Mischung aus Lehmerde und grobem, scharfem Sand gesetzt. Feucht halten, aber zwischen dem Gießen stets trocken werden lassen; an einen hellen, gut gelüfteten Platz stellen. Im Frühjahr umtopfen und durch Aussaat oder Ableger vermehren. *L.famatimensis* ist gerippt, bis 15 cm hoch, die Blüten sind leuchtendrot bis gelb oder weiß gefärbt. *L.hertrichiana*, gerippt, kugelig, bis 10 cm hoch und breit, Dornen gelblich, Blüten hellrot.

LUCULIA
L.gratissima ist ein immergrüner Strauch mit anmutigen rosa oder fliederrosé Blüten von etwa 1,80 m Höhe. Die duftenden Blüten erscheinen im Herbst und Winter in großen Büscheln.

In Töpfe oder Kübel mit Lehmsubstrat setzen oder in eine Rabatte pflanzen. Im Frühjahr umtopfen und durch Stecklinge vermehren. Triebe nach der Blüte um ein bis zwei Drittel zurückschneiden.

MAMMILLARIA (Warzenkaktus)
Der ungerippte, kugelige oder säulenförmige Körper ist mit spiralig angeordneten Warzen gespickt, auf denen lange, silbrige Dornen und wollige Haare sitzen. Meist sind die Pflanzen an der Basis verzweigt, Blüten entwickeln sich oben. In eine Mischung aus gleichen Teilen Lehmerde und grobem, scharfem Sand setzen, feucht halten, aber zwischen dem Gießen trocken werden lassen; an einen hellen, gut gelüfteten Platz stellen. Umtopfen und im Frühjahr durch Aussaat bzw. im Sommer durch Ableger vermehren. Der zylindrische Körper von *M.bocasana* wird bis 15 cm hoch, ist mit weißen Dornen und Haaren bedeckt, der Mitteldorn jeder Areole erscheint gelblich, die Blüten sind cremegelb. Der kleine, säulenförmige, bis 6 cm hohe *M.prolifera* ist rasenbildend, Blüten gelblich, Dornen wollig und weiß, die mittleren gelblich.

MILTONIA
Die großen, recht flachen Blüten dieser Pflanze stehen auf gebogenen Stengeln über zweiblättrigen Scheinbulben. In ein handelsübliches Orchideensubstrat pflanzen. Feucht halten, für Schatten sorgen und bei Hitze besprühen. Vermehrung erfolgt im Frühjahr oder Herbst durch Teilung. Heute gibt es im Handel zahlreiche phantastisch blühende Hybriden, deren Blüten in Weiß, Rosé, Gelb, Purpur, Karmin, Rot, Creme und Violett an 20–60 cm langen Stengeln stehen.

NEPHROLEPIS (Schwertfarn, Nierenfarn) Abb. 15
N.exaltata und seine zahlreichen Sorten sind außerordentlich dekorative Farne, die in Ampeln besonders gut zur Geltung kommen und deren Wedel 90 cm Länge und mehr erreichen. Zu den Sorten gehören ›Bostoniensis‹ mit überhängenden Wedeln; ›Elegantissima‹ mit kompakten Wedeln; und ›Rooseveltii‹ mit dunkelgrünen, gewellten Fiedern. In eine handelsübliche Erde pflanzen, der am besten etwas Sphagnum zugesetzt wird. Im Sommer feucht halten, aber nicht überwässern und alle zwei Wochen düngen. Im Frühjahr umtopfen und eventuell teilen.

NERINE
Wunderschöne Zwiebelblumen mit schmalen, gebogenen Blättern von 30–60 cm Höhe, die ihre Blüten im Herbst entwickeln. In Töpfe mit Lehmsubstrat setzen, den Zwiebelhals heraussteehen lassen. Wenn die Zwiebeln austreiben, wird gegossen. Vor dem Wässern dann aber immer fast trocken werden lassen. Beginnen die Blätter welk zu werden, gießt man nicht mehr. Im Frühjahr umtopfen und durch Brutzwiebeln vermehren. *N.bowdenii* ist eine bedingt ausdauernde und sehr schöne Topfpflanze, ihre Blüten haben lange, gewellte, rosa Blütenblätter und stehen in Büscheln. Bei *N.sarniensis* (Guernseylilie) sind die Blütenköpfe kompakter und karminrot bis rosa gefärbt; es gibt eine Reihe von prächtigen Sorten, darunter ›Miss E. Cator‹ mit tiefroten Blüten und ›Nicholas‹ mit weißrot gestreiften.

NERIUM (Oleander)
N.oleander ist ein immergrüner Blütenstrauch von 1,80 m Höhe und mehr und festen weidenähnlichen Blättern. Die einfachen oder gefüllten Blüten sind tiefrot, rosa, cremeweiß oder reinweiß. Die Sorte ›Variegata‹ hat cremeweiß geränderte Blätter und rosa Blüten. In Lehmerde setzen und gut gießen, im Winter trockener halten. Während des Sommers wird alle zwei Wochen gedüngt. In zu kleinen Töpfen entwickeln sich mitunter nur schlecht Blüten. Im Frühjahr umtopfen und durch Aussaat vermehren oder im Sommer Stecklinge nehmen.

NOTOCACTUS (Buckelkaktus)
Kleine Kakteen mit kugeligen oder kurzen säulenförmigen Körpern und leuchtenden Blüten. Man setzt sie in eine Mischung aus gleichen Teilen Lehmerde und grobem, scharfem Sand. Feucht halten, aber zwischen dem Wässern stets trocken werden lassen und an einen sonnigen, gut gelüfteten Platz stellen. Im Frühjahr umtopfen und durch Samen oder Ableger vermehren. Der kugelige *N.haselbergii* wird bis 5 cm hoch, ist gerippt, mit gelblichen Dornen besetzt und von leuchtend orangefarbenen und roten Blüten gekrönt. Der bis zu 10 cm hohe und gerippte *N.ottonis* hat gelbliche bis braune Dornen und blüht leuchtendgelb.

ODONTOGLOSSUM
Diese wunderschönen Orchideen entwickeln lange, überhängende Blütenstände. Heute sind zahlreiche Arten und Hybriden in einer großen Vielfalt an Blütenfarben und Blütenformen erhältlich. In Töpfe oder Körbe mit handelsüblichem Orchideensubstrat setzen. Für Luftfeuchtigkeit und gute Lüftung sorgen und vor Sommersonne schützen. Im Frühjahr oder Herbst topft man um und kann die Pflanzen teilen. *O.crispum* ist eine besonders schön blühende

13 **Hibiscus rosa-sinensis** var. *(Chin. Roseneibisch)*
14 **Maranta leuconeura kerchoviana** *(Pfeilwurz)*
15 **Nephrolepis exaltata** *(Schwertfarn, Nierenfarn)*

16 **Pilea cadierei** *(Kanonierblume)*
17 **Plumbago auriculata** *(Kapländische Bleiwurz)*
18 **Primula malacoides** *(Fliederprimel, Brautprimel)*

Pflanze mit bis zu zwölf Blüten an biegsamen Stengeln; Höhe der Stengel 45-60 cm, Blütenblätter gerüscht, weiß bis rosa, Mitte gelb mit roter Zeichnung oder wie die der Sorte ›Lyoth Arctic‹ reinweiß; ›Purpurascens‹ ist tiefrosa gefärbt und entwickelt 40 cm lange Blätter. *O.grande* (Spinnenorchidee, Tigerorchidee) hat große Blüten, die an 30 cm hohen Stengeln stehen, die gelben Blütenblätter sind braun gestreift, die Mitte cremerot gezeichnet; darüber hinaus gibt es viele Sorten und Hybriden mit Blüten in zahlreichen Farben und Farbkombinationen von Weiß, Rosa, Rosé, Rot, Karmin, Gelb und Creme; ihre zwei Blätter sind etwa 35 cm lang.

OPUNTIA (Feigenkaktus)
Die meisten Opuntien sind strauchige, verzweigte Kakteen mit flachen runden bis birnenförmigen Trieben oder Gliedern, die Stachelbüschel tragen und meist rot oder gelb blühen. In Töpfe mit zwei Dritteln handelsüblicher Erde und einem Drittel grobem, scharfem Sand setzen. Gut wässern, im Winter die Erde aber nur gerade feucht halten. Im Frühjahr wird umgetopft, und es kann gesät werden, oder man vermehrt im Sommer durch Sproßglieder. *O.decumbens,* halb niederliegend, bis 45 cm, Blüten gelb, später rötlich. *O.ficus-indica* (Feigenopuntie) wird im Laufe der Zeit 5,50 m hoch, blüht gelb, die Früchte sind purpurn, rot, gelb oder weiß und eßbar. Die dicken Glieder der *O. microdasys* (Goldopuntie oder Hasenohrkaktus) sind mit gelblichen Stachelbüscheln besetzt, bei der Sorte ›Albispina‹ sind sie weiß; Höhe 90 cm, Blüten gelb. Achtung: Die winzigen Dornen brechen sehr leicht ab und sind nur schwer aus der Haut zu entfernen.

PASSIFLORA (Passionsblume, Leiden-Christi-Blume)
Viele dieser wunderschön blühenden Kletterpflanzen entwickeln köstliche Früchte. In Töpfen oder Kübeln mit Lehmsubstrat ziehen und unbedingt eine Stütze einsetzen, an der die Pflanzen klettern können, oder in eine Rabatte pflanzen. Falls notwendig, im Frühjahr umtopfen und zu dicht wachsende Pflanzen ausdünnen. Vermehrung erfolgt im Frühjahr durch Samen, die eventuell vorgequollen werden müssen, oder im Sommer durch Stecklinge. *P.caerulea,* Höhe bis 9 m, Blütenblätter weiß bis rötlich, Strahlenkranz blau, weiß und purpurn gebändert, Früchte gelb, aber nicht schmackhaft; die Pflanze ist bedingt winterhart. *P.edulis* wird bis 7,50 m und höher, die Blütenblätter sind weiß, der Strahlenkranz purpurn und weiß gebändert, die Früchte grünlichgelb bis grünlichpurpur und eßbar. *P.mollissima* erreicht 9 m und mehr, die Blütenblätter sind rötlich angehaucht bis rosa, Früchte länglich, abgerundet, bis 6,50 cm lang, gelb, eßbar.

PELARGONIUM (Geranie, Pelargonie)
Geranien sind beliebte Topfpflanzen von buschigem oder hängendem Wuchs, die wegen ihrer Blüten und Blätter gezogen werden. In Lehmsubstrat pflanzen und während der Wachstumsperiode feucht halten, im Winter trockener. Im Sommer düngt man im Abstand von zwei Wochen. Im Frühjahr wird umgetopft, Vermehrung erfolgt zu Jahresbeginn durch Aussaat oder im Sommer durch Stecklinge. *P.capitatum,* Höhe bis 60 cm, Blätter filzig, klein, rundlich, flach gelappt und duftend, Blüten klein, rosa. *P.crispum*, Höhe bis 90 cm, Blätter fächerförmig und gekräuselt, duftend, die Sorte ›Variegatum‹ hat eine cremefarbene Zeichnung; Blüten klein und rosa. *P.-grandiflorum*-Hybriden sind prächtige, strauchige Pelargonien, Höhe 40-60 cm, Blätter groß, flach, gelappt, die großen Blüten stehen in Büscheln, sie sind karmin, purpur, rot, rosa oder weiß und haben meist einen dunkleren Fleck; manche Arten sind auch gerändert oder zweifarbig, wie etwa ›Aztec‹, rot mit dunklerer Aderzeichnung und weißem Rand; ›Grandma Fischer‹, lachsfarben mit schwarzem Fleck. *P.-zonale*-Hybriden haben eine Höhe von 0,15-1,80 m, Blätter meist groß, oft mit einer deutlich sichtbaren, hufeisenförmigen, braunen Zone, mitunter auch in einer anderen Farbe gezeichnet, flach bis zackig gelappt, Blütenköpfe groß und leuchtend farbig, je nach Art weiß bis rosa, rot, orange, scharlach und karmin, beispielsweise ›Irene Flame‹, orangerot; ›Picasso‹, schillernd kirschrot; ›Bronze Queen‹, hellgrüne Blätter mit brauner Zone, rote Blüten. *P. peltatum* (Efeupelargonie) hat zarte kriechende (hängende) oder kletternde Triebe von 90 cm Länge und mehr, efeuartige, fleischige Blätter, Blüten je nach Art weiß, rosa, flieder oder karmin, wie ›Galilee‹, leuchtendrosa, gefülltblühend, ›L'Elegante‹, Blätter weißbunt und rosa angehaucht, Blüten weiß mit Lilahauch.

PELLAEA (Pellefarn)
P.rotundifolia (Rundblättriger Pellefarn) ist ein anmutiger Farn mit beinahe runden Fiedern, die mit zunehmendem Alter länger werden. Er eignet sich ausgezeichnet als Zimmerpflanze. Die Wedel werden bis zu 30 cm lang und hängen über. In Töpfe mit Torfsubstrat setzen und an einen schattigen Platz stellen. Gutwachsende Pflanzen werden von Frühjahr bis August gedüngt. Im Frühjahr kann man umtopfen und teilen, es muß jedoch nur alle paar Jahre umgetopft werden.

PLECTRANTHUS (Harfenstrauch)
Die schönen immergrünen Pflanzen sind einfach zu halten.

In Töpfe mit handelsüblicher Erde setzen und vor starker Sonne schützen. Im Frühjahr umtopfen und durch Teilung oder Stecklinge vermehren. Die Blätter der Art *P.coleoides* sind grün bzw. bei der Sorte ›Marginatus‹ weiß gerändert; Wuchshöhe bis 90 cm, in Töpfen aber meist niedriger; die weißen und purpurfarbenen Blüten stehen in 20 cm hohen Rispen. Der kriechende *P.oertendahlii* wird etwa 40 cm hoch, die Blätter sind bronzegrün, die Oberseiten silbrig, die Unterseiten purpurn geädert; die lilarosa Blütenrispe wird 30 cm hoch.

PLUMBAGO (Bleiwurz) **Abb. 17**
P.auriculata (*P.capensis* Kapländische Bleiwurz) ist ein schöner, auch kletternder Strauch, der ein Meer hellblauer Blüten entwickelt und an einer Stütze aufgebunden werden muß. Die Blätter sind immergrün, länglich, bis 5 cm; die Pflanze wird bis 3 m hoch, kann im Frühjahr aber auf die gewünschte Größe zurückgeschnitten werden. In Töpfe mit Lehmsubstrat pflanzen und im Sommer alle zwei Wochen düngen, im Winter trockener halten. Vermehrung erfolgt im Sommer durch Stecklinge.

PRIMULA (Primel) **Abb. 18**
Aus verschiedenen Primelarten hat man herrliche Topfpflanzen mit einer langen Blütezeit gezüchtet, die, obgleich sie mehrjährig sind, meist einjährig gezogen werden. Man pflanzt sie in Töpfe mit handelsüblicher Erde und hält sie feucht. Ausgesät wird im Frühjahr und Sommer. *P.malacoides* (Fliederprimel, Brautprimel) wird je nach Sorte bis zu 45 cm hoch, die Blätter sind oval bis elliptisch; die einfachen oder gefüllten Blüten in Rosa, Rot, Lila, Karmin und Weiß stehen in Quirlen an den Blütenstengeln. *P.obconica* (Becherprimel), je nach Sorte bis 30 cm hoch, Blätter rundlich bis elliptisch und mit Härchen besetzt, die bei manchen Menschen Reizungen hervorrufen; die einfachen Blüten stehen in großen Köpfen und erscheinen rosa, rot, lila, blau, purpur, karmin und weiß. *P.praenitens* (Chinesenprimel), je nach Sorte bis zu 30 cm hoch; Blätter recht steif, aufrecht, gelappt oder gezähnt; Blüten einfach, in großen Köpfen stehend, leuchtendgefärbt; Blütenfarben in Rosa, Rot, Orange, Blau, Purpur und Weiß.

PTERIS (Saumfarn, Flügelfarn)
Wunderschöne immergrüne Farne mit zarten Wedeln, die man in Töpfen mit Torfsubstrat zieht. Aus verschiedenen Arten sind zahlreiche Kultursorten mit gekräuselten, kammartigen, gefältelten oder auf andere Art auffallenden Fiedern hervorgegangen. Im Frühjahr umtopfen und durch Teilung vermehren. *P. cretica* wird bis 45 cm groß, seine Wedel sind tiefgeteilt und hellgrün bzw. bei der Sorte ›Albo-lineata‹ in der Mitte weiß. *P. ensiformis*, bis 50 cm hoch, Wedel tiefgeteilt und dunkelgrün bzw. bei der Sorte ›Victoriae‹ in der Mitte silbrig. *P. tremula*, in Pflanzgefäßen erreichen die anmutigen Wedel 30-60 cm Länge, in Rabatten werden sie doppelt so lang und länger; sie sind tiefgeteilt und hellgrün.

REBUTIA
Kleine, blühwillige, kugelige und rasenbildende Kakteen mit ringförmig angeordneten Blüten. Ihre Körper sind mit spiralig stehenden Warzen besetzt. Man pflanzt sie in eine Mischung aus gleichen Teilen Lehmsubstrat und grobem, scharfem Sand. Feucht halten, aber zwischen dem Wässern trocken werden lassen und an einen sonnigen, gut gelüfteten Platz stellen. Im Frühjahr umtopfen und durch Kindel vermehren. Der etwa 6,50 cm hohe *R.deminuta*, blüht orangerot; *R.minuscula*, bis 4 cm hoch und etwas breiter, entwickelt karminrote Blüten; *R.pseudodeminuta* wird etwa 6,50 cm groß und blüht gelb.

RHOICISSUS (Königswein, Kapklimme)
R.capensis ist eine sehr beliebte Blattpflanze und dem *Cissus rhombifolia* so ähnlich, daß sie mitunter verwechselt werden. Die dunkelgrünen Blätter setzen sich aus drei rombenförmigen Fiedern zusammen und verhüllen die kletternden Triebe, die bis 6 m lang werden, aber durch Rückschnitt leicht zu bändigen sind. In Töpfe mit Lehmerde setzen und für eine Stütze sorgen, an der sich die Ranken festhalten können. Im Sommer brauchen die Pflanzen etwas Schatten und gute Lüftung. Jedes Frühjahr umtopfen. Vermehrung erfolgt im Spätfrühjahr oder Sommer durch Stecklinge.

SALPIGLOSSIS (Trompetenzunge, Brokatblume)
S.sinuata ist eine großblumige, bedingt winterharte Einjahrespflanze, die man auch unter anderen Bezeichnungen im Handel findet, wie etwa *S.grandiflora* oder *S.superbissima*. Es gibt heute verschiedene Spielarten, die 45-90 cm hoch werden. Die schlanken Stengel tragen hellgrüne Blätter und sind von mehreren wunderschönen Blüten gekrönt. Die Farbe der Blüten reicht von Violett, Karmin, Rot, Rosa, Orange und Gelb zu Blüten mit dunklerer Aderzeichnung. In Töpfe mit Lehmsubstrat pflanzen und warm halten. Für eine Sommer- oder Herbstblüte sät man im Frühjahr, für eine Winter- oder Frühjahrsblüte im Sommer und Herbst, es ist jedoch eine Mindesttemperatur von 16°C notwendig.

SEDUM (Fetthenne, Mauerpfeffer)
Sukkulenten mit reizvollen Blättern und Blüten, von denen sich die meisten leicht in Töpfen mit einem durchlässigen Substrat ziehen lassen. Lehmerde muß eventuell mit etwas scharfem Sand lockerer gemacht werden. Man hält die Pflanzen feucht, läßt die Erde zwischen dem Gießen aber fast austrocknen, nur im Winter muß weniger gegossen werden. An einen hellen, gutgelüfteten Platz stellen. Zwischen Frühjahr und Herbst umtopfen. Vermehrung erfolgt im Frühjahr durch Aussaat oder im Sommer durch Stecklinge. *S.bellum* trägt blaugrüne, spatelförmige Blätter an bereiften, 7,5-15 cm langen Trieben, blüht im Spätfrühjahr und Frühsommer weiß. *S.brevifolium,* niederliegend, die kriechenden Triebe bilden Rasen von 30 cm Durchmesser, die Blätter sind eiförmig bis rund, graugrün, mitunter rosa angehaucht und mehlig bereift; im Sommer erscheinen weiße Blüten. Bei *S.sieboldii* (Oktoberle) sind die Stengel 15-25 cm lang, überhängend, die Blätter abgeflacht, blaugrün bzw. bei ›Medio-variegatum‹ cremefarben gezeichnet; blüht im Herbst rosa.

SENECIO (Greiskraut)
Senecio-cruentus-Hybriden sind beliebte Topfpflanzen mit großen Blütenköpfen in vielen leuchtenden Farbtönen. Sie werden, je nach Art, 30-75 cm hoch. Die großen, rundlichen Blätter bilden einen hübschen Kontrast zu den Blüten in Violett, Purpur, Karmin, Rot, Rosa oder Weiß, die mitunter ein weißes Auge haben. In Töpfen mit Lehmsubstrat ziehen, feucht halten und während der Blüte alle zehn Tage düngen. Für gute Lüftung sorgen und vor starker Sonne schützen. Für eine Winterblüte wird im Frühjahr ausgesät, für eine Frühjahrs- und Sommerblüte im Sommer.

SOLANUM (Nachtschatten)
Die hier beschriebenen Pflanzen wachsen entweder buschig oder sie klettern. Alle haben ähnliche Blüten wie Kartoffeln in Weiß bis Lavendelblau, die einzeln oder in Büscheln stehen. Die buschigen Pflanzen zieht man wegen ihrer Früchte, die Kletterpflanzen aufgrund ihrer Blüten. In Töpfe mit Lehmsubstrat oder eine Rabatte pflanzen, gut wachsende Exemplare während der Wachstumsperiode alle zwei Wochen düngen. Buschige Pflanzen zieht man jedes Jahr neu aus Samen, Kletterpflanzen können im Sommer durch Stecklinge vermehrt werden. Kletterpflanzen im Frühjahr zurückschneiden. *S.capsicastrum* (Korallenkirsche, Korallenstrauch) ist ein buschiger, 30-60 cm hoher Strauch; Früchte, je nach Art, scharlach, orange oder weiß. *S.jasminoides,* eine strauchige Kletterpflanze von 2,50-4,50 m Höhe, blüht reinweiß (›Album‹) oder weiß mit lavendelfarbenem Hauch, die Blüten stehen in großen Büscheln. *S.pseudocapsicum,* wird auch als Korallenstrauch bezeichnet, Wuchs buschig, Höhe 0,30-1,20 m, Früchte, je nach Art, scharlach, orange oder gelb. *S.wendlandii,* eine starkwüchsige, strauchige und stachelige Kletterpflanze, die 4,50 m und höher wird; ihre lavendelblauen Blüten stehen in großen Büscheln.

SOLEIROLIA (Bubiköpfchen)
S.soleirolii (Helxine soleirolii) ist eine kriechende Pflanze von 2-7 cm Höhe, die Matten bildet und sich schön über Töpfe rankt. Als Bodendecker kann sie unter anderen Topf- oder Rabattenpflanzen nützlich sein, doch wird sie gelegentlich auch zum Unkraut. Die kleinen Blätter stehen dicht an den drahtigen Stengeln. In Lehmsubstrat pflanzen und vor starker Sonne schützen. Im Sommer kann man Stecklinge nehmen.

SPREKELIA (Jakobslilie)
S.formosissima ist eine herrliche Zwiebelblume, die man wegen ihrer wunderschönen tief karminroten Blüten zieht. Die riemenförmigen, bis zu 30 cm langen Blätter entwickeln sich erst nach den Blüten, die an 30 cm langen Schäften sitzen. Die Blüten ähneln Orchideen und haben 10 cm Durchmesser. Man setzt die Pflanzen in Töpfe mit Lehmsubstrat, der Zwiebelhals muß aus der Erde herausschauen. Während der Wachstumsperiode feucht halten, auf ihrem Höhepunkt alle zwei Wochen düngen. Wenn die Blätter zu welken beginnen, läßt man sie einziehen. Im Herbst wieder eintopfen und durch Nebenzwiebeln vermehren.

STRELITZIA (Strelitzie, Paradiesvogelblume)
S.reginae ist eine immergrüne, ausdauernde Pflanze, die während der Blüte einen phantastischen Anblick bietet. Die bis zu 45 cm langen Blattspreiten sitzen auf langen Stielen und bilden eine 90-120 cm hohe Pflanze. Die orangefarbenen und blauen Blüten stehen waagerecht, sind bis zu 20 cm lang und scheinen aus den Stengelenden hervorzubrechen. Man zieht die Strelitzie in Töpfen mit Lehmerde oder in einer Rabatte. Im Sommer reichlich gießen, im Winter sparsamer. Im Herbst oder Frühjahr umtopfen. Im Frühjahr kann durch Teilung oder Aussaat vermehrt werden.

TECOPHILAEA
Die intensiv enzianblauen Blüten machen *T.cyanocrocus* zu einer außergewöhnlichen Topfpflanze. Ihre zwei oder drei grünen Blätter sind bis zu 12 cm lang, die Blütenstengel wer-

den bis zu 10 cm hoch und tragen im Frühjahr wunderschöne, recht breite, krokusähnliche Blüten. In Töpfe mit Lehmsubstrat setzen und fast trocken halten, bis das Wachstum beginnt, dann wässern, bis die Blätter zu welken beginnen, anschließend wieder fast trocken halten. Im Herbst umtopfen und durch Ableger vermehren oder im Frühjahr aussäen.

THUNBERGIA

Die hier beschriebenen Schlingpflanzen blühen wunderschön und sind alle mehrjährig, die Schwarzäugige Susanne wird jedoch oft einjährig gezogen. In Rabatten oder Töpfe mit Lehmerde setzen und im Winter recht trocken halten. Als Topfpflanzen müssen sie im Sommer regelmäßig gedüngt werden. Für Wärme und am besten auch für Luftfeuchtigkeit sorgen und vor starker Sonne schützen. Im Frühjahr umtopfen und durch Aussaat vermehren oder im Sommer Stecklinge nehmen. *T.alata* (Schwarzäugige Susanne), eine stark belaubte, bis 3 m hohe Schlingpflanze, blüht weiß, cremefarben oder orange und hat ein schwarzes Auge. *T.grandiflora* ist eine holzige, bis 6 m hohe Kletterpflanze mit blauen, hängenden Blütentrauben.

TRADESCANTIA (Tradeskantie, Wasserranke)

Beliebte Topfpflanzen, von denen man hauptsächlich buntblättrige Formen zieht, die sich vor allem für Ampeln eignen. In Töpfe oder Ampeln mit einer handelsüblichen Erde pflanzen, im Sommer gut gießen und vor starker Sonne schützen. Da die Pflanzen leicht dünn und unansehnlich werden, zieht man sie am besten jedes Jahr aus Stecklingen neu, die sich problemlos bewurzeln, man kann die alten Exemplare aber auch umtopfen. Gutwachsende Pflanzen sollten im Sommer alle vierzehn Tage gedüngt werden. *T.albiflora* mit kriechenden Trieben, wird bis 60 cm und länger, die Blätter sind einfach grün; die Sorte ›Albovittata‹ hat größere, weißgestreifte Blätter. *T.blossfeldiana*, kriechende bis halb aufrechte Triebe, bis 25 cm lang; Blattoberseiten grün, Unterseite purpurn und behaart oder wie bei der Sorte ›Variegata‹ cremefarben gestreift, Blüten purpurn mit weißer Mitte, die in kleinen Büscheln stehen. *T.fluminensis* (Rio-Tradeskantie), ähnlich wie *T.albiflora*, Blattunterseiten jedoch purpurn angehaucht, die Sorte ›Variegata‹ hat weiße bis cremefarbene Streifen.

VALLOTA (Vallote, Sommeramaryllis)

Die hübschen scharlachfarbenen Blüten von *V.speciosa* (*V.purpurea*) stehen an bis zu 60 cm hohen Schäften, die riemenförmigen Blätter sind das ganze Jahr hindurch vorhanden und werden ebenfalls 60 cm lang. In Töpfe mit einer guten Erde pflanzen, ausreichend wässern und im Sommer alle zwei Wochen düngen, im Winter gerade feucht halten. Man topft nur alle paar Jahre einmal um, Vermehrung erfolgt durch Brutzwiebeln.

ZANTEDESCHIA (Richardia, Kalla)

Ihre auffälligen Spathen machen aus der Kalla eine dekorative Topfpflanze. Man setzt sie in Gefäße mit guter Blumenerde, die nur angefeuchtet sein darf, bis die Pflanze zu wachsen beginnt, dann gießt man bis zum Ende der Blüte reichlich, während der Blüte wird alle zehn Tage gedüngt. Wenn die Blätter welken, langsam einziehen lassen. Im Spätwinter oder zu Frühjahrsbeginn umtopfen und durch Kindel oder Teilung vermehren bzw. im Frühjahr aussäen. Die dunkelgrünen Blätter der *Z.aethiopica* (*Z.africana* Zimmerkalla) sitzen an bis zu 90 cm langen Stielen, die Blüten haben weiße Spathen, deren Stiele 1,20 m und länger sind. Bei *Z.albomaculata* (*Z.melanoleuca*) sind die Blätter grün, mit halbdurchscheinenden weißen Flecken an den bis zu 90 cm langen Stengeln, Spathen cremefarben mit einem purpurnen Innenfleck, an schlanken Schäften stehend. *Z.elliottiana* entwickelt dunkelgrüne Blätter mit transparenten weißen Flecken und bis zu 60 cm langen Stielen, die Blüten haben gelbe Spathen mit grünen Basen und stehen auf 60 cm hohen Schäften. *Z.rehmannii*, Blätter hellgrün, manchmal mit transparenten weißen Flecken oder Streifen und 60 cm langen Stielen; Spathen blaß- bis tiefrosa oder purpur.

Liste 3 Pflanzen für gewöhnlich unbeheizte Wintergärten, verglaste Anbauten und Wohnbereiche

Sie sind für Räume geeignet, in denen die Temperatur möglichst nicht unter den Gefrierpunkt sinkt, wo aber während anhaltender Kälteperioden in irgendeiner Form geheizt wird.

AGAPANTHUS (Schmucklilie, Afrikanische Lilie, Liebesblume)   Abb. 19

Prächtige büschelige Stauden für große Töpfe oder Kübel mit großen, weißen oder blauen Blütenköpfen und langen, riemenförmigen Blättern, die immer- oder sommergrün sind. In ein Lehmsubstrat pflanzen und während der Wachstumsperiode düngen. In Abständen von einigen Jahren während des Frühjahrs umtopfen und durch Teilung vermehren oder aussäen. *A.africanus (A.umbellatus)* ist immergrün, wird bis 60 cm hoch und blüht blau. *A.praecox (A. umbellatus)*, immergrün, je nach Sorte 60–120 cm hoch, Blüten tief- bis hellblau und weiß. Es gibt auch eine Reihe schöner Hybriden von verschiedenen Arten mit dunkel- bis hellblauen und weißen Blüten und von unterschiedlicher Wuchshöhe.

ALOYSIA (Lippia)

A.triphylla (L.citriodora Zitronenstrauch*)* wird vor allem wegen ihres duftenden Laubs geschätzt. Der Strauch erreicht 1,5–3 m Höhe und auch mehr, hat weidenartiges Laub und viele kleine weißlich-lavendelblaue Blütenstände. In große Töpfe mit Lehmerde pflanzen, im Sommer gut gießen und für Lüftung sorgen, eventuell auch ins Freie stellen. Jedes zweite Jahr umtopfen, Vermehrung erfolgt durch Stecklinge oder Aussaat.

ARUM (Aronstab)

Diese Pflanzen entwickeln sich aus Knollen und haben dekorative Blütenscheiden und Blätter. Man pflanzt sie in Töpfe mit Lehmerde, hält diese, bis die Pflanzen zu wachsen beginnen, gerade feucht und wässert dann bis zum Ende der Blüte reichlich. Während der Blüte alle zwei Wochen düngen. Welken die Blätter, läßt man sie einziehen. Im Herbst umtopfen und durch Nebenknollen vermehren, was auch während der Ruheperiode möglich ist, oder nach der Samenreife säen. *A.creticum,* Höhe bis 45 cm, Blütenscheiden weiß bis gelb. *A.palaestinum,* bis 50 cm hoch, Blütenscheiden außen grünlich, innen schwärzlich-purpurn.

CAMELLIA (Kamelie)

Mit ihrem immergrünen Laub und den wunderschönen Blüten sind die meisten Kamelien reizvolle Topfpflanzen, was insbesondere für die vielen Sorten von *C.japonica* gilt. Die einfachen oder gefüllten Blüten haben 7,5–12 cm Durchmesser und sind karminrot, tief orangerot, rosa, weiß und manchmal auch zweifarbig. In große Töpfe mit einem kalkfreien Substrat setzen, während der Wachstumsperiode feucht halten (aber stehende Nässe vermeiden) und düngen. Im Frühjahr gräbt man die Töpfe nach der Blüte im Freien ein und bringt sie dann im Spätherbst wieder ins Haus oder stellt sie im Haus an einen kühlen Platz. Im Frühjahr oder Herbst umtopfen, aber nur, wenn die Gefäße wirklich zu klein geworden sind. Vermehrung erfolgt im Herbst durch Stecklinge. Im Spätfrühjahr oder Frühsommer etwas zurückschneiden, damit die Pflanzen nicht zu groß werden – *C.japonica* kann eine Höhe von 6 m und mehr erreichen.

CAMPANULA (Glockenblume)

Die beiden hier beschriebenen Glockenblumen sehen recht unterschiedlich aus. Eine ist eine ausgezeichnete Hängepflanze für Ampeln, die andere eine wunderschöne hochwachsende Pflanze. Beide setzt man in ein Lehmsubstrat und stellt sie an einen luftigen Platz. *C.isophylla* wird im Frühjahr umgetopft und geteilt, *C.pyramidalis* vermehrt man im Frühjahr durch Abnehmen junger Rosetten oder Aussaat. *C.isophylla* hat 30 cm lange, kriechende Triebe, die im Spätsommer ganz mit offenen, sternförmigen, blauen und weißen Blüten bedeckt sind; im Winter hält man die Pflanze gerade feucht. *C.pyramidalis* ist eine bis 1,50 m hohe, pyramidenförmige Art mit blauen oder weißen, glockenförmigen Sommerblüten, die man zweijährig zieht.

CAMPSIS (Trompetenblume, Klettertrompete)

Diese üppig belaubten Kletterpflanzen mit leuchtend orangefarbenen bis roten Blüten eignen sich gut für Rabatten. In durchlässige Erde setzen, die jedoch die Feuchtigkeit halten muß; Vermehrung erfolgt im Frühjahr durch Aussaat oder Wurzelschnittlinge bzw. im Spätsommer durch Stecklinge. *C.grandiflora* mit scharlachroten Sommerblüten wird 9 m und höher; *C.radicans* erreicht sogar 12 m und mehr und setzt im Spätsommer Blüten in Orange an, die sich später scharlachrot verfärben. *C.x. tagliabuana,* eine Kreuzung zwischen den obengenannten Arten, von der die Sorte ›Madame Galen‹ mit großen lachsfarbenen Blüten besonders schön ist.

CAPPARIS (Kapernstrauch)

Als Speisekapern werden die jungen Blütenknospen geerntet, die sich jedoch im Frühjahr und Sommer zu wunderschönen, weißen Blüten mit violettrosa Staubblätter öffnen. Dieser Strauch ist meist dornig und wird etwa 1,20 m hoch. In Töpfe mit einem durchlässigen Substrat pflanzen (gegebenenfalls etwas groben Sand zusetzen) und an einen sonnigen Platz stellen, bei Hitze jedoch für gute Lüftung sorgen. Im Frühjahr umtopfen und im Sommer durch Stecklinge mit Astringen vermehren.

CAPSICUM (Paprika)

Die Zierpaprika-Arten unterscheiden sich vom Gemüsepaprika und den Pfefferschoten, die man für den Küchenbedarf zieht. Es handelt sich dabei um verschiedene Sorten von *C.annuum* mit roten, orangefarbenen oder gelben Früchten, die, je nach Art, rund oder länglich und zugespitzt sind; Wuchshöhe etwa 45 cm. Gewöhnlich werden die Pflanzen einjährig gezogen. In Töpfe mit Lehmsubstrat pflanzen, im Frühjahr kann ausgesät werden.

CHRYSANTHEMUM Abb. 20
Von den Gärtner-Chrysanthemen gibt es viele Formen. Sie sind zwischen 1 und 1,50 m hoch, sie können nach innen gebogene und gedrehte Blütenblätter haben und ballförmige Blütenköpfe, sind klein-, mittel- oder großblumig, blühen gefüllt oder entwickeln große, einfache Korbblüten. Anemonenblütige Chrysanthemen sind halbgefüllt und haben in der Mitte ein Polster aus langen Röhrenblütchen; pomponblütige Sorten haben runde oder fast runde Blüten an 30 cm langen Stielen; darüber hinaus gibt es verschiedene andere Typen, wie etwa die Spinnenchrysanthemen. In Töpfe mit Lehmsubstrat pflanzen und bis zum Spätherbst an einen sonnigen, geschützten Platz im Freien stellen. Dann ins Haus bringen, wässern und für gute Lüftung sorgen; nach der Blüte fast trocken halten, Pflanzen auf 15 cm zurückschneiden und bis zum Frühjahr frostfrei überwintern, bis sie an der Basis neu austreiben. Aus diesen Trieben kann man neue Pflanzen für die kommende Saison ziehen. Viele Sorten lassen sich auch jedes Jahr neu aussäen. Die Auswahl an Chrysanthemensorten aller Größen und Farben ist heute enorm.

COBAEA (Glockenrebe, Krallenwinde)
C.scandens ist im Haus eine schnellwüchsige Kletterpflanze mit einer langen Blütezeit, im Freien wird sie jedoch einjährig gezogen. Die typische Pflanze hat zunächst grüne Blüten, die dann in Cremefarben übergehen und anschließend purpurviolett werden, bei der Sorte ›Alba‹ bleiben sie cremeweiß. Unter günstigen Bedingungen erreicht die Pflanze 9 m und mehr. Man zieht sie in einer Rabatte oder in Töpfen mit nährstoffarmem Substrat. Durch regelmäßiges Ausknipsen wird die Pflanze buschig. Falls notwendig, im Frühjahr umtopfen und durch Aussaat vermehren.

CRINUM (Hakenlilie)
Große Zwiebelpflanzen, die viel Platz brauchen und wunderschöne, lilienähnliche Blüten entfalten, die in großen Büscheln stehen. In große Töpfe mit Lehmsubstrat pflanzen, ein Drittel der Zwiebeln muß aber aus der Erde herausstehen. Während der Wachstumsperiode feucht halten und alle zwei Wochen düngen. Vor starker Sonne schützen. Im Abstand von zwei bis drei Jahren topft man um, vermehrt wird durch Nebenzwiebeln oder Samen, letztere benötigen zum Keimen unter Umständen aber mehrere Jahre. *C.bulbispermum* hat bis zu 90 cm lange Blätter, die Blüten stehen in Büscheln bis zu 12 an 30 cm hohen Schäften, sie sind innen weiß und außen rot angehaucht. *C.moorei*, ähnlich wie *C.bulbispermum*, aber größer, Blüten rosé mit 60 cm hohen Stielen. *C.×powellii* ist eine Kreuzung zwischen den beiden genannten Arten, etwa so groß wie *C.moorei*, blüht rötlich bis purpurrot oder, wie bei der Sorte ›Alba‹, weiß.

CYCLAMEN (Alpenveilchen)
Das bekannte Topfalpenveilchen wurde aus *C.persicum* gezüchtet und gehört zu den schönsten Zimmerpflanzen. Die breite Skala der Blütenfarben reicht von Karminrot über Tiefmagenta, Rot, Rosa und Weiß bis zu zweifarbigen Sorten, darüber hinaus wurden Sorten mit schöner Blattzeichnung gezüchtet. Die Pflanzen sind nicht allzu kompliziert und gehen am ehesten durch zuviel »Pflege« ein, etwa wenn sie zuviel Wärme oder Wasser bekommen. In Töpfe mit Torfsubstrat pflanzen, gerade feucht halten, während der Wachstumsperiode mehr wässern, doch wenn die Blätter im Frühjahr zu welken beginnen, an einem kühlen, trockenen Platz einziehen lassen. Im Spätsommer in frische Erde setzen, die nur leicht feucht sein darf, bis sich neue Triebe zeigen. Die Knollen werden so gepflanzt, daß die Oberseiten mit der Erde abschließen oder gerade darüberliegen. Hell stellen, aber nicht sonnig, und bei 7–16°C halten, in der Nacht noch kühler. Vermehrung erfolgt im Herbst bis Frühjahr durch Aussaat.

FATSIA (Zimmeraralie)
F.japonica (Aralia japonica) ist eine wirkungsvolle Blattpflanze mit tiefgrün glänzenden und handförmig geteilten Blättern. Sie haben etwa 40 cm Durchmesser und setzen sich aus fünf bis elf Lappen zusammen. An verzweigten Ähren entwickeln sich kleine, weiße Blütenbälle. Die Pflanzen können 5–6 m hoch werden, bleiben in Töpfen meist jedoch kleiner. Die Sorte ›Moseri‹ ist kompakt, kräftig und hat größere Blätter; ›Variegata‹ ist cremeweiß gerändert. In Töpfe oder Kübel mit einer guten Erde setzen. Im Frühjahr umtopfen und durch Stecklinge oder Aussaat vermehren.

FUCHSIA (Fuchsie) Abb. 21
Von diesem beliebten Blütenstrauch gibt es zahllose Sorten, die aus einer Reihe von Arten gezogen wurden und in einer großen Skala von Blütenfarben angeboten werden. Die Blüten bestehen aus sehr unterschiedlich aussehenden Kron- und Kelchblättern, die gewöhnlich auch verschiedenfarbig

19 **Agapanthus africanus** (Schmucklilie)
20 **Chrysanthemum** Pomponblütiger Typ
21 **Fuchsia** var.
22 **Narcissus** var.
23 **Punica granatum** ›Nana‹ (Zwerg-Granatapfel)
24 **Sarracenia purpurea** (Schlaupflanze)

sind. Die Blüten erscheinen in Karminrot, Purpur, Rot, Violett, Orange, Rosa oder Weiß. Es gibt von den Fuchsien Zwergformen und auch kleine Bäumchen, manche wachsen je nach Sorte, aufrecht, andere hängen. Als Büsche gezogen werden sie etwa 60 cm hoch, als Hochstämme können sie 1–1,50 m erreichen. Die Blätter sind meist grün, manche Sorten haben aber auch goldene oder bunte Blätter. In Töpfe, Kübel oder Ampeln mit Lehmsubstrat pflanzen und während des Sommers alle zwei Wochen düngen. Im Frühjahr umtopfen und zu diesem Zeitpunkt durch Samen oder Stecklinge vermehren, Stecklingsschnitt ist auch im Sommer möglich. Bewurzelte Stecklinge ausknipsen, damit sie sich verzweigen. Bei gutwachsenden Pflanzen nimmt man beim Umtopfen jedes Jahr das vorjährige Holz auf einige Zentimeter zurück.

HEDERA (Efeu)
Efeus sind unkomplizierte Blattpflanzen mit Blättern von unterschiedlicher Form, Größe und Färbung. Sie können tiefgrün bis hellgrün, aber auch gelb und auf vielfältige Weise gezeichnet sein. Die Pflanzen klettern oder kriechen und sind durch Schnitt leicht zu bändigen. In Töpfe oder Ampeln mit guter Erde pflanzen und nach Möglichkeit vor starker Sonne schützen. Im Frühjahr oder Herbst umtopfen, von Frühjahr bis Herbst kann durch Stecklinge vermehrt werden. *H.helix ssp. canariensis* (Kanarischer Efeu), Blätter ca. 15 cm groß, flach gelappt, dunkelgrün, glänzend oder, wie bei der Sorte ›Variegata‹ (›Gloire de Marengo‹) graugrün mit cremefarbenem Rand. *H.helix* (Gemeiner Efeu), außerordentlich verschiedenartig, meist sind die Blätter fünflappig, dunkelgrün und ca. 7,50 cm groß. Zu den Sorten gehören ›Buttercup‹, gelbe Blätter; ›Conglomerata‹, Blätter klein, gewellt, grün, zusammengedrängt an steifen, langsamwachsenden Trieben stehend; ›Cristata‹, Blätter hell- bis mittelgrün, stark gewellt; ›Glacier‹, Laub klein, dreieckig, graugrün, rosa angehaucht mit weißem Rand; ›Gold Heart‹, Blätter klein, dunkelgrün mit gelber Mitte; ›Sagittifolia‹, Blätter lang, pfeilförmig, graugrün; ›Sagittifolia Variegata‹, Blätter lang, pfeilförmig, graugrün mit weißer Zeichnung.

HYDRANGEA (Hortensie)
Weil *Hydrangea macrophylla* nicht nur einfach zu ziehen ist, sondern auch riesige blaue, rote, rosa und weiße Blütenköpfe entwickelt, hat sie sich zu einer beliebten Zimmerpflanze gemausert. Hortensien mit großen, runden Blütenständen wurden aus *H.macrophylla macrophylla* gezüchtet, Hortensien mit flachen Blütenköpfen aus *H.macrophylla normalis*. Die Pflanzen erreichen 1,50 m Höhe und mehr. Es gibt eine große Zahl hervorragender Sorten, und die Wahl hängt vom gewünschten Typ und der Blütenfarbe ab. In Töpfe mit handelsüblicher Erde setzen, feucht halten und vor starker Sonne schützen. Während der Blüte alle zwei Wochen düngen, danach zurückschneiden. Jedes Jahr umtopfen. Vermehrung erfolgt von Frühjahr bis Sommer durch Stecklinge, je früher man sie nimmt, desto größer und verzweigter sind die Pflanzen im folgenden Jahr. Viele rosa- und rotblühende Sorten färben sich in saurem Boden oder durch einen entsprechenden Zusatz zum Gießwasser blau.

JASMINUM (Jasmin)
Die hier beschriebenen beiden schönen Sträucher versinken vom Winter bis zum Sommer unter einem dichten Blütenflor. Man pflanzt sie in eine Rabatte oder große Töpfe mit handelsüblicher Erde und hält sie feucht. Bei Bedarf umtopfen und im Spätsommer und Herbst durch Stecklinge vermehren. *J.mesnyi* (*J.primulinum*) ist eine immergrüne Schlingpflanze, die an einer Stütze aufgebunden werden muß und gelbe Frühjahrs- und Sommerblüten entfaltet. *J.polyanthum*, ein halbimmergrüner Schlinger mit rosa Knospen, die Blüten sind später aber weiß und duften; sie erscheinen im Winter und Frühjahr. Höhe beider Pflanzen bis etwa 3 m.

LAPAGERIA (Lapagerie)
L.rosea ist eine ungewöhnlich schön blühende, schlingende Pflanze, die 3 m und höher wird. Sie hat wachsartige, rosa angehauchte oder karminrote Blüten, die vom Hochsommer bis in den Herbst erscheinen. In eine humusreiche Rabatte oder in große Töpfe mit durchlässiger Torferde pflanzen und feucht halten, aber stehende Nässe vermeiden. Im Frühjahr umtopfen und durch Absenker vermehren.

LAURUS (Lorbeer)
L. nobilis (Lorbeerbaum) ist ein unkomplizierter immergrüner Strauch, der 4,50 m hoch werden kann, aber durch Stutzen oder Rückschnitt in der gewünschten Größe bleibt. Man kann ihn zum Verstecken niedriger Stützmauern verwenden, säulenförmig neben Stufen und Treppen wachsen lassen, die in den Wintergarten oder Pflanzenraum führen, oder ihn in Kübeln oder anderen großen Pflanzgefäßen beispielsweise auf einen Treppenabsatz stellen. Seine Blätter finden häufig in der Küche Verwendung. In gute Erde an einen sonnigen oder halbschattigen Standort setzen; gepflanzt wird im Frühjahr. Im Spätsommer durch Stecklinge vermehren oder Wurzeltriebe abtrennen.

LAVANDULA (Lavendel)

Immergrüne Sträucher mit dekorativen Blüten und Blättern. Laub und Stengel duften. Sie eignen sich ausgezeichnet als niedriger Sichtschutz, etwa unter einem Gartenraumfenster, oder um Clematiswurzeln zu beschatten. Im Frühjahr in durchlässigen Boden an einen sonnigen Platz pflanzen, vermehrt wird im Spätsommer durch Stecklinge. *L. angustifolia, L. officinalis, L. spica, L. vera* (Echter Lavendel) wird 60–90 cm hoch, mitunter auch höher, blüht lilaviolett oder, je nach Sorte, violett, rosa oder weiß. *L. stoechas* (Schopflavendel), Höhe 30–90 cm, hat violette Blüten mit einem violettblättrigen Schopf.

LEDEBOURIA

L. socialis ist eine bezaubernde Zwiebelpflanze, die jedoch unter ihrer früheren Bezeichnung *Scilla violacea* besser bekannt ist. Sie hat bis zu fünf 5–10 cm lange Blätter, grüne und silbergrüne Zeichnung auf der Oberseite, die Unterseiten sind purpurn. Die Blätter entwickeln sich aus oberirdischen purpurnen Zwiebeln und bilden dichte Büschel. Die Blüten sind klein, glockenförmig und weiß, sie haben einen weißen Rand und purpurne Stamen, nicken und stehen in lockeren Rispen. In Töpfe mit Torfsubstrat pflanzen und gerade feucht halten – nie durchnässen. Im Herbst umtopfen und durch Brutzwiebeln vermehren.

LEPTOSPERMUM

Kleinblättrige, immergrüne Sträucher, deren Zweige im Sommer mit einem überaus dichten Blütenflor bedeckt sind. In eine Rabatte mit durchlässiger Erde oder große Töpfe mit Lehmsubstrat pflanzen. Vermehrung erfolgt im Frühsommer durch Stecklinge. *L. lanigerum (L. pubescens)*, Endhöhe 4 m und mehr, Blätter silbrig behaart; die unter *L. pubescens* verkaufte Form hat graues Laub und blüht weiß. *L. scoparium*, Höhe 3 m und mehr, hat duftende Blätter und blüht weiß, rosa oder rot. Es gibt verschiedene benannte Sorten, darunter ›Chapmanii‹ mit bräunlichen Blättern und großen, roséfarbenen Blüten; ›Nanum‹, wird nur 30 cm hoch, blüht roséfarben; und ›Nichollsii‹ mit karminroten Blüten.

LILIUM (Lilie)

Viele Lilien sind prächtig blühende Topfpflanzen, und eine ganze Reihe duftet wunderbar. In Töpfe mit Lehmsubstrat setzen und gerade feucht halten, bis die Zwiebeln austreiben, dann reichlicher gießen, für Lüftung sorgen und bei Hitze für Schatten sorgen. Während der Blüte alle zwei Wochen düngen. Im Herbst umtopfen und durch Brutzwiebeln vermehren, manche Arten entwickeln auch Stengelbulbillen, die aber erst nach mehreren Jahren zur Blüte kommen. Lilien können wie Hyazinthen getrieben werden (siehe dort) und blühen dann drei Monate später. *L. auratum* (Goldbandlilie), Höhe bis 1,80 m und mehr, entfaltet riesige, weiße Blüten mit goldenen Streifen. *L. longiflorum* (Osterlilie), bis 90 cm hoch, blüht weiß und duftend. Bei *L. nepalense*, bis 90 cm hoch, sind die Blüten gelb bis grünlich, purpurn überzogen, duftend. *L. speciosum* (Japanische Prachtlilie), bis 1,50 m hoch, entwikkelt duftende breite weiße Blüten mit rosafarbenen Punkten. Die genannte kleine Auswahl umfaßt geeignete Arten, es gibt aber auch viele Züchtungen; zu den schönsten gehören die Mid-Century-Hybriden, darunter ›Cinnabar‹, kastanienrot; ›Destiny‹, gelb mit braunen Tupfen; ›Enchantment‹, rot; ›Harmony‹, orange.

MUTISIA

Diese immergrünen, kletternden Sträucher zeichnen sich durch große, wunderschön gefärbte Korbblüten aus. In eine handelsübliche Erde pflanzen, feucht halten und vor starker Sonne schützen. Im Frühjahr umtopfen und aussäen, Vermehrung ist auch im Frühjahr oder Spätsommer durch Stecklinge möglich. *M. clematis* wird bis 3 m hoch und entfaltet scharlachorangefarbene Sommer- und Herbstblüten. *M. ilicifolia*, bis 4 m und mehr, blüht rosé bis lila. *M. oligodon*, Höhe 0,45–1,20 m, trägt Blüten in weichem Rosa; am besten läßt man die Pflanze an einem kleinen Strauch klettern.

NARCISSUS (Narzisse, Osterglocke, Trompetennarzisse) Abb. 22

Von diesen bekannten Zwiebelblumen eignet sich eine ganze Reihe gut für Pflanzgefäße, sofern sie eher kühl stehen (insbesondere nachts während der Blüte), damit sie nicht welken. In Töpfe mit einer guten Erde setzen und gerade feucht halten. Zwiebeln so früh wie möglich pflanzen, kleinere gerade mit Erde bedecken, bei größeren den Hals herausstehen lassen. Die Zwiebeln sollten so dicht gesetzt werden, daß sie sich fast berühren. Im Freien eingraben und mit Erde oder Torf bedecken, bis die Triebe etwa 6 cm lang sind, dann an einen hellen, kühlen Platz im Haus bringen. Vermehrung erfolgt durch Teilen der Horste. Zu den besonders schönen Sorten gehören ›Double Event‹, gefüllt, weiß mit orangefarbener Krone; ›Dutch Master‹, gelb, Trompetennarzisse; ›Fortune‹, gelb mit großer orangeroter Krone; ›Geranium‹, Tazettennarzisse, weiß mit orangefarbener Krone; ›Green Island‹, cremefarben, Krone groß und gelb bis grün; ›Irene Copeland‹, gefüllt, gelb und weiß; ›La Riante‹, weiß, Krone klein, roséorange; ›Mount Hood‹, cremefarbene Trompetennarzisse; ›Paperwhite Grandiflora‹, Tazettennarzisse, weiß; ›Snow Princess‹, weiß, Krone klein und gelb mit orangefarbenem Rand.

PLEIONE (Tibetorchidee)
Diese blühwilligen, etwa 15 cm hohen Zwergorchideen entwickeln verhältnismäßig große Blüten. Sie werden in Töpfe oder Schalen mit einer Mischung aus zwei Teilen handelsüblicher Blumenerde und einem Teil Sphagnum gepflanzt. Feucht halten, vor Sonne schützen, im Sommer für gute Lüftung sorgen und alle zwei Wochen düngen. Nach der Blüte im Frühjahr umtopfen, gleichzeitig können die Pflanzen geteilt werden (zwei Drittel der Scheinbulben müssen aus der Erde herausstehen). *P. bulbocodioides (P. formosana, P. limprichtii, P. pricei)*, Blüten fliederfarben bis lilarosé, Lippe blaß und rot, magenta oder gelbgetupft. *P. forrestii*, zart- bis tiefgelb, Lippe rotgefleckt. *P. praecox (P. lagenaria, P. wallichiana)*, rosé, Lippe cremefarben und rosa.

POLYSTICHUM (Schildfarn)
Wirkungsvolle Farne, die unkompliziert in der Haltung sind. In Töpfe mit einer guten Blumenerde setzen, feucht halten und vor Sonne schützen. Im Frühjahr umtopfen, dabei können die Pflanzen geteilt werden. *P. acrostichoides* (Dolchfarn, Weihnachtsfarn), Wedel immergrün, bis 60 cm lang, je nach Form unterschiedlich, manche Arten haben kammartige oder gedrehte Fiedern. Bei *P. aculeatum* (Glanz-Schildfarn, Harter Schildfarn) sind die Wedel immergrün, glänzend, bis 90 cm lang. *P. lonchitis* (Lanzenfarn) hat schmale und steife, einfach gefiederte Wedel, die bis 60 cm lang werden. Die Stiele des Borstigen Schildfarns *(P. setiferum)* sind geschmeidiger und hängen stärker über als die anderen Arten.

PUNICA   Abb. 23
P. granatum (Granatapfel), den man schon seit der Antike seiner Früchte wegen kultiviert, ist eine Pflanze mit schönen Blüten und Früchten, die sich gut für große Töpfe und Kübel eignet. Sie wächst langsam, erreicht aber schließlich bis zu 6 m Höhe. Die Sorte ›Nana‹ blüht bereits recht jung und wird bis 1,80 m hoch, die Blüten sind orangerot, die Blütenblätter gekräuselt; die Sorte ›Flore Pleno‹ hat rote, gefüllte Blüten, ›Lengrellei‹, gefüllte, orangerote Blüten mit weißen Streifen und Rändern. In Lehmsubstrat pflanzen, bei Wärme für gute Lüftung sorgen und ausreichend wässern. Im Frühjahr umtopfen und gleichzeitig durch Aussaat oder Absenker vermehren bzw. im Sommer durch Stecklinge.

RHODODENDRON
Große Gattung bestechend schöner Blütensträucher, zu denen auch die sogenannten Azaleen gehören. Viele eignen sich ausgezeichnet für große Töpfe und Kübel. Man pflanzt sie in eine spezielle Rhododendronerde oder in ein saures Substrat. Feucht halten, aber nicht überwässern, und von Frühjahr bis Herbst für gute Lüftung sorgen. Vor starker Sonne schützen. Im Herbst oder Frühjahr topft man um, Vermehrung erfolgt im Frühjahr durch Samen, die man auf die Erde streut, es dauert aber Jahre, bis sich daraus blühende Pflanzen entwickeln. Im Spätsommer oder Herbst genommene Stecklinge können schon im folgenden Jahr blühen, diese Vermehrungsmethode eignet sich am besten für kleinblättrige Pflanzen. Großblättrige Rhododendren lassen sich im Frühjahr durch Absenker vermehren. *R. edgeworthii (R. bullatum)*, immergrün in Töpfen 1,20 m hoch, Blüten duftend, weiß, gelegentlich auch gelblich, rosa, oder in beiden Farben angehaucht. *R. johnstoneanum*, immergrün, in Töpfen bis 1,80 m hoch, wächst aber langsam, Blüten duftend, weiß bis gelb mit einem gelben Fleck, innen rotgetupft. *R. simsii*, halbimmergrün bis immergrün, Höhe 0,90–1,80 m, Blüten rosa bis tiefrot; Mutterpflanze vieler Hybriden, die als Indische Azaleen im Handel sind und einfache oder gefüllte Blüten in vielen Rosa-, Rot-, Karmin- und Weißtönen haben.

ROSMARINUS (Rosmarin)
R. officinalis ist ein schöner immergrüner Strauch mit stark aromatischen Blättern, die in der Küche Verwendung finden. Er ist dicht belaubt, wächst aufrecht oder ausladend und hat leuchtend lavendelblaue bis blaßblaue oder weiße Blüten. Die Blattoberseiten sind tiefgrün, die Unterseiten silbrig. Man kann ihn gut vor niedrige Mauern oder als Schutz und Schattenspender pflanzen; Höhe 0,60–1,20 m und mehr. Im Frühjahr oder Herbst in eine durchlässige Erde an einen warmen, sonnigen Platz setzen. Vermehrung erfolgt im Spätsommer oder Herbst durch Stecklinge.

SARRACENIA (Schlauchpflanze)   Abb. 24
Fleischfressende Pflanze mit Blattrosetten und reizvollen Blüten. Die Blätter bilden Schläuche, die Wasser enthalten und ein zuckriges Sekret absondern, das Insekten anlockt. In Schalen mit einer Mischung aus gleichen Teilen Torf und Sphagnum pflanzen und mit lebendem Sphagnum abdecken oder ausschließlich in lebendes Sphagnum setzen und die Gefäße dann in größere, mit Wasser gefüllte Schalen stellen. Feucht halten, vor heißer Sonne schützen und für Luftfeuchtigkeit sorgen. Vermehrt wird im Frühjahr durch Aussaat,

man sät in wie oben gefüllte Schalen. Die Blätter von *S.flava* (Gelbe Schlauchpflanze) sind gelblichgrün mit purpurnem Schlund oder vollkommen purpurn, trichterförmig; in Schalen wird die Pflanze bis 60 cm hoch; Blüten gelb, nickend, Durchmesser 10 cm. *S.leucophylla (S.drummondii)*, Blätter grün, zur Spitze in Weiß übergehend, purpurn geädert, trichterförmig, in Schalen bis 90 cm, Blüten purpurn, nickend, Durchmesser 10 cm. *S.purpurea*, Blätter grün, purpurn überzogen und geädert, eher liegend als vollkommen aufrecht, 30 cm lang, Blüten purpurn, nickend, Durchmesser 6,50 cm. Heute sind auch eine Reihe farbenprächtiger Hybriden im Handel.

SAXIFRAGA (Steinbrech)

Saxifraga stolonifera (Judenbart, Hängesteinbrech) eignet sich ausgezeichnet für Ampeln und rankt sich auch schön über Töpfe. Ähnlich wie Erdbeeren entwickelt der Judenbart Ausläufer mit Jungpflanzen. Die Blätter sind rundlich, oben grün und unten purpur bis rosa, die Sorte ›Tricolor‹ hat Blätter in Grün- und Weißschattierungen, die rosa überzogen sind. Die kleinen, weißlichen Blüten stehen in lockeren, bis 45 cm hohen Rispen. In Töpfe oder Ampeln mit Lehmsubstrat setzen. Im Frühjahr wird umgetopft. Vermehrung erfolgt durch Abnehmen von Jungpflanzen.

TORENIA

T.fournieri ist eine Einjahrespflanze mit anmutigen Blüten und einem buschigen Wuchs. Sie wird bis 30 cm hoch. Die vierlappigen Blüten sind zart purpurviolett, drei Lappen haben einen tief purpurvioletten Saum, der untere zudem einen gelben Fleck; bei der Sorte ›Alba‹ sind sie weiß mit gelbem Fleck, ›Grandiflora‹ hat größere Blüten. In eine gute Erde pflanzen, vor starker Sonne schützen und während der Blüte alle zwei Wochen düngen. Ausgesät wird im Frühjahr.

TULIPA (Tulpe)

Die meisten Tulpen eignen sich für eine begrenzte Zeit als Topfpflanzen, sind aber am schönsten, wenn man die Zwiebeln jedes Jahr neu kauft. In Töpfe mit guter Erde setzen und gerade feucht halten. Die Zwiebeln werden im Herbst eingepflanzt und so dicht gesetzt, daß sie sich beinahe berühren. Töpfe im Freien in Torf eingraben, bis die Triebe 3-5 cm lang sind, dann im Haus an einen hellen Platz mit etwa 10°C bringen, anschließend hell, aber nicht sonnig stellen. Falls die Pflanzen während der Blüte tagsüber wärmer stehen, bringt man sie nachts wieder an einen kühleren Platz. Die besten Sorten für die Zimmerkultur sind einfache und gefüllte frühe Tulpen, die etwa 40 cm hoch werden. Zu den einfachen Frühblühern gehören: ›Bellona‹, gelb; ›Brillant Star‹, scharlach; ›Diana‹, weiß; ›Kaiserkrone‹, rot mit gelbem Rand; ›Pink Beauty‹, rosérosa mit weiß; ›Vander Neer‹, purpurn. Gefüllte Frühblüher: ›Electra‹, lila; ›Machéchal Niel‹, gelb; ›Wilhelm Kordes‹, orangegelb mit rotem Hauch, und ›Vuurbaak‹, scharlachrot.

TROPAEOLUM (Kapuzinerkresse)

Die zwei hier beschriebenen Kletterpflanzen haben hübsche Blüten und Blätter und können beide um Türen und Fenster herum gezogen werden, *T.peregrinum* eignet sich auch ausgezeichnet für Spindeln oder Kübel. Kapuzinerkresse braucht Erde, die die Feuchtigkeit hält, aber dennoch durchlässig ist. *T.peregrinum* wird im Frühjahr gesät, *T.speciosum* zur gleichen Zeit gesät oder durch Teilung vermehrt. *T.peregrinum* ist eine kurzlebige Staude, die einjährig gezogen wird; Höhe 4,50 m, Blätter hellgrün, zumeist fünflappig, Blüten leuchtendgelb mit seltsam geformten, gefransten Blütenblättern. *T. speciosum* ist eine ausdauernde Pflanze mit fleischigen Rhizomen; Höhe bis 3,50 m, Blätter grün, sechslappig, Blüten leuchtend scharlachrot.

Liste 4 Wasserpflanzen für Innenräume

Die hier aufgeführten Pflanzen sind dekorativ und eignen sich für Becken und Teiche verschiedener Temperaturbereiche

ACORUS (Kalmus)

A.gramineus. (Japanischer Zwergkalmus) ist eine dekorative Uferzonenpflanze mit grundständigem, grünen Blattbüscheln, die Sorte ›Variegatus‹ ist weißgestreift, Wuchshöhe 45 cm. Die Blüten sind unscheinbar. In Töpfe mit Lehmsubstrat pflanzen und stets feucht halten. Im Frühjahr umtopfen und teilen. Für ungeheizte Räume geeignet.

APONOGETON (Wasserähre)

Die merkwürdigen Blätter von *A.madagascariensis (A.fenestralis)* sind auf die Blattadern reduziert, etwa 15 cm lang und wachsen unter Wasser. Pflanzen in wassergefüllten Töpfen mit Lehmsubstrat ziehen und hell stellen. Im Frühjahr umtopfen und durch Teilung vermehren. Die Wassertemperatur sollte 16°C oder mehr betragen.

CYPERUS (Zypergras)
Sehr beliebte grasähnliche Blattpflanzen, die in flachem Wasser oder in Wasser stehenden Töpfen wachsen können. Als Pflanzerde eignet sich Lehmsubstrat. Im Frühjahr umtopfen und gleichzeitig durch Teilung vermehren. Erforderliche Temperatur 12°C oder mehr. *C.alternifolius* wächst büschelig und wird 45-90 cm hoch, auf den Halmen sitzen Blütenstände, die von strahlenförmigen, 30 cm langen, grünen, blätterähnlichen Brakteen umgeben sind. Die Blätter der Sorte ›Variegata‹ sind weißgestreift. Die Stengel von *C.papyrus* (Papyrus) sind dunkelgrün, Höhe 1,20-3 m und mehr, an den Spitzen sitzen moppartige Blütenbüschel.

EICHHORNIA
Die wunderschön blühende *E.crassipes* (Wasserhyazinthe) ist ein schwimmendes Unkraut aus dem tropischen Amerika. Die Pflanze schwimmt mit Hilfe ihrer verdickten Blattstiele, in denen sich schwammartiges Gewebe befindet. Sie braucht keine Erde, gedeiht aber am besten in einem Teich oder Becken mit schlammigem Grund und mindestens 30 cm Wassertiefe. Die Blütenrispen sind lavendelfarben. Während des Sommers können die Pflanzen auch im Freien stehen, ansonsten brauchen sie eine Mindesttemperatur von 14°C. Vermehrung erfolgt im Sommer durch Teilung junger Pflanzen.

ELODEA (Wasserpest)
Die verschiedenen Arten der Wasserpest sind sich recht ähnlich. *E.canadensis* (Kanadische Wasserpest, Wassermyrte) hat kriechende, 50-100 cm lange Triebe und kleine Blätter, die in Dreiergruppen stehen. Sie wächst rasch und bildet unter Wasser Teppiche. *E.crispa (Lagarosiphon muscoides, L.major)* ist ähnlich, die Triebe sind aber kürzer und die Blätter ringförmig angeordnet. *E.densa* (Dichtblättrige Wasserpest), auch ähnlich, aber größer, Blätter stehen zu vier oder fünf; eine ausgezeichnete sauerstoffbildende Pflanze. In Teichen oder Becken mit schlammigem Grund ziehen bzw. in Töpfen mit Lehmsubstrat, oder in nährstoffreichem Wasser schwimmen lassen. »Gepflanzt« wird im Frühjahr. Zu dichte Pflanzen dünnt man im Herbst aus. Vermehrung wird nicht notwendig sein, ist aber im Frühjahr durch Teilung möglich. Für fast alle Temperaturbereiche geeignet.

HYDROCHARIS (Froschbiß)
H.morsus-ranae ist eine Schwimmpflanze mit untergetauchten Trieben, die winzigen, rundlichen, lilienartigen Blätter schwimmen jedoch an der Oberfläche. Die weißen Blüten haben drei Blütenblätter. Im Herbst hat die Pflanze ruhende Knospen ausgebildet, die auf den Grund herabsinken, um dort zu überwintern. Vermehrung erfolgt, falls notwendig, durch Abnehmen von Trieben mit Wurzeln oder ruhenden Knospen. Die Pflanze ist ausdauernd und gedeiht in einem breiten Temperaturbereich.

HYDROCLEYS
Die anmutig blühende Schwimmpflanze *H.nymphoides* (Wassermohn) läßt sich in Teichen und Becken oder in einem Gefäß, das zu zwei Dritteln mit Lehmsubstrat und einem Drittel mit Wasser gefüllt ist, problemlos ziehen. Die Stengel bewurzeln sich während des Wachsens und tragen rundliche Schwimmblätter, im Frühjahr erscheinen wunderschöne, gelbe, mohnähnliche Blüten. Vermehrt wird durch Teilung. Die Pflanzen stellen keine großen Ansprüche an die Temperatur.

NELUMBO (Lotusblume)
Wunderschön blühende Pflanzen mit großen, kreisrunden Blättern, die an langen Stielen aus dem Wasser ragen. In großen Kübeln, Becken oder Teichen ziehen, Wurzeln in Töpfe oder Wasserpflanzenkörbe mit 45 cm Durchmesser und mehr setzen. Ein nährstoffreiches Substrat aus gleichen Teilen Lehm und verrottetem Mist verwenden, das Wasser muß 15-30 cm hoch stehen. Jedes Frühjahr umtopfen und durch Teilung der Rhizome oder Aussaat vermehren. Die Schwimmblätter von *N.lutea* (Amerikanische Lotusblume) stehen an bis zu 2 m langen Trieben, sind blaugrün und haben 30-60 cm Durchmesser; Blüten gelb, duftend, bis 25 cm Durchmesser, stehen auf hohen Stielen über den Blättern. *N.nucifera* (Indische Lotusblume), ähnlich wie *N.lutea*, Blätter haben aber einen Durchmesser von 90 cm und eine tiefere blaugrüne Färbung; Blüten tiefrosa bis weiß, intensiv duftend. Weitgehend temperaturunempfindlich.

NYMPHAEA (Seerose) Abb. 25
Großartig blühende Pflanzen aus den Tropen, die ihre Blüten im Sommer und Herbst entwickeln. Sie müssen in großen Becken oder Teichen in Körbe mit einer Mischung aus drei Viertel Lehmsubstrat und einem Viertel verrottetem Mist gepflanzt werden. Etwas stark phosphathaltigen Dünger dazugeben und alles mit Kies abdecken, die Wurzelkrone muß gerade noch herausstehen. Es ist eine Wassertiefe von 30 cm erforderlich. Vermehrt wird durch Rhizomteilung oder Jungpflanzen, die sich bei einigen Sorten entwickeln. Die Pflanzen benötigen eine Mindesttemperatur von 21°C. Es folgt

eine kleine Auswahl von Hybriden, die alle mehr oder weniger stark duften und, sofern nicht anders angegeben, tagsüber blühen. ›B.C.Berry‹, karminrot, Nachtblüher; ›Director George T.Moore‹, violettblau; ›Emily Grant Hutchings‹, rosarot, Nachtblüher; ›General Pershing‹, rosa; ›Missouri‹, weiß Nachtblüher; ›Mrs. George H. Pring‹, weiß und karminrot; ›St. Louis‹, gelb.

ORONTIUM (Goldkeule)
O.aquaticum ist eine ungewöhnliche Schwimmpflanze aus der Familie der Aronstabgewächse, deren Blüten unauffällige Spathen, aber auffällige, leuchtendgelbe, 10 cm lange Kolben haben, die über Wasser stehen. Die breiten, bis 30 cm langen Blätter wachsen in Büscheln, in tiefem Wasser schwimmen sie. In Teiche oder Becken mit etwa 30 cm Wassertiefe und Töpfe oder Körbe mit einer Mischung aus gleichen Teilen Lehmsubstrat und verrottetem Mist setzen. Vermehrt wird im Frühjahr durch Teilung. Die Pflanzen sind recht temperaturunempfindlich.

PISTIA
P.stratiotet (Wassersalat) ist eine Blattrosetten bildende Schwimmpflanze mit blaßgrünen, rundlichen Blättern, die sich stark ausbreitet. Am besten läßt man sie in einem Behälter mit schlammigem Grund schwimmen. Im Sommer vor starker Sonne schützen und zur Vermehrung teilen. Wassertemperatur um 21°C.

PONTEDERIA (Hechtkraut) Abb. 26
Glänzendgrüne, herzförmige Blätter und dichte, blaue Blütenähren machen *P.cordata* zu einer bezaubernden Wasserpflanze. Sie wird 60-120 cm hoch und in Behälter mit einer Mischung aus gleichen Teilen Lehmsubstrat und verrottetem Mist oder in den Schlammgrund eines Teiches gepflanzt; die Wassertiefe sollte unter 30 cm liegen. Im Frühjahr durch Teilung vermehren. Die Pflanze verträgt fast jede Temperatur.

SALVINIA (Schwimmfarn)
Schwimmende Blattpflanzen, deren Blätter sich über Wasser farnartig und unter Wasser haarförmig entwickeln. In Wasser von mehr als 18°C Wärme breiten sie sich aus. Vermehrt wird durch Teilung. Bei *S.auriculata* sind die Blätter gebogen, bootförmig, bis 2,5 cm lang und 4,5 cm breit, Pflanzen bis 25 cm. *S.rotundifolia* wird als Pflanze bis 7 cm groß, die Schwimmblätter sind rundlich, 1,5 cm lang und 2 cm breit.

Liste 5   Freilandpflanzen
Hier finden Sie winterharte Gewächse, die um Wintergärten und Gartenräume herum gepflanzt werden können, um als Sichtschutz zu dienen oder den Blick ins Freie zu verschönern.

CHAENOMELES (Zierquitte, Scheinquitte) Abb. 27
Reizvolle Blütensträucher, mit denen man im Freien Wände verschönern oder Gartenräume umgeben kann. Sie sind durch Schnitt leicht in Form zu halten, wachsen in beinahe allen Böden und werden vom Spätherbst bis Frühjahr gepflanzt. Die Früchte eignen sich zum Einmachen. *C.speciosa*, ein bis zu 1,80 m hoher Strauch, Blüten, je nach Sorte, rot, weiß oder rosa bis karminrot. *C. x superba*, strauchig, Höhe bis 1,80 m, Blüten, je nach Sorte, orangerot, weiß oder rosa bis karminrot.

CHIMONANTHUS (Winterblüte)
Bevor bei *C.praecox (C.fragrans)* die Blätter erscheinen, erfüllen seine Blüten im Winter die Luft mit süßem Duft. Sie sind zartgelb und haben eine purpurne Mitte. Der Strauch wird 3 m hoch und kann gut vor Mauern gepflanzt werden. Er wächst in fast allen Böden, leichtem Boden sollte man jedoch etwas humoses, feuchtigkeitshaltendes Material zusetzen. Gepflanzt wird von Spätherbst bis Frühjahr. Nach der Blüte in Form schneiden. Im Herbst kann durch Absenker vermehrt werden.

CHOISYA (Orangenblume)
C.ternata ist ein schöner immergrüner Strauch, der nur bedingt ausdauernd ist und am besten vor eine schützende Mauer gepflanzt werden sollte. Die duftenden, weißen Blüten erscheinen im Frühjahr. In durchlässige Erde setzen, Pflanzzeit ist im Herbst oder Spätfrühjahr. Der Strauch wächst langsam, wird aber schließlich bis zu 3 m hoch. Er braucht nur wenig Schnitt. Vermehrung erfolgt im Spätsommer durch Stecklinge.

CLEMATIS (Waldrebe) Abb. 28
Kletterpflanzen mit wunderschönen Blüten, die im Sommer Außenwände verschönern oder als Pergola Schatten spenden. In gut umgegrabene, nährstoffreiche und feuchtigkeits-

25 **Nymphaea** var. *(Seerose)*
26 **Pontederia cordata** *(Hechtkraut)*
27 **Chaenomeles speciosa** var. *(Zierquitte)*
28 **Clematis macropetala** *(Waldrebe)*
29 **Drimys winteri** var. *(Winterrinde)*
30 **Parthenocissus tricuspidata** var.
   (Jungfernrebe)

haltende Erde setzen, die im Sommer nicht zu warm werden darf. An sonnigen Stellen muß eine andere Pflanze die Wurzeln beschatten. Gepflanzt wird vom Spätherbst bis zum Frühjahr. Nach der Blüte, falls notwendig, zurückschneiden, zweimal blühende Sorten nach der ersten Blüte. Spätblüher sollten im Frühjahr stärker zurückgeschnitten werden. Zwar gibt es eine große Auswahl an großblumigen Kletterpflanzen, mit denen man Mauern und andere Wände begrünen kann, doch sind die hier beschriebenen Arten und ihre Sorten sehr viel anmutiger und können für bestimmte Zwecke verwendet werden. *C.alpina* (Alpenwaldrebe), wunderschöne, kleine Kletterpflanze, die sich sehr schön über Eingangstreppen ausnehmen; Höhe 1,20-1,80 m, Blüten blau, ferner sind Sorten mit hellblauen, rosa und weißen Blüten erhältlich. *C.macropetala* wird 1,80-3 m hoch, läßt sich gut an Fenstern und Eingängen emporranken, entwickelt nickende, violettblaue Blüten, doch gibt es auch lavendelfarbene, rosa und weiße Sorten. *C.montana* (Anemonenwaldrebe), eine kräftige Kletterpflanze, die sich gut als Sicht- oder Sonnenschutz eignet, Höhe 7,50 m und mehr, Blüten weiß, später rosa, duftend, die verschiedenen Sorten haben tiefrosa, hellrosa und weiße Blüten. *C.orientalis,* eine kräftige Kletterpflanze mit 6 m Höhe und mehr, ist als Schutz geeignet und kann auch überhängen, so daß man in die nickenden, gelben Blüten schaut; lange Blütezeit von Juni bis November, die späten Blüten stehen zwischen den silbernen Samenständen der frühen; die üblicherweise kultivierte Form hat dicke Blütenblätter.

DRIMYS Abb. 29
D.winteri (Winterrinde) ist ein immergrüner Baum oder Strauch mit zwei guten Eigenschaften. Zum einen hat er aromatisches, oft weidenartiges Laub, zum anderen entwickelt er im Frühsommer duftende, cremeweiße Blüten. Da er nicht vollkommen winterhart ist, braucht er einen geschützten Standort, wie etwa eine Ecke zwischen Anbau und Haus, wo er zu einer dauerhaften Abschirmung heranwächst. Als Baum wird er bis 15 m hoch, man zieht ihn aber häufiger als Busch. Seine hellgrünen Blätter sind an den Unterseiten silbrig gefärbt. Er braucht eine Erde, die sowohl durchlässig als auch feuchtigkeitsspeichernd ist. Gepflanzt wird im Frühjahr. Vermehrung erfolgt im Sommer durch Stecklinge.

ECCREMOCARPUS (Schönranke)
E.scaber ist eine immergrüne Kletterpflanze, die mit Hilfe von Blattranken klettert. Sie hat leuchtend orangefarbene Röhrenblüten, die am offenen Ende etwas heller werden, bei manchen Formen sind sie auch gelb oder rot. Sie stehen in großen Trauben und erscheinen vom Spätfrühjahr bis zum Herbst. Die Schönranke kann 6 m hoch werden, ist aber leider nicht ganz winterhart und kann sich nur an geschützten Plätzen schön entwickeln. In kühleren Lagen kann man sie problemlos einjährig aus Samen ziehen. Zu Frühjahrsbeginn aussäen und nach dem Abhärten im Frühsommer auspflanzen. Sie wächst in fast allen Böden, braucht für die Ranken aber eine Kletterhilfe und steht beispielsweise gut mit dem dunkleren Efeu zusammen.

MAHONIA (Mahonie, Fiederberberitze)
Ausgezeichnete immergrüne Sträucher mit schönen büscheligen, langen hängenden oder aufrechten gelben Blütentrauben, die oft intensiv duften. Sie eignen sich hervorragend, um die Wurzeln von emporkletternden Clematis zu beschatten oder um niedrige Wände, etwa die Stützmauern von Wintergärten, zu verstecken. Sie gedeihen in fast allen Böden, bevorzugen aber humose Erde und können sowohl sonnig als auch schattig stehen. Gepflanzt wird im Frühjahr oder Herbst. Vermehrung erfolgt im Frühjahr durch Wurzeltriebe (sofern vorhanden) oder im Sommer durch Stecklinge. *M.aquifolium* (Gewöhnliche Mahonie), Höhe 1,20-1,80 m, kann leicht auf jede beliebige Höhe zurückgenommen werden; während des Frühjahrs entwickeln sich dichte, intensiv duftende Blütentrauben, denen dekorative blauschwarze Beeren folgen. *M.bealii,* Höhe 1,80-2,10 m, entwickelt im Spätwinter und Frühjahr kurze, aufrechte Blütenstände. *M.japonica,* Höhe 1,80-2 m, entfaltet im Winter und Frühjahr hängende, intensiv duftende Blütenstände.

PARTHENOCISSUS (Jungfernrebe, Wilder Wein) Abb. 30
Die beiden hier beschriebenen sommergrünen Kletterpflanzen eignen sich ausgezeichnet zum Begrünen von Wänden und sogar Dächern. Im Herbst bekommen sie leuchtendfarbenes Laub. Man kann sehr gut mit ihnen Anbauten, Lauben und Garagen beranken. Man pflanzt sie in verhältnismäßig nährstoffreichem Boden an einen sonnigen oder halbschattigen Standort. Vermehrung erfolgt im Herbst durch Stecklinge. *P.quinquefolia* (Wilder Wein), Höhe 18-21 m, hat fünffingrige Blätter, die sich karminrot färben. *P.tricuspidata* (Jungfernrebe), Höhe 18-21 m und mehr, trägt zumeist dreilappige Blätter, die sich im Herbst karminrot färben.

SANTOLINA (Heiligenkraut)
Immergrüne strauchige Pflanzen mit schönem Laub und gelben Blüten. Aufgrund ihres niedrigen Wuchses eignen sie

sich gut als lebende »Fußleisten« vor den Mauern von Wintergärten und anderen Pflanzenräumen. Im Frühjahr oder Herbst in durchlässige Erde an einen sonnigen Platz setzen. Im Spätsommer oder Herbst wird durch Stecklinge vermehrt. *S.chamaecyparissus (S.incana* Zypressenkraut), Höhe bis 60 cm, Blätter silbrig, Blüten braungelb, *S.virens (S.viridis)* wird bis 60 cm hoch, die Blätter sind hellgrün, die Blüten leuchtendgelb.

VITIS (Rebe)
Alle hier beschriebenen Rebenarten haben wunderschönes Laub, das im Herbst mitunter wirklich phantastische Färbungen annimmt. Sie klettern mit Hilfe von Ranken kräftig und brauchen Stützen, an denen sie sich festklammern können, beispielsweise eine Pergola vor einer Wintergartentür oder ein an der Wand befestigtes Spalier. In durchlässige, humusreiche Erde an einen sonnigen oder halbschattigen Platz setzen. Im Herbst durch Stecklinge vermehren. *V.x*›Brant‹ *(V. vinifera* ›Brant‹ Weinrebe), Höhe bis 9 m und mehr, Blätter tiefgrün, die sich im Herbst in leuchtende Orange- und Rottöne färben. Unter günstigen Bedingungen entwickeln sich Früchte. *V.coignetiae* (Zierwein) wird bis 27 m hoch und ist für große Gebäude geeignet; Blätter riesig und rundlich bis leicht gelappt, färben sich im Herbst leuchtend orange und rot. *V.vinifera* ›Purpurea‹ wird meist nicht höher als 3 m, das junge Laub erscheint bordeauxrot und färbt sich später purpurn.

WISTERIA (Glyzine, Blauregen)
Wenn man diese wunderschönen Pflanzen an einem Spalier zieht, etwa an einer Mauer, über einem Bogengang oder einem Eingang, kommen die langen, hängenden Blütenstände besonders gut zur Geltung. Die Pflanzen werden im Frühjahr oder Herbst in einen nährstoffreichen, aber durchlässigen Boden gepflanzt. Vermehren kann man im Frühjahr durch Absenker oder im Sommer durch Stecklinge. *W.floribunda* wird 10 m und höher, die Blätter setzen sich aus 13-19 Fiedern zusammen, die Blüten sind lavendelblau bis purpurn und stehen in hängenden Trauben; bei der Sorte ›Macrobotrys‹ *(W.multijuga)* sind sie bis zu 90 cm lang; die Sorte ›Alba‹ blüht weiß. *W.sinensis* ist ähnlich, die Blätter haben aber meist nur elf Fieder, die Blüten erscheinen vor den Blättern und stehen in hängenden, lavendelblauen, purpurnen oder weißen Trauben von 30 cm Länge.

Bildnachweis und Danksagung

2 National Monuments Record
6 National Monuments Record © C.L.S. Cornwall-Legh
9 Michael Dunne/EWA; Design: Earl Burn Combs
12 Amdega Limited
13 Spike Powell/EWA; Owner: David and Babs King
14 Camera Press/Schöner Wohnen
17 Michael Crockett/EWA; Design: Nicholas Haslam
19 J. A. Nearing Co., Inc.
20–22 Peter Bailey/The World of Interiors
24 Michael Boys/Susan Griggs Agency
27 Jerry Harpur
29 Neil Lorimer/EWA
31 Ian Yeomans/Susan Griggs Agency
33 English Greenhouse Products Corporation, USA
34 Camera Press/Austral
36 oben: Groen, *Den Nederlandtsen Hovenier*, 1670
36 Mitte: G. Sinclair, *Hortus Ericaeus Woburnensis*, 1825
36 unten: Mary Evans Picture Library
37 oben: Pierre Boitard, *Traité de la Composition et de l'Ornement des Jardins,* 3rd edition 1825
37 unten: *Gardeners' Chronicle*, 1891
38 Mary Evans Picture Library
39 oben: Franz Antoine, *Der Wintergarten in der Kaiserlichen Königlichen Hofburg zu Wien*, 1852
39 unten und 40: Mary Evans Picture Library
41 oben: From a postcard in the collection of Dr. B. Elliott
41 unten: W. Richardson and Co., c. 1910
41 Michael Dunne
43 Michael Nicholson/EWA; Design: Dorit Egli
45 Tim Street-Porter/EWA
46 Michael Nicholson/EWA; Design: Ken Turner
47 Jerry Tubby/EWA
49 Michael Dunne/EWA; Design: Muller & Murphy
50 Mike Burgess
53 Michael Boys/Susan Griggs Agency
55 Michael Nicholson/EWA; Design: Blind Alley
74 beide: Andersen Corporation, Bayport, MN
77 Michael Crockett/EWA
79 Michael Nicholson/EWA; Design: Virginia Brier
80 Linda Burgess
83 Camera Press/Zuhause
84 Good Housekeeping/Jan Baldwin
88 Camera Press Ltd./Schöner Wohnen
89 aus *Rustic Adornments,* Shirley Hibberd, London, 1895
91 Richard Bryant/Arcaid
93 English Greenhouse Products Corporation, USA
94 Machin Designs Limited
101 Linda Burgess
104 National Monuments Record
107 links: Crittall Warmlife Limited
107 rechts: BACO Leisure Products Limited
109 beide: Dolan/Macrae Associates
111 Michael Boys/Susan Griggs Agency
118 English Greenhouse Products Corporation, USA
121 Neil Lorimer/EWA
122 Sun System Solar Greenhouses
123 Tim Street-Porter/EWA
125 Linda Burgess
127 Michael Boys/Susan Griggs Agency
129 Neil Lorimer/EWA
131 Tim Street-Porter/EWA; Design: Michael Hopkins
133 Linda Burgess
135 Neil Lorimer/EWA
137 Machin Designs Limited
138 Michael Boy/Susan Griggs Agency
140 aus *Rustic Adornments,* Shirley Hibberd, 3rd edition, 1870
141 Michael Dunne/EWA; Owner: Laura Ponti
143 Michael Dunne/EWA
144 Pamela Toler/Impact Photos
153–183 Rainbird

Die Redaktion möchte sich an dieser Stelle für die Unterstützung folgender Firmen bedanken:

Aluminium Greenhouses Inc., USA; Amdega Limited; Andersen Corporation, Bayport, MN; Aston Home Extensions; Alexander Bartholomew Conservatories Limited; BACO Leisure Products Limited; Chelsea Physic Garden; Crittall Warmlife Limited; Crusader Conservatories; Eden Conservatories; Geoge H. Elt Limited; English Greenhouse Products Corporation, USA; Essential Structures Research Associates (ESRA) Limited; David Fennings (Professional Conservatory Specialists); Frost & Co.; Grosvenor Products Limited; LECS Housing; The Lindley Library, Royal Horticultural Society; Machin Designs Limited; The Metallic Constructions Co. (Derby), Limited; J. A. Nearing Co., Inc.; Parwin Power Heaters; Shilton Garden Services Limited; Sun System Solar Greenhouses.

Register

A
Absauggebläse 106 ff.
Abutilon 159
Abwasserleitungen 57
Accessoires 50, 136, 139 f., *140*
Achimenes 146
Acorus 180
Adiantum 146, *153*
Aechmea 146
Aeschynanthus 146
Afrikanische Lilie 173, *176*
Agapanthus 173 f., *176*
Agave 159, *162*
Aglaonema 146
Allamanda 147
Aloe 159
Aloysia 174
Alpenveilchen 175
Alpenwaldrebe 184
Aluminiumprofile 62
Amaryllis 151
Amerikanische Lotusblume 181
Ampelbegonien 160
Anemonenwaldrebe 184
Angraecum 147
Anthurium 147
Aphelandra 147
Aponogeton 180
Aporocactus 159
Araucaria 159
Architekt(en), Beauftragung eines 22 f.
Ardisia 159
Aristolochia 147
Aronstab 174
Arum 174
Asclepias 160
Asparagus 160
Aspidistra 160
Asplenium 147
Astrophytum 160
Auferstehungspflanze 157
Australische Silbereiche 166

B
Badezimmer, Ideen für *28*, 45 ff., *46*
Balkon *22*, 51
Balsame 166
Bambusmöbel 48 f., 130, 132
Banane 154
Baugenehmigung 54, 56, 58
Baumfreund 155

Bauplanung 30
Bauplatzvorbereitung 64 ff.
Bausatz 62
    Montage eines verglasten -es 70, *71*, 72 f.
Bauteile und Baustoffe, Bestellung 58 f.
Bauvorschriften 56 ff.
Becherprimel 171
Begonia 160
Beheizung s. Heizung
Beleuchtung 102, 110, 112 f., 136, *137*, 139
    farbige - 136
    - um Atmosphäre zu schaffen 136
    - zur Förderung des Pflanzenwachstums 112
Beloperone 148
Belüftung s. Lüftung
Bergpalme 148
Beton(fundament) 32, 57
    Fertig- 60, 62
    -legen 68 ff.
    -mischen 60 f., 68
Bewässerung 112 ff., *113*
Beziehung zu vorhandenen Räumen 11, *12*
Billbergia 160
Binsenteppiche, -matten 128
Birkenfeige 151
Bischofsmütze 160
Bitterstrauch 165
Blattfahne 158
Blattkaktus 165
Blauregen 185
Bleiwurz 156, 171
Blumenerker(s), Bau eines 87, 89, *89*
Blumennessel 163
Blütenschweif 147
Blut-Tradeskantie 157
Bodenbeläge 32, 76, *76*, 120–128
Bodenhöhe, unterschiedliche 30, 32
Bogenhanf 156
Boitard, Pierre *37*
Borstiger Schildfarn 179
Bougainvillea 160, *162*
Bouvardia 160
Brandschutz 56
Brautprimel *169*, 171
Brautschleppe 161
Breitstrahler 136
Brokatblume 171
Browallia 161

Brunfelsia 148
Brutblatt 167
Bubiköpfchen 172
Buckelkaktus 168
Bunte Klimme 148
Buntnessel 163
Buntwurz 148

C
Caladium 148
Calamondin-Orange 163
Calathea 148, *153*
Calceolaria 161
Callistemon 161, *162*
Camellia 174
Campanula 174
Campsis 174
Capparis 174
Capsicum 174 f.
Cattleya 148
Ceropegia 161
Cestrum 161
Chaenomeles 182, *183*
Chamaedorea 148
Champs-Elysées, Wintergarten am *36*
Chimonanthus 182
Chinesenprimel 171
Chinesischer Roseneibisch 166, *169*
Chlorophytum 161
Choisya 182
Christusdorn 150
Chrysanthemum 175, *176*
Cissus 148, 163
Citrus 163
Clematis 182 f., *183*
Clerodendrum 149
Clianthus 163
Clivia 163
Cobaea 175
Codiaeum 149
Coleus 163
Columnea 149, *153*
Cordyline 149, 163
Crassula 163
Crinum 175
Crossandra 149
Cryptanthus 149
Ctenanthe 149
Cuphea *162*, 164
Cyclamen 175
Cymbidium 164
Cyperus 181
Cyrtomium 164

D

Dach 18, *19*
  -garten 51, *142*
  Glas- 12, 15, 18
  -isolierung 115, 117
  -reinigung 82, 85
  -rinne 18, 75, 85
  Sonnenkollektor auf dem - 14 f., *14*, 92
Datura 164
Davallia 164
Dendrobium 150
Dichtblättrige Wasserpest 181
Dickblatt 163
Dieffenbachia 150
Diele als Wintergarten 44
Dizygotheca 150
Dolchfarn 179
Doppelverglasung 8, 14, 103, 115
Dracaena 150
Drachenbaum, Drachenlilie 150
Drazäne 150
Drillingsblume 160, *162*
Drimys 183, 184
Dschungelglocke 147

E

Eccremocarpus 184
Echinocactus 162, 164
Echinocereus 164
Echte Mimose 154
Echter Lavendel 178
Efeu 177
Efeupelargonie 170
Efeutute 157
Eibisch 166
Eichhornia 181
Eigenbau-Wintergarten 73–76
Elchgeweih 156
Elefantenbaum 163
Elefantenkraut 155
Elektroheizung 96 ff.
Elektroinstallation 75 f., 100, 102
Elodea 181
Epidendrum 150
Epiphyllum 165
Erdheizkabel, elektrisches 98
Euphorbia 150

F

Fahrzeug-Einstellplätze als Wintergarten 52
Fallrohre 57, 75
Farbwahl 120
Fatsia 175
Faucaria 165
Federspargel 160
Feige 151
Feigenkaktus 170
Feigenopuntie 170
Fenster 45, 87, 89, *89*
  -dekoration 132, 134

  Buntglas- 134, *134*
  falsche - 44
  Isolierglas- 115, 117, 132
  Lamellen- 105 f.
  -öffner 105 f., *107*
Fensterblatt 154
Ferocactus 165
Fetthenne 172
Feuchtigkeitsschutz 56
Ficus 151
Fiederberberitze 184
Fingeraralie 150
Flächenheizkörper 95
Flamingoblume 147
Flammendes Käthchen 167
Fleißiges Lieschen 166
Fliederprimel *169*, 171
Fliegender Holländer 161
Fliesen (für den Boden)
  Keramik- 76, 122, *122*
  Kork- 124, 126
  Linoleum- 76, 126
  Mosaik- 124
  Teppich- 126
  Vinyl- 76
Flinker Heinrich 161
Flügelfarn 171
Flur als Wintergarten 45
Frauenhaarfarn 146, *153*
Freesia 165
Froschbiß 181
Fuchsia 175 f., *176*
Fundament 32, 56 f., 59 ff.
  - anlegen 67–70
Fußbodenheizung, elektrische 98
Fußleistenheizkörper 95

G

Gardenia 151
Gardinen 134
Garnelenblumen 148
Gartenbalsamie 166
Gartenhäuschen und -schuppen als Wintergarten 52
Gas
  -heizung 98 f.
  -lampen 136
Gasteria 165
Gebänderte Haworthie 166
Gebläse-Konvektor 95 f.
Geldbaum 163
Gemeiner Efeu 177
Geranie 170
Gerbera 162, 166
Geschichte des Wintergartens 35–41
Geweihfarn 156
Gewöhnliche Mahonie 184
Glanzkölbchen 147
Glanz-Schildfarn 179
Glas, Verglasung 8, 10, 14 f.,
  -bestellung 63
  -dach 12, 15, 18

  - für den Solarraum 114 f.
  -haustyp 19–22
  Instandhaltung 75, 85, *85*
  -isolierung 8, 117
  -reinigung 82
  -renovierung 86 f.
Gleichsaum 152
Glockenblume 174
Glockenrebe 175
Gloxinie *153*, 157
Glyzine 185
Goldbandlilie 178
Goldkeule 182
Goldkugelkaktus *162*, 164
Goldopuntie 170
Goldtrompete 147
Granatapfel 179
Greiskraut 172
Grevillea 166
Große Flamingoblume 147
Grünlilie 161
Guernseylilie 168
Gummibaum 151
Gummibelag 126
Guzmania 151

H

Hakenlilie 175
Hammerstrauch 161
Hängesteinbrech 180
Harfenstrauch 170
Harter Schildfarn 179
Hasenohrkaktus 170
Haworthia 166
Hechtkraut 182, *183*
Hedera 177
Heiligenkraut 184
Heizlüfter 95, 96 ff.
Heizung 14, 92–100, *104*
  Elektro- 96 ff.
  Gas- 98 f.
  Heizlüfter 95, 96 ff.
  Petroleum- 99 f.
  Warmwasser- 100
  Zentral- 92, 94 ff.
Hibiscus 165, *169*
Hintergrundbeleuchtung 136, 139
Hippeastrum 151
Hirschzungenkaktus 165
Holz (s. auch Parkett)
  -boden, -pflaster 76, 126
  -profile 62
  -verkleidungen 130
Hortensie 177
Hottentottenpopo 167
Howeia 151
Hyazinthus 166
Hydrangea 177
Hydrocharis 181
Hydrocleys 181
Hymenocallis 151
Hypocyrta 152

I

Igelsäulenkaktus 164
Impatiens 166
Indische Lotusblume 181
Innenausstattung, -einrichtung 76–81, 119–142
Installation 30, 75
Ipomoea 167
Iresine 152

J

Jakobslilie 172
Jalousien (s. auch Rollos) 15, 44, 132, 134
Japanische Prachtlilie 178
Jasminum, Jasmin 177
Judenbart 180
Jungfernrebe *183*, 184
Jungfernstendel 152
Juniorfeige 151

K

Kahnorchidee, Kahnlippe 164
Kaiserlicher Wintergarten, Wien *39*
Kaladie 148
Kalanchoe 167
Kalla 173
Kalmus 180
Kamelie 174
Kamine 57
Kanadische Wasserpest 181
Kanarischer Efeu 177
Känguruhklimme 163
Kanonierblume 155, *169*
Kapernstrauch 174
Kapillarbewässerung 112 f., *113*
Kapklimme 171
Kapländische Bleiwurz 156, *169*
Kapmaiblume 165
Kapuzinerkresse 180
Kauf 25 f.
Kentie, Kentiapalme 151
Keramikfliesen
 - für den Boden 122, *122*
 - für die Wände 46 f.
Kerzen 139
Keulenlilie 149, 163
Kew Gardens, Palmenhaus *39*
Kissen, -bezüge 130, 132
Kleine Flamingoblume 147
Kletterfeige 151
Kletter-Philo 155
Klettertrompete 174
Klimme 148
Klinkerpflaster 124
Knollenbegonie 160
Köcherblümchen 164
Kohleria 152
Kokosteppich, -matten 128
Kolbenbaum 149, 163
Kolbenfaden 146
Kondenswasserbildung 103 ff.
Königswein 171
Korallenkirsche, -strauch 172
Korbmarante 148, *153*
Korbmöbel 49, 130, 132
Kork
 - als Bodenbelag 124, 126
 - als Wandbelag 130
Krallenwinde 175
Kranzschlinge 158
Kräuselmyrte 167
Kristallpalast 35, *39*
Kroton 149
Krummfarn 164
Kugelkaktus 164
Kumquat 163
Kunstrasen 122
Kunststeinplatten 124
Kußmäulchen 152

L

Laelia 152
Lagerstroemia 167
Lanzenfarn 179
Lanzenrosette 146
Lapageria 177
Lascelles, W. H. *40*
Laurus 177
Lavandula, Lavendel 178
Lebende Steine 167
Ledebouria 178
Lehmsubstrat 145
Leiden-Christi-Blume 170
Leptospermum 178
Leuchterblume 161
Leuchtstoffröhren 112
Licht s. Beleuchtung
Lichtausschlüsse 102
Lichtverhältnisse und Lage 11 f.
Liebesblume 173
Lilium, Lilie 178
Linoleum 76, 126, *137*
Lippia 174
Lithops 167
Livistona 152
Lobivia 167
Lorbeer 177
Lord-Howe-Palme 151
Losbaum 149
Lotusblume 181
Loudon, J. C. *39*
Louisianamoos 158
Luculia 167
Luftbefeuchter 105
Luftfeuchtigkeit 103, 105
Lüftung, Belüftung 15, 56 f., 103, 105 ff.
 -sautomatik 107
 -ssysteme 106 f., *107*
Lycaste 152

M

Mahonia 184
Malaienblume 155
Mammillaria 168
Mandevilla 152
Maranta 154, *169*
Marmor *76*, 124
Mauerpfeffer 172
Medinilla 154
Metallprofile 62
Metzgerpalme 160
Miltonia 168
Mimosa 154
Möbel, -einrichtung 48 f., 50, 119 f., 130, 132
Monstera 154
Mooskraut 157
Musa 154
Mutisia 178

N

Nachtschatten 172
Nachtspeicherheizung 98
Naegelia 158
Narcissus, Narzisse *176*, 178 f.
Natursteinplatten 124
Nelumbo 181
Neoregelia 153, 154
Nephrolepis 168, *169*
Nerine 168
Nerium 168
Nestbromelie, Nestananas 154
Nestfarn 147
New York, Wintergarten im Botanischen Garten *41*
Nidularium 154
Nierenfarn 168
Notocactus 168
Nutzung, traditionelle 28
Nymphaea 181 f., *183*

O

Odontoglossum 168, 170
Oktoberle 172
Oleander 168
Öllampen 136, 139
Oncidium 154
Opuntia 170
Orangenblume 182
Orangerie *36*
Orangeroter Hammerstrauch 161
Orontium 182
Ostergocke 178
Osterkaktus 156
Osterlilie 178
Osterluzei 147

P

Pantoffelblume 161
Paphiopedilum 155
Paprika 174 f.
Papyrus 181
Paradiesvogelblume 172
Paravents 132
Parkettboden *76*, *124*, 126
Parthenocissus 183, 184

Passiflora 170
Passionsblume 170
Paxton, Sir Joseph 35, *37, 39*
Peitschenkaktus 159
Pelargonium, Pelargonie 170
Pellaea 170
Pellefarn 170
Peperomia 155
Petroleumheizgeräte 99 f.
Pfeffergesicht 155
Pfeifenblume 147
Pfeifenwinde 147
Pfeilwurz 154, *169*
Pflanzen
 – Freiland- 182
 – für beheizte Wintergärten 146–158
 – für mäßig beheizte Wintergärten u. Wohnbereiche 159–173
 – für unbeheizte Wintergärten u. Wohnbereiche 173–180
 Wasser- für Innenräume 180 ff.
Pflanzenmobil 89
Pflanzgefäße, -enständer 50, 130, 139 f., 140
Pflanzensubstrat 145
Phalaenopsis 155
Philodendron 155
Pilea 155, *169*
Pistia 182
Plastikteppiche, -matten 128
Platycerium 156
Plectranthus 170 f.
Pleione 179
Plumbago 156, *169*, 171
Polsterstoffe 130
Polystichum 179
Pontederia 182, *183*
Primula, Primel *169*, 171
Propellerblatt 164
Prunkwinde 167
Pteris 171
Pultdach-Gewächshaus 33 f.
Punica 176, 179
Punktstrahler 110, *137*, 137, *139*
PVC-Beläge 126

Q
Quecksilberdampflampen 112
Queen's Park, Glasgow *39*

R
Rachenblatt 165
Rachenmaul 165
Rachenrebe 149, *153*
Rattanmöbel s. Rohrmöbel
Raumklima 14 f.
Raumteilung, -teiler *47*, 48, *130*
Rebe 185
Rebutia 171
Regale s. Stellagen
Renovierung alter Wintergärten 85 ff.
Rhipsalidopsis 156

Rhododendron 179
Rhoeo 156
Rhoicissus 171
Richardia 173
Riemenblatt 163
Rio-Tradeskantie 173
Ritterstern 151
Röhrenblütiges Brutblatt 167
Rohrheizkörper 96 f.
Rohrmöbel *27*, 49, 130, 132
Rollos (s. auch Jalousien 15, 44, *52*, 81, *93*, 108, *109*, 110, *110*, 134
Rosmarinus, Rosmarin 179
Rotblatt 157
Ruellia 153, 156
Ruhmesblume 163
Rührmichnichtan 154
Rundblättriger Pellefarn 170
Russischer Wein

S
Saintpaulia 156
Salpiglossis 171
Salvinia 182
Samtpappel 159
Sansevieria 156
Santolina 184 f.
Sarracenia 176, 179 f.
Saumfarn 171
Saxifraga 180
Schalter 102
Schattierfarben 108
Schattierungsvorrichtungen 15, 81, *93*, 108, *109*, 110, *110*, 132, 134
Schaupflanze 146
Schefflera 157
Scheinquitte 182
Schicksalsblume 149
Schiefteller 146
Schildblume 160
Schildfarn 164
Schilfteppiche, -matten 128
Schlangenkaktus 159
Schlauchpflanze *176*, 179
Schlumbergera 157
Schmucklilie 173, *176*
Schneefanggitter 85, *85*
Schönhäutchen 151
Schönmalve 159
Schönranke 184
Schuppenfarn 164
Schuppengrün 157
Schusterpalme 160
Schwarzäugige Susanne 173
Schwertfarn 168
Schwiegermutterstuhl *162*, 164
Schwiegermutterzunge 156
Schwimmfarn 182
Scindapsus 157
Sedum 172
Seerose 181, *183*
Seidenpflanze 160

Selaginella 157
Senecio 172
Setcreasea 157
Sichel-Dickblatt 164
Sinnblume 146
Sinningia 153, 157
Sinnpflanze 154
Sisalteppiche, -matten 128
Smithiantha 158
Solanum 172
Solarraum s. Sonnenraum
Solarsysteme, passive 92, 114
Soleirolia 172
Sommeramaryllis 173
Sonnenkollektoren 14, *14*, *90*, 92
Sonnenraum 114–118
Sonnenschutz 15, 108 ff.
Sonnensegel 134
Spaliere 81, 128
Spanisches Moos 158
Spanndrähte 81
Spathiphyllum 158
Spiegel(n), Verwendung von 44, *49*
Spinnenorchidee 170
Spitzenblume 159
Spornbüchschen 148
Spotlight 136
Sprekelia 172
Springbrunnen 140, 142
Stahlwendeltreppe *131*
Standortwahl 15 f.
Stechapfel 164
Steckdosen 102
Stehlampen 110, 136
Stein
 -boden *81*, 122, 124
 -wand 128
Steinbock-Kaktus 160
Steinbrech 180
Stellagen 76, 78 f., *78 f.*, 140
Stephanotis 158
Steppdeckenpeperomie 155
Sternkaktus 160
Strahlenaralie 157
Streifenfarn 147
Strelitzia 172

T
Tapeten 44, 128
Tecophilaea 172 f.
Tempelglocke 158
Temperatur 90
Teppichboden, -fliesen 128
Terrazzo 124
Teufelszunge 165
Thunbergia 173
Tibetorchidee 179
Tibouchina 158
Tigerorchidee 170
Tigerrachen 165
Tillandsia 158
Torenia 180

Torfsubstrat 145
Tradescantia 173
Traubenorchidee 150
Trichosporum 146
Trichterwinde 167
Trompetenblume 174
Trompetennarzisse 178
Trompetenzunge 171
Tropaeolum 180
Tropfbewässerung 112 f., *113*
Tulipa, Tulpe 180

U
Übertöpfe 139
Usambaraveilchen 156

V
Vallota 173
Ventilator 15, 108, 115, 140
Venushaar 146, *153*
Venusschuh 155
Verglasung s. Glas
  -smaterial 63
Versteckblume, -blüte 149
Victoria-Haus *37*
Victoria regia 37
Viktorianischer Wintergarten *7*
Vinyl
  -Bodenbelag 76, 126
  -Wandbelag 128
Vitis 185
Vorhänge 134

W
Waldrebe 182, *183*
Wand, -gestaltung 44, 128 f.
  -malerei 47 f., 128
  -schirme s. Paravents
Wärme
  -dämmung 58, 116 f.
  -gewinnung 117 f.
  -speicherung 90, *90*, 92, *93*, 115 f.
  -übertragung 117
  -verteilung 117
Warmwasserheizung 100
Wartung 81 f., 85, *85*
Warzenkaktus 168
Wasser
  -becken 140, 142
  -fall 140, 142
  -gärten 140, 142
  -pflanzen 180 ff.
Wasserähre 180
Wasserhyazinthe 181
Wassermyrte 181
Wasserpest 181
Wasserranke 173
Wassersalat 182
Weihnachtskaktus 157
Weihnachtsstern 150
Weinrebe 185
Wendeltreppe, eiserne *31*
Werkzeuge 62 f.
Wilder Wein 184
Windfang 51
Windlicht 139

Winterblüte 182
Wintergärten 35, *36 f.*, *39 ff.*
Wintergarten-Look 42–53
Winterrinde *183*, 184
Wisteria 185
Woburn Abbey, Heidehaus in *36*
Wohnraumerweiterung durch einen
  Wintergarten 7–28
Wolfsmilch 150
Wunderstrauch 149
Wundkaktus 159

Z
Zantedeschia 173
Zebrakraut 158
Zebrina 158
Zentralheizung 92, 94 ff.
Ziegelwand 128
Zierquitte 182, *183*
Zierspargel 160
Zierwein 185
Zigarettenblümchen *162*, 164
Zimmerahorn 159
Zimmeraralie 175
Zimmerhafer 160
Zimmerkalla 173
Zimmerrebe 148
Zimmertanne 159
Zugang vom Haus 12, 58, 81, *82*
Zwerg-Granatapfel *176*
Zylinderputzer 161, *162*
Zypergras 181
Zypressenkraut 185

Nützliche Adressen

Bei den unten genannten Firmen handelt es sich um Hersteller von Wintergärten und Gewächshäusern, die auf Anfrage Prospektmaterial zur Verfügung stellen. Die Liste kann natürlich keinen Anspruch auf Vollständigkeit erheben. Weitere Anschriften von Herstellern von verglasten Konstruktionen sind den Gelben Seiten der örtlichen Telefonbücher sowie der Fachpresse (Architektur- und Gartenzeitschriften) zu entnehmen.

Fa. Aero-Therm, Abt. Sonnenhaus, Postf. 1272, 7420 Münsingen, Tel. (07381) 2037

Fa. Bartscher GmbH, Calenhof 4, 4787 Geseke, Tel. (02942) 508-0

Fa. Beckmann KG, Simoniusstr. 10, 7988 Wangen/Allg., Tel. (07522) 4174

Fa. Beschlag Paul, Kruppstr. 132–134, 6000 Frankfurt/M., Tel. (0611) 411094-96

Fa. C. u. P. Busch – Das Glashaus, An der Eilshorst 15, 2070 Großhansdorf, Tel. (04102) 61429

Fa. Eurosett Wintergärten Handelsges. mbH, Postf. 7460, Balingen, Tel. (07433) 34024

Fa. Harro Stuhr Feddersen, Blankeneser Bahnhofstr. 60, Postf. 550304, 2000 Hamburg, Tel. (040) 865058

Fa. K. u. R. Fischer oHG, 6368 Bad Vilbel-Massenheim, Tel. (06101) 41804 u. 42444

Fa. Fulgurit Isopur GmbH, Postf. 1208, 3050 Wunstorf 1, Tel. (05031) 51306

Fa. Gabler GmbH u. Co. KG, Gewächshäuser – Metallbau – Heizungsanlagen, Postf. 1340, Wiesenstr. 49, 7060 Schorndorf, Tel. (07181) 6080

Hermann Gutmann-Werke, Nürnberger Str. 57–81, 8832 Weißenburg, Tel. (09141) 992-0

Fa. Hengesbach Gewächshausbau GmbH, Postf. 800228, 2050 Hamburg 80, Tel. (040) 7390391

Fa. Henssler (Solararchitektur), Forstbergweg 15, 7141 Beilstein, Tel. (07062) 4081-88

Wintergarten-Systeme Nagel KG, Maschstr. 17, 3000 Hannover, Tel. (0511) 888555

Fa. Juliana Gewächshäuser GmbH, Wittenberger Weg 21, 2390 Flensburg, Tel. (0461) 52060

Fa. Ernst Keutner GmbH & Co., Paradies-Wintergärten, Postf. 500349, 8000 München 50, Tel. (089) 1415011

Fa. Kömmerling, Zweibrücker Landstr., Postfach 2165, 6780 Pirmasens, Tel. (06331) 881

Fa. Cornelius Korn GmbH, Von-Linné-Str. 1, 2000 Wedel, Tel. (04103) 16041

Fa. Kuno Krieger, Gewächshäuser-Wintergärten, Gewächshauscenter Herdecke, Gahlenfeldstr. 5, Postf. 343, 5804 Herdecke, Tel. (02330) 7691

Fa. Ursula von der Linden, Schreiberstr. 1, 4047 Dormagen 1, Tel. (02106) 80567

Fa. Martin Metallbau GmbH, Findloser Weg 22, 6414 Hilders/Rhön, Tel. (06681) 631

Fa. Messerschmidt KG, Autenbachstr. 22, 7320 Göppingen 8, Tel. (07161) 41081

Fa. Niemann, Konstanzer Str. 22, 1000 Berlin 31, Tel. (030) 8614711

Fa. Overmann, Abt. 300H, 6920 Sinsheim, Tel. (07261) 64711

Fa. Palmen GmbH, Clemensstr. 5/8, 5137 Waldfeucht 3, Tel. (02452) 5644

Fa. Hamil Rath, Scheffelstr. 17, 2000 Hamburg 60, Tel. (040) 274058

Fa. Rehau, Ytterbium, 8520 Erlangen

Fa. Röhm GmbH, Postf. 4242, 6100 Darmstadt, Tel. (06151) 18-1

Fa. Schlachter GmbH, Gewächshaus- u. Wintergartenbau, Wasserburger Weg 1–2, 8870 Günzburg A9, Tel. (08221) 30057

Fa. E. P. H. Schmidt, Sporbecker Weg 20, Postf. 3320, 5800 Hagen, Tel. (02331) 303001

Fa. Schneider KG Gewächshausanlagen, 7460 Balingen-Zillhausen, Tel. (07435) 422

Fa. Schock, Industriestr. – Wasen, 7067 Urbach

Fa. Schüco Heinz Schürmann GmbH & Co., Postf. 7620, 4800 Bielefeld, Tel. (0521) 7831

Fa. Selfkant, Maria Lind 100, 5137 Braunsrath, Tel. (02452) 21782

Dipl.-Ing. Anton Siebeneck, Dyckburgstr. 79, 4400 Münster, Tel. (0251) 315184 u. 315670

Fa. Siedenburger Gewächshausbau Riemer GmbH, 4993 Rahden, Postf. 323, Tel. (05771) 851

Fa. Starke Bauelemente, Graf-Gottfried-Str. 70A, 5760 Arnsberg, Tel. (02932) 2822

Fa. Wilhelm Terlinden GmbH, 4232 Xanten-Ortsteil Birten, Tel. (02801) 4041

Fa. Vekaplast Kunststoffwerk Heinrich Laumann, Postf. 1262, Dieselstr. 8, 4415 Sendenhorst, Tel. (02526) 290

Fa. Voss GmbH & Co. KG, Reichelsheimer Str., Postf. 48, 6501 Nieder-Olm, Tel. (06136) 3244

Bei folgenden Institutionen kann gegen eine Schutzgebühr Information zum Thema Solararchitektur und biologisches Wohnen angefordert werden.

FIZ Energie-Physik-Mathematik GmbH, Bürgerinformation NEUE ENERGIETECHNIKEN, Informationspaket SOLARARCHITEKTUR UND ENERGIEBEWUSSTES BAUEN, 5300 Bonn 2, Ahrstr. 64, Tel. (0228) 376921

Internationales Institut für Baubiologie, Arbeitskreis Biologisch Wohnen und Leben, Heilig-Geist-Str. 54, 8200 Rosenheim, Tel. (08031) 32627

Aktionsgemeinschaft Glas im Bau, c/o Public Press, Königsallee 96, 4000 Düsseldorf